Urobil som to "Jeho cesta"

Osobné svedectvo napísané
Elizabeth Das

Slovak

© Autorské práva Elizabeth Das 2024

Práva na audioknihy, e-knihy a brožované knihy "Urobil som to „Jeho cesta"" sú vyhradené. Akákoľvek reprodukcia tejto knihy je bez písomného súhlasu prísne zakázaná, s výnimkou krátkych citácií v kritických článkoch a recenziách. Keďže internet sa neustále vyvíja, webové adresy alebo odkazy uvedené v tejto knihe sa mohli od jej vydania zmeniť a v súčasnosti môžu byť neplatné. Všetky osoby zobrazené na akciových snímkach z Think-stock sú modelky a tieto snímky sa používajú len na ilustračné účely. Niektoré skladové snímky sú © Think stock.

Úryvok z Elizabeth DAS. "Urobil som to „Jeho cesta""

I did it His Way/Urobil som to"Jeho cesta"
ISBN Paperback:978-1-961625-65-5
ISBN Ebook:978-1-961625-66-2

Kontrolné číslo Kongresovej knižnice:
"TÁTO KNIHA má v kresťanskom a náboženskom svete hodnotenie "A""
Contact:nimmidas@gmail.com; nimmidas1952@gmail.com
YouTube kanál "Denná duchovná strava Elizabeth Das
https://waytoheavenministry.org
1. youtube.com/@dailyspiritualdietelizabet7777/videos
2. youtube.com/@newtestamentkjv9666/videos
https://waytoheavenministry.org

Okrem iných formátov sú knihy "Urobil som to „Jeho cesta" k dispozícii na platformách audiokníh, brožovaných kníh a elektronických kníh. Knihy sú dostupné vo viac ako 30 rôznych jazykoch.

Celoročné čítanie "Denná duchovná strava" od Elizabeth Das je dostupné v mnohých jazykoch. Je dostupná v elektronickej aj knižnej podobe.

FOREWARD

"Lebo moje myšlienky nie sú vaše myšlienky a vaše cesty nie sú moje cesty, povedal Hospodin. Lebo ako sú nebesia vyššie ako zem, tak sú moje cesty vyššie ako vaše cesty a moje myšlienky vyššie ako vaše myšlienky." (Izaiáš 55, 8-9)

Táto kniha je súborom spomienok a krátkych svedectiev pani Elizabeth Das, ktorá sa venuje službe evanjelizácie a vyučovania Pánovho slova. Hľadajúc "Jeho cestu" prostredníctvom odhodlania a Sily modlitby vás pani Dasová vezme na osobnú cestu cez svoje vlastné skúsenosti, ktoré zmenili jej život. Pani Dasová sa narodila a vyrastala v Indii a pravidelne sa klaňala pri rodinnom oltári. Nebola spokojná s náboženstvom, pretože jej srdce jej hovorilo, že v Bohu musí byť niečo viac. Často navštevovala kostoly a vstupovala do náboženských organizácií, ale nikdy nebola úplne spokojná.

Jedného dňa sa vydala hľadať pravdu do ďalekej krajiny ďaleko od svojho rodného domova, do Indie. Jej cesta sa začína v Ahmadábáde v Indii, kde ju prepadla hlboká túžba nájsť jediného pravého Boha. Kvôli vtedajším slobodám v Amerike a ďaleko od náboženských kultúr a tradícií svojej vlasti sa pani Das vydala do Ameriky s cieľom nájsť pravdu o tomto Živom Bohu. Nie že by sa Boh nedal nájsť nikde inde ako v Amerike, pretože Boh je všade prítomný a všemocný. Práve sem však Pán zaviedol pani Dasovú, pretože v tejto knihe sa dozviete o ceste k jej spáse a o jej hlbokej láske k milencovi jej duše.

"Proste a bude vám dané; hľadajte a nájdete; klopte a bude vám otvorené. Lebo každý, kto prosí, dostane, a kto hľadá, nájde, a kto klope, tomu sa otvorí." (Matúš 7,7-8)

Pani Dasovú osobne poznám už takmer 30 rokov, keď prvýkrát vstúpila do malého zboru, ktorý som navštevoval v južnej Kalifornii. Láska k jej vlasti a ľudu Indie je naliehavou službou pani Das, ktorá má hlbokú túžbu získavať duše všetkých kultúr a prostredí pre Pána.

"Ovocie spravodlivých je stromom života, a kto získava duše, je múdry. (Príslovia 11,30)

Pani Das aktívne šíri Božie slovo zo svojej domácej kancelárie v meste Wylie v Texase. Môžete navštíviť jej webovú stránku waytoheavenministry.org, kde môžete získať biblické štúdie preložené z anglického jazyka do gudžarátčiny. Nájdete tu aj miesta, kde sa nachádzajú zbory v Indii. Pastori týchto zborov zdieľajú rovnakú lásku k pravde ako pani Das. Nadväzuje kontakty so služobníkmi apoštolskej viery v Spojených štátoch a v zahraničí s cieľom získať hosťujúcich rečníkov na výročné konferencie, ktoré sa konajú v Indii. Služba a práca pani Dasovej v Indii sú dobre známe. Patrí k nim aj založenie pastoračnej apoštolskej biblickej školy v Indii, sirotinca a denných opatrovní. Z Ameriky pani Das pomáhala pri zakladaní zborov v Indii, kde mnohí spoznali Pána Ježiša Krista. Je to žena veľkej viery, vytrvalá a neochvejná v modlitbe. Tieto úspechy dosiahla, keď bola vo všetkom úplne závislá od Boha a žila na invalidnom dôchodku. Jej skromná finančná podpora je svedectvom jej pevnej vôle a odhodlania, ktoré prevyšuje jej možnosti. Pani Dasová s istotou povie" :Boh ma vždy zaopatrí a postará sa o mňa." Áno, nejakým spôsobom to robí a hojne prevyšuje jej potreby!

Pani Das je od úsvitu do súmraku zaneprázdnená prácou pre Pána a vždy je pripravená modliť sa so mnou alebo s kýmkoľvek, kto potrebuje pomoc. Boh je vždy odpoveďou. Ona stojí medzi touto priepasťou, okamžite v hlbokej modlitbe, s autoritou a príhovorom. Boh sa o pani Das stará, pretože má lásku k evanjelizácii. Počúva jeho hlas a nepôjde proti "jeho cestám". Poslušnosť je väčšia ako obeta, poslušnosť s vášňou páčiť sa Bohu.

Toto je čas určený na napísanie tejto knihy. Boh je "veľký stratég". Jeho cesty sú dokonalé a dôkladné. Veci a situácie sa nestanú skôr, ako je na to určený čas. Modlite sa za vedenie, aby ste počuli myseľ a cítili srdce Boha prostredníctvom Ducha Svätého. Táto kniha sa bude aj naďalej písať v srdciach mužov a žien, ktorých ovplyvnila Jeho cestami.

Rose Reyesová,

POĎAKOVANIE

Vyjadrujem hlboké poďakovanie: mojej rodine a priateľom, najmä mojej mame Esther Das. Je najlepším príkladom kresťanskej dámy, ktorá mi pomohla v ďalšej službe a vždy ma podporuje v každom jej smere.

Ďakujem svojej priateľke Rose za podporu a pomoc pri zostavovaní časti tejto knihy.

Chcela by som sa tiež poďakovať svojej modlitebnej partnerke sestre Venede Ingovej, že mi bola kedykoľvek k dispozícii, ale hlavne jej ďakujem za jej vrúcne modlitby.

Ďakujem Bohu za všetkých, ktorí mi tak veľmi pomohli pri preklade a redakcii. Ďakujem Bohu za mnohých ďalších, ktorí mi venovali svoj čas, aby mi pomohli zostaviť túto knihu.

OBSAH

KAPITOLA 1 2
ZAČIATOK: V HĽADANÍ DUCHA PRAVDY 2
KAPITOLA 2 19
MOCNÝ LEKÁR 19
KAPITOLA 3 31
BOŽIE MOCNÉ ZBRANE "MODLITBA A PÔST" 31
KAPITOLA 4 34
BOH VEĽKÝ STRATÉG 34
KAPITOLA 5 43
HOVORIŤ O SVOJEJ VIERE 43
KAPITOLA 6 45
UZDRAVUJÚCA MOC BOHA A JEHO SLUŽOBNÍKA 45
KAPITOLA 7 50
NEPODĽAHNÚŤ DIABLOVI ALEBO DIABOLSKÝM VECIAM ... 50
KAPITOLA 8 54
SEN A VÍZIA - "VAROVANIE" 54
KAPITOLA 9 57
CELONOČNÉ MODLITEBNÉ STRETNUTIE 57
KAPITOLA 10. 60
PROROCKÉ POSOLSTVO 60
KAPITOLA 11 64
POHYB VIERY 64
KAPITOLA 12 72
DÉMONICKÉ VYSLOBODENIE A UZDRAVUJÚCA MOC BOHA ... 72
KAPITOLA 13 74
SPOVEĎ A ČISTÉ SVEDOMIE 74

KAPITOLA 14.	76
NA OKRAJI SMRTI	76
KAPITOLA 15	80
POKOJ V BOŽEJ PRÍTOMNOSTI	80
KAPITOLA 16.	82
OBETAVÝ ŽIVOTNÝ ŠTÝL V ŽIVOTE	82
KAPITOLA 17.	99
CESTOVNÁ SLUŽBA: POVOLANÝ UČIŤ A ŠÍRIŤ EVANJELIUM	99
KAPITOLA 18.	112
SLUŽBA V BOMBAJI, INDIA "MUŽ VEĽKEJ VIERY"	112
KAPITOLA 19.	118
MINISTERSTVO V GUDŽARÁTE!	118
KAPITOLA 20.	126
PASTIER NAŠEJ DUŠE: ZVUK TRÚBY	126
KAPITOLA 21.	130
SLUŽBA V PRÁCI	130
KAPITOLA 22.	135
UČENIE SA JEHO CESTÁM POČÚVANÍM JEHO HLASU	135
KAPITOLA 23.	140
PRESUN NA MÉDIÁ	140
KAPITOLA 24.	143
ŠTÚDIA, KTORÁ SKÚMA	143
KAPITOLA 25	150
OSOBNÉ SVEDECTVÁ, KTORÉ MENIA ŽIVOT	150
SVEDECTVÁ ĽUDÍ	152
ODDIEL II	177
A.	179
JAZYKY, KTORÉ BOH POUŽIL	179
B.	182
AKO BOH ZACHOVAL SVOJE SLOVO?	182
C.	189

BIBLICKÉ PREKLADY NAŠEJ DOBY:.. 189
D. 205
KJV A MODERNÁ BIBLIA: ZMENY, KTORÉ BOLI PRIDANÉ ALEBO
ODOBRATÉ..205

Urobil som to "Jeho cesta"

PÁNOVE CESTY

• *Čo sa týka Boha, jeho cesta je dokonalá, slovo Hospodinovo je vyskúšané, je oporou všetkým, ktorí v neho dúfajú.*
(Žalmy 18,30)

• *Ale on pozná cestu, po ktorej idem, a keď ma vyskúša, vyjdem ako zlato. Moja noha sa drží jeho krokov, jeho cesty som sa držal a neodklonil som sa od nej. Ani som sa nevzdialil od príkazu jeho rtov; slová jeho úst som si vážil viac ako svoj potrebný pokrm.*
(Jób 23,10-12)

• *Čakaj na Hospodina a zachovávaj jeho cestu, a on ťa povýši, aby si zdedil krajinu; keď budú bezbožní vyhubení, uvidíš to.*
(Žalmy 37,34)

• *Hospodin je spravodlivý na všetkých svojich cestách a svätý vo všetkých svojich skutkoch.*
(Žalmy 145,17)

• *Hospodin si ťa ustanoví za svätý ľud, ako ti prisahal, ak budeš zachovávať prikázania Hospodina, svojho Boha, a chodiť po jeho cestách. (Deuteronómium 28,9)*

• *A mnohí ľudia pôjdu a povedia: Poďte a vystúpme na Hospodinov vrch, do domu Jakobovho Boha, a on naučí nás svojim cestám a budeme chodiť po jeho chodníkoch, lebo zo Siona vyjde zákon a z Jeruzalema slovo Hospodinovo.*
(Izaiáš 2,3)

• *Pokorných bude viesť v súde a pokorných bude učiť svojej ceste.*
(Žalmy 25,9)

Odkazovanie na knihy: Svätá Biblia, verzia kráľa Jakuba

Kapitola 1

Začiatok: V hľadaní ducha pravdy.

I V júni 1980 som prišiel do Spojených štátov amerických so silnou túžbou nájsť pravdu o Bohu, Stvoriteľovi všetkých vecí. Nebolo to tak, že by som Boha nemohol nájsť v Indii, pretože Boh je všade a napĺňa vesmír svojou prítomnosťou a slávou; ale to mi nestačilo. Chcel som Ho poznať osobne, ak by to bolo možné.

> *"A počul som akoby hlas veľkého zástupu, ako hlas mnohých vôd a ako hlas mohutného hromobitia, ktorý hovoril: Aleluja, lebo Pán, Boh všemohúci, kraľuje." (Zjavenie 19,6)*

Bol som na mimoriadnej ceste, keď ma Boh priviedol do Spojených štátov amerických. Myslel som si, že som sa tam rozhodol ísť, ale čas ukázal, že som sa mýlil. Pochopil som, že Boh mal s týmto rozhodnutím viac spoločného, ako som si uvedomoval. Bola to "jeho cesta", ako zmeniť moje myšlienky a život.

Amerika je krajinou, ktorá ponúka slobodu náboženstva, je spojením multikultúrnych ľudí, so slobodami a ochranou pre tých, ktorí chcú uplatňovať náboženské práva bez strachu z prenasledovania. V tejto krajine som začal robiť skoky cez nepokojné vody, keď ma Boh začal viesť. Bolo to, akoby mi kládol odrazové mostíky, aby ma viedol. Tieto "kamene "položili základ dlhej a búrlivej cesty vedúcej k zjaveniu, z ktorej už nebude cesty späť. Odmenou by bol život podľa Jeho ciest, na každom kroku a skúška mojej viery.

"Tlačím sa k cieľu pre cenu vysokého Božieho povolania v Kristovi Ježišovi. Takto teda zmýšľajme všetci, ktorí sme dokonalí, a ak ste v niečom zmýšľali inak, Boh vám zjaví aj to. Avšak čo sme už dosiahli, podľa toho istého pravidla kráčajme, na to isté myslime."
(Filipským 3,14-16)

Keď som prišiel do Kalifornie, nevidel som v tomto období veľa východných Indiánov. Prispôsobil som sa životu v Amerike a sústredil som sa na to, kvôli čomu som tu. Hľadal som živého Boha Biblie, Boha apoštolov Jána, Petra a Pavla a ďalších, ktorí niesli kríž a nasledovali Ježiša.

Odvážil som sa nájsť Boha Nového zákona, ktorý podľa Svätého písma, Slova živého Boha, urobil mnoho úžasných zázrakov, znamení a divov. Mohol som byť taký opovážlivý, aby som si vôbec myslel, že ma naozaj pozná? V Bohu muselo byť niečo viac. Začal som navštevovať mnohé kostoly rôznych denominácií v oblasti Los Angeles, metropoly nachádzajúcej sa v južnej Kalifornii. Neskôr som sa presťahoval do mesta na východ od Los Angeles s názvom West Covina a začal som navštevovať kostoly aj v tejto oblasti. Pochádzal som z veľmi nábožensky založenej krajiny, kde je pravdepodobne viac bohov, než v ktorejkoľvek inej krajine na svete. Vždy som veril v jedného Boha, Stvoriteľa. Moje srdce sa ho snažilo osobne spoznať. Myslel som si, že určite existuje a bude ma môcť nájsť, pretože som vášnivo túžil poznať ho osobne. Neúnavne som hľadal a dôsledne čítal Bibliu, ale vždy mi niečo chýbalo. V auguste 1981 som sa zamestnal na americkej pošte, kde som začal klásť otázky o Bohu svojim spolupracovníkom. Začal som tiež počúvať kresťanské rádio, kde som počul rôznych kazateľov diskutovať o biblických témach, no nikdy sa nezhodli ani medzi sebou. Pomyslel som si, že toto určite nemôže byť

Boh, ktorý má v hlave zmätok? Na túto náboženskú hádanku musela existovať pravdivá odpoveď. Vedel som, že musím skúmať Sväté písmo a naďalej sa modliť. Mnohí kresťanskí spolupracovníci sa mi tiež prihovorili a podelili sa so svojimi svedectvami. Bol som prekvapený, že o Pánovi vedia tak veľa. Vtedy som ešte nevedel, že Boh už pre mňa určil čas, kedy mám prijať zjavenie Jeho úžasnej pravdy.

Môj brat bol postihnutý posadnutosťou démonmi a potreboval zázrak. Bol som nútený hľadať kresťanov veriacich v Biblui, ktorí veria v zázraky a oslobodenie od týchto démonických síl. Títo démonickí duchovia bez milosti trýznili myseľ môjho brata. Moja rodina sa o neho nesmierne obávala, že sme nemali inú možnosť, ako ho vziať k psychiatrovi. Vedel som, že to bolo diablovo potešenie trápiť a ničiť môjho brata. Toto bol duchovný boj, o ktorom sa hovorí v Biblii. V zúfalstve sme vzali môjho brata k psychiatrovi. Po tom, ako ho vyšetrila, sa nás spýtala, či veríme v Ježiša. Povedali sme, že áno, že áno, potom začala písať adresy dvoch cirkví s ich telefónnymi číslami a podala mi ich. Po príchode domov som si oba papiere s informáciami položil na komodu s úmyslom zavolať obom pastorom. Modlil som sa, aby ma Boh doviedol k správnemu zboru a pastorovi. Počul som o niektorých veľmi negatívnych veciach týkajúcich sa cirkví v Amerike, preto som bol veľmi opatrný. Pán si používa prorokov, učiteľov a kazateľov, aby tých, ktorí ho milujú, viedol k celej pravde. Pán sa stal mojou lampou a svetlom, ktoré rozjasnilo moju temnotu. Boh by určite vyviedol aj môjho brata z jeho temnoty. Skutočne som veril, že Boh ma nájde v tom, čo sa zdalo ako nekonečné more temnoty; pretože to bolo pre moju rodinu veľmi temné a ťažké obdobie.

"Tvoje slovo je svetlom pre moje nohy a svetlom na mojej ceste."
(Žalmy 119,105)

"Modlitba a pôst."

Obe adresy som položila na komodu. Zavolal som obom pastorom a s oboma som komunikoval. Súčasne som sa modlil za usmernenie od

Pána pre pastora, s ktorým by som mohol pokračovať v rozhovore. Počas toho som si uvedomil, že jedno číslo zo šatníka zmizlo. Starostlivo som ho hľadal, ale nemohol som ho nájsť. Teraz som mal k dispozícii len jedno číslo. Zavolal som na toto číslo a hovoril som s pastorom zboru, ktorý sa nachádzal v Kalifornii, len 10 minút od môjho domu. Vzal som svojho brata do tohto kostola v domnení, že môj brat bude dnes voľný, ale nestalo sa tak. Môj brat nebol v ten deň úplne oslobodený. Pastor nám teda ponúkol štúdium Biblie. Jeho ponuku sme prijali a tiež sme začali navštevovať jeho zbor bez úmyslu stať sa jeho členom, ale len návštevníkom. Netušil som, že to bude zlomový bod môjho života. V tom čase som bol proti letničnému spôsobu života a ich viere v hovorenie jazykmi.

Svätí cirkvi boli vo svojej viere veľmi úprimní. Uctievali slobodne a poslúchli pastora, keď vyzval na pôst, pretože duchovné sily, ktoré ovládali môjho brata, by vyšli von, ako hovorí Božie slovo, len "modlitbou a pôstom". Raz Ježišovi učeníci nemohli vyhnať démona. Ježiš im povedal, že je to pre ich neveru, a povedal, že im nič nebude nemožné.

"Tento druh však nevychádza inak ako modlitbou a pôstom."
(Matúš 17:21)

Niekoľkokrát sme sa všetci postili po niekoľko dní a videl som, že môjmu bratovi sa darí oveľa lepšie. Pokračovali sme v štúdiu Biblie u nás doma s pastorom, rozumeli sme všetkému, čo nás učil; keď nám však začal vysvetľovať krst vodou, jeho výklad ma znepokojil. Nikdy som nepočul o krste v mene "Ježiša", hoci nám jasne ukázal texty z Písma. Bolo to tam napísané, ale ja som to nevidel. Možno bolo moje chápanie zaslepené.

Keď pastor odišiel, obrátil som sa na brata so slovami" :Všimol si si, že všetci kazatelia, ktorí používajú tú istú Bibliu, prichádzajú s rôznymi myšlienkami? Už naozaj neverím tomu, čo títo kazatelia hovoria." Môj brat sa na mňa obrátil so slovami" :Má pravdu!" Veľmi som sa na brata nahneval a spýtal som sa ho: "Takže ty budeš veriť učeniu tohto pastora? Ja tomu neverím." Opäť sa na mňa pozrel a povedal: "Hovorí pravdu." A ja som mu odpovedal: "Áno, hovorí pravdu. Opäť som mu odpovedal: "Ty veríš všetkým kazateľom, ale mne nie!" A tak som mu odpovedal: "Ty veríš všetkým kazateľom, ale mne nie! Môj brat opäť trval na svojom: "Má pravdu." Tentoraz som videl, že tvár môjho brata je veľmi vážna. Neskôr som si vzal Bibliu a začal som študovať knihu Skutkov apoštolov, kde boli dejiny prvotnej cirkvi. Študoval som a študoval; stále som nevedel pochopiť prečo, Boh mal SVOJU CESTU. Veríte, že Boh s každým človekom zaobchádza inak? Tu som hľadal Boha prostredníctvom všetkých zdrojov a médií. Počas tohto obdobia som počul, ako Boh prehovoril k môjmu srdcu: "Musíš sa dať pokrstiť." V tom čase som si uvedomil, že Boh mi hovorí: "Musíš sa dať pokrstiť. Počul som Jeho príkaz a ukryl som tieto slová vo svojom srdci, ktoré nikto iný nepoznal.

Prišiel deň, keď ku mne pristúpil pastor a položil mi otázku: "Tak čo, si pripravený dať sa pokrstiť?" Prekvapene som sa naňho pozrel, nikdy predtým mi nikto takúto otázku nepoložil. Povedal mi, že Pán Ježiš mu hovoril o mojom krste, a tak som povedal: "Áno". Bol som ohromený, že Boh o tejto veci hovoril s pastorom. Z kostola som odchádzal s myšlienkou" :Dúfam, že mu Boh nehovorí všetko, pretože naše myšlienky nie sú vždy spravodlivé alebo dokonca vhodné."

Krst na odpustenie hriechov.

Prišiel deň môjho krstu. Požiadal som pastora, aby ma pokrstil v mene Otca i Syna i Ducha Svätého. Pastor mi stále opakoval" :Áno, to je meno Ježiš." Bol som znepokojený a rozrušený; myslel som si, že tento človek ma pošle do pekla, ak ma nepokrstí v mene Otca, Syna a Ducha Svätého. Tak som mu znova zopakoval, aby sa, prosím, uistil, že vzýva v mene Otca, Syna a Ducha Svätého, ale pastor sa tiež stále opakoval. "Áno, jeho meno je Ježiš." Začal som si myslieť, že tento pastor naozaj nerozumie, čo mám na mysli. Keďže mi Boh hovoril o tom, aby som sa dal pokrstiť, nemohol som ho neposlúchnuť. Vtedy som to nechápal, ale poslúchal som Boha bez toho, aby som mal úplné zjavenie Jeho mena, ani som plne nechápal, že Spasenie nie je v inom mene ako v mene Ježiš.

"Ani v inom niet spásy, lebo niet pod nebom iného mena, daného ľuďom, v ktorom by sme mohli byť spasení." (Skutky 4,12)

*"Vy ste moji svedkovia, hovorí Pán a môj **služobník**, ktorého som si vyvolil, aby ste poznali a uverili mi a pochopili, že <u>ja som</u>: Predo mnou nebol Boh a nebude ani po mne. Ja som Pán a okrem mňa **niet spasiteľa**."(Izaiáš 43,10-11)*

Predtým, potom a navždy bol, je a bude len jeden Boh a Spasiteľ. Tu bude človek ako úloha <u>sluhu</u>, Jehova Boh hovorí, že **ja som on**.

Ktorý, majúc podobu Boha, nepovažoval za lúpež byť rovný Boh: ale urobil sa bezcenným, vzal na seba podobu sluhu a stal sa podobným ľuďom: A keď sa našiel v podobe človeka, ponížil sa a stal sa poslušným až na smrť, na smrť kríža. (Filipským 2,6-8)

Ježiš bol Boh v ľudskom tele.

*A bez sporu je veľké tajomstvo zbožnosti: **Boh sa zjavil v tele**,*
(1 Timoteovi 3,16)

Prečo tento jediný Boh, ktorý bol duchom, prišiel v tele? Ako viete, duch nemá telo a krv. Keby potreboval prelievať krv, potreboval by ľudské telo.

Biblia hovorí:

*Dávajte teda pozor na seba a na celé stádo, nad ktorým vás Duch Svätý ustanovil za dozorcov, aby ste pásli **<u>Božiu cirkev, ktorú si získal vlastnou krvou</u>**. (Skutky 20,28)*

Väčšina cirkví neučí o Božej jednote a moci Ježišovho mena. Boh, Duch v tele ako človek Kristus Ježiš, dal svojim učeníkom veľké poverenie:

> *Choďte teda a učte všetky národy a krstite ich v **mene** (jednotné číslo) Otca i Syna i Ducha Svätého." (Matúš 28,19)*

Učeníci zjavne vedeli, čo tým Ježiš myslí, pretože išli krstiť v jeho mene, ako je napísané v Písme. Udivilo ma, že pri každom krste vyslovovali "V mene **Ježiša**". Písmo to potvrdzuje v knihe Skutkov apoštolov.

V ten deň som bol pokrstený vo vode celým ponorom v mene Ježiša, vyšiel som z vody a cítil som sa taký ľahký, akoby som mohol chodiť po vode. Ťažká hora hriechu bola odstránená. Nevedel som, že túto ťažobu nosím na sebe. Aký úžasný zážitok! Prvýkrát v živote som si uvedomil, že som sa nazýval "kresťanom s malými hriechmi", pretože som nikdy nemal pocit, že som veľký hriešnik. Bez ohľadu na to, čomu som veril, hriech bol stále hriechom. Konal som a myslel som na hriech. Už som neveril len v Božiu existenciu, ale prežíval som radosť a pravé kresťanstvo tým, že som sa podieľal na tom, čo hovorilo Božie slovo.

Znovu som sa vrátil k Biblii a začal som hľadať v tom istom texte. Hádajte čo? Otvoril moje chápanie a prvýkrát som jasne videl, že krst je len v JEŽIŠOVOM mene.

> *Potom im otvoril rozum, aby porozumeli Písmu (Lukáš 24,45).*

Začal som tak jasne vidieť Písmo a pomyslel som si, aký je satan zákerný, aby jednoducho zničil plán Najvyššieho Boha, ktorý prišiel v tele, aby prelial krv. Krv je skrytá pod menom **JEŽIŠ**. Hneď som zistil, že Satanov útok bol zameraný na Meno.

> *"Kajajte sa a dajte sa pokrstiť každý z vás **v mene Ježiša Krista** na odpustenie hriechov a dostanete dar Ducha Svätého." (Skutky 2,38)*

Tieto slová povedal apoštol Peter v deň Letníc na začiatku prvotnej cirkvi v Novom zákone. Po svojom krste som prijal dar Ducha Svätého v kostole jedného môjho priateľ av Los Angeles.

Prejavilo sa to tým, že som hovoril neznámym jazykom alebo jazykmi a podľa Písma o krste Duchom Svätým:

*"Ešte kým Peter hovoril tieto slová, zostúpil Duch Svätý na všetkých, ktorí počuli toto slovo. A tí z obriezky, ktorí uverili, žasli, ako aj mnohí, čo prišli s Petrom, lebo aj na pohanov sa vylial dar Ducha Svätého. Počuli ich totiž **hovoriť jazykmi** a velebiť Boha."*
(Sk 10, 44-46)

Jasne som pochopil, že muži zmenili obrad krstu. Preto máme dnes toľko náboženstiev. Títo prví veriaci boli pokrstení podľa Písma, ktoré bolo napísané neskôr. Peter ho kázal a apoštoli ho vykonávali!

*"Môže niekto zakázať vodu, aby neboli pokrstení tí, ktorí prijali Ducha Svätého rovnako ako my? A prikázal im, aby sa dali **pokrstiť v Pánovom mene**. Potom ho prosili, aby zotrval niekoľko dní."*
(Skutky 10, 47-48)

Opäť dôkaz krstu v Ježišovom mene.

*Ale keď uverili Filipovi, ktorý im kázal o Božom kráľovstve **a o mene Ježiša Krista, dali sa pokrstiť, muži aj ženy** (lebo ešte na nikoho z nich nepadol, **len oni sa dali pokrstiť v mene Pána Ježiša**)*
(Sk 8,12.16).

Skutky 19

A stalo sa, že keď bol Apollo v Korinte, Pavol prešiel cez horné pobrežie a prišiel do Efezu, kde našiel niektorých povedal im: "Prijali ste Ducha Svätého, odkedy ste uverili? A oni mu povedali: Ani sme nepočuli, či je nejaký Duch Svätý. A on im povedal: Na čo ste teda pokrstení? A oni povedali: Na Jánov krst. Vtedy Pavol povedal: Ján naozaj krstil krstom pokánia a povedal ľuďom, aby uverili v toho,

ktorý má prísť po ňom, to jest v Ježiša Krista. Keď to počuli, dali sa **pokrstiť v mene Pána Ježiša.** *Keď na nich Pavol vložil ruky,* **zostúpil na nich Duch Svätý a oni hovorili jazykmi** *a prorokovali.*
(Sk 19, 1-6)

Skutky 19 mi veľmi pomohli, pretože Biblia hovorí, že **krst je len jeden***. (Efezanom 4,5)*

Bol som pokrstený v Indii a musím povedať, že som bol pokropený a nie pokrstený.

Pravé učenie ustanovili **apoštoli a proroci**. Ježiš prišiel vyliať krv a dať príklad. (1Peter 2,21)

Skutky 2:42 A vytrvalo zotrvávali v ***učení*** *apoštolov a v spoločenstve, v lámaní chleba a v*

Efezanom 2,20 *A sú* **postavení na základoch apoštolov a prorokov,** *pričom sám Ježiš Kristus je hlavným uholným kameňom;*

Galaťanom. 1,8.9 Ale keby sme vám my alebo anjel z neba hlásali iné evanjelium, ako sme vám hlásali, nech je prekliaty. Ako sme predtým povedali, tak teraz znova hovorím: Ak by vám niekto hlásal iné evanjelium ako to, ktoré ste prijali, nech je prekliaty.

(To je hlboké; nikto nemôže zmeniť učenie, dokonca ani apoštoli, ktorí už boli ustanovení.)

Tieto verše mi otvorili oči, teraz som pochopil Matúš 28,19.

Cirkev je Ježišova nevesta, keď sme pokrstení v Ježišovom mene, prijímame Jeho meno. Pieseň piesní je alegóriou Cirkvi a ženícha, v ktorej nevesta prijala Meno.

Pre vôňu tvojich dobrých mastí **je tvoje meno ako** *vyliata* **masť***, preto ťa milujú panny (Pieseň o Solomanovi 1,3)*

Teraz som mal krst, o ktorom sa hovorí v Biblii, a toho istého Ducha Svätého. Nebolo to niečo vymyslené, bolo to skutočné! Mohol som to cítiť a počuť a ostatní boli svedkami prejavu znovuzrodenia. Slová, ktoré som vyslovil, som nepoznal a ani som im nerozumel. Bolo to úžasné.

> *"Lebo kto hovorí **neznámym jazykom**, nehovorí ľuďom, ale Bohu, lebo mu nikto nerozumie, hoci v duchu hovorí tajomstvá."*
> *(I Korinťanom 14,2)*

> *"Lebo ak sa modlím neznámym jazykom, môj duch sa modlí, ale môj **rozum je neplodný**." (I Korinťanom 14,14)*

Moja mama svedčila, že kedysi dávno pred mojím narodením ju misionár z južnej Indie pokrstil v rieke a keď vyšla hore, bola úplne uzdravená. Keďže som nevedela, ako ju tento kazateľ pokrstil, zaujímalo ma, ako sa uzdravila. Po rokoch mi otec potvrdil, že tento pastor ju pokrstil v Ježišovom mene, čo je biblické.

Biblia hovorí:

> *"Ktorý odpúšťa všetky tvoje neprávosti, ktorý uzdravuje všetky tvoje choroby." (Žalmy 103,3)*

Po mojom znovuzrodení som začal viesť biblické hodiny pre priateľov v práci a pre moju rodinu. Môj synovec dostal dar Ducha Svätého. Môj brat, bratranec a teta boli pokrstení spolu s mnohými členmi mojej rodiny. Netušil som, že táto cesta v sebe skrýva oveľa viac než len túžbu dôvernejšie spoznať Boha. Neuvedomoval som si, že táto skúsenosť je možná. Boh prebýva vo vnútri veriaceho prostredníctvom Ducha.

Zjavenie a porozumenie.

Venoval som sa štúdiu Svätého písma a opakovanému čítaniu Biblie, Boh mi stále otváral chápanie.

Elizabeth Das

> *"Potom im otvoril rozum, aby porozumeli Písmu." (Lukáš 24,45)*

Po prijatí Ducha Svätého sa moje chápanie stalo jasnejším, pretože som sa začal učiť a vidieť mnohé veci, ktoré som predtým nevidel.

> *"Ale Boh **nám** ich **zjavil skrze svojho Ducha**, lebo Duch skúma všetko, ba aj Božie hlbiny." (1 Korinťanom 2,10)*

Naučil som sa, že musíme pochopiť Jeho vôľu pre nás, mať múdrosť žiť podľa Jeho Slova, poznať "**Jeho cesty**" a prijať, že poslušnosť je požiadavka a nie možnosť.

Jedného dňa som sa spýtal Boha: "Ako si ma používaš?" Povedal mi: "V modlitbe."

Preto sa, bratia, radšej usilujte, aby ste si boli istí svojím povolaním a vyvolením, lebo ak to budete robiť, nikdy nepadnete:
(2 Petra 1,10)

Naučil som sa, že chodenie do kostola môže človeku dodať pocit falošnej istoty. Náboženstvo nie je spasenie. Náboženstvo samo o sebe vám môže len priniesť dobrý pocit z vlastnej spravodlivosti. Samotné poznanie Písma neprináša Spásu. Musíte porozumieť Svätému písmu prostredníctvom štúdia, prijať zjavenie prostredníctvom modlitby a mať túžbu poznať pravdu. Diabol tiež pozná Písmo a je odsúdený na večnosť v jazere, ktoré horí ohňom. Nedajte sa oklamať vlkmi v ovčom rúchu, ktorí majú **podobu zbožnosti**, ale **popierajú Božiu moc**. Nikto mi nikdy nepovedal, že potrebujem Ducha Svätého s dôkazom hovorenia jazykmi, ako sa o tom hovorí v Biblii. Keď veriaci prijmú Ducha Svätého, stane sa niečo zázračné. Učeníci boli naplnení Duchom Svätým a ohňom.

*Ale dostanete **moc**, keď na vás zostúpi Duch Svätý, a budete mi svedkami v Jeruzaleme, v celom Judsku, v Samárii a až po samý kraj zeme. (Skutky1,8)*

Boli tak zapálení pre šírenie evanjelia, že mnohí vtedajší kresťania, podobne ako niektorí aj dnes, prišli o život pre evanjelium pravdy. Naučil som sa, že ide o hlbokú vieru a pevné učenie, na rozdiel od učenia, ktoré sa dnes vyučuje v niektorých cirkvách.

Po vzkriesení Ježiš vo svojom slove hovorí, že to bude znakom toho, že človek je JEHO UČITEĽOM.

"....budú hovoriť novými jazykmi." (Marek 16,17)

Jazyk v gréčtine je glossa, v slovenčine nadprirodzený dar jazyka daný Bohom. Nechodíte do školy, aby ste sa naučili tento spôsob reči. Preto sa hovorí o **novom jazyku.**

Toto je jedno zo znamení, podľa ktorého spoznáme učeníka Najvyššieho Boha.

Nie je Boh taký úžasný? Urobil svojich učeníkov, aby boli uznávaní veľmi zvláštnym spôsobom.

Sila uctievania.

Dozvedel som sa o sile uctievania a o tom, že pri uctievaní môžete skutočne cítiť prítomnosť Svätého. Keď som v roku 1980 prišiel do Ameriky, pozoroval som, ako sa východní Indovia hanbia slobodne uctievať Boha. V Starom zákone kráľ Dávid tancoval, skákal, tlieskal a vysoko dvíhal ruky pred Pánom. Božia sláva prichádza vtedy, keď Boží ľud uctieva s najvyššou chválou a vyvýšením. Boží ľud vytvára atmosféru, aby medzi ním mohla prebývať Pánova prítomnosť. Naše uctievanie vysiela k Pánovi chutnú vôňu, ktorej nemôže odolať. On príde a prebýva v chválach svojho ľudu. Po modlitbe si nájdite čas len na to, aby ste ho chválili a uctievali celým svojím srdcom bez toho, aby ste ho prosili o nejaké veci alebo milosti. V Biblii je prirovnávaný k Ženíchovi, ktorý prichádza po svoju nevestu (Cirkev). Hľadá vášnivú nevestu, ktorá sa nebude hanbiť UCHOVÁVAŤ SA K NEMU. Naučil som sa, že môžeme ponúknuť uctievanie, ktoré dosiahne Trónnu sieň, ak sa zbavíme svojej pýchy. Ďakujem Bohu za kazateľov, ktorí kážu Slovo a nezdržiavajú sa tým, aké je uctievanie pre Boha veľmi dôležité.

"Ale príde hodina, a teraz je, keď praví ctitelia budú Uctievajte Otca v duchu a v pravde, lebo Otec hľadá takých, ktorí by sa mu klaňali."
(Ján 4,23)

Keď Bož iaprítomnosť zostúpi na jeho deti, začnú sa diať zázraky: uzdravenia, vyslobodenia, jazyky a výklady, proroctvá, prejavy darov Ducha. Ó, koľko Božej moci môžeme obsiahnuť v jednej cirkevnej bohoslužbe, ak sa všetci spoločne stretneme a ponúkneme uctievanie, povznesenie a najvyššiu chválu. Keď už nemáte slová na modlitbu, uctievajte a prinášajte obetu chvály! Diabol neznáša, keď uctievate jeho Stvoriteľa, jediného pravého Boha. Keď sa cítite osamelí alebo sa vás zmocňuje strach, uctievajte a spojte sa s Bohom!

Zo začiatku bolo pre mňa uctievanie a chvála veľmi ťažké, ale neskôr sa stalo ľahkým. Začal som počuť Jeho hlas, ktorý ku mne hovoril. Chcel, aby som bol poslušný Jeho Duchu. Moja náboženská minulosť mi bránila slobodne uctievať Boha. Čoskoro som dostával požehnanie v Duchu, prišlo uzdravenie a bol som oslobodený od vecí, ktoré som nevnímal ako hriech. To všetko bolo pre mňa nové; zakaždým, keď som pocítil Božiu prítomnosť vo svojom živote, začal som sa vnútorne meniť. Rástol som a prežíval som osobné chodenie s Bohom zamerané na Krista.

Duch pravdy.

Láska k pravde je nevyhnutná, pretože náboženstvo môže byť klamlivé a horšie ako závislosť od alkoholu alebo drog.

"Boh je duch a tí, ktorí sa mu klaňajú, musia sa mu klaňať v duchu a v pravde." (Ján 4,24)

Reťaze otroctva náboženstva zo mňa spadli, keď ma Duch Svätý oslobodil. Keď v Duchu Svätom hovoríme neznámymi jazykmi alebo rečami, náš duch hovorí s Bohom. Božia láska je ohromujúca a táto skúsenosť je nadprirodzená. Nemohol som si pomôcť, aby som nemyslel na všetky tie roky predtým, keď som prijímal biblické učenie, ktoré bolo v rozpore s Božím slovom.

V mojom vzťahu s Bohom mi zjavoval viac pravdy, keď som rástol v Jeho Slove a spoznával "**Jeho cesty**". Bolo to ako s vrabcom, ktorý kŕmi svoje mláďatá malými porciami, tie každým dňom silnejú a dôsledne rastú, až sa naučia vznášať sa na oblohe. Hľadajte Ducha Pravdy a On vás povedie, aby ste poznali všetky veci. Jedného dňa sa aj my budeme vznášať v nebesiach s Pánom.

"Keď príde Duch pravdy, uvedie vás do celej pravdy."
(Ján 16,13a)

Sväté pomazanie:

Cez veľký zármutok kvôli stavu môjho brata, ktorý mal problémy so zlými duchmi, sme našli túto úžasnú pravdu. Prijal som túto pravdu a Duch Svätý mi dal moc prekonávať prekážky, ktoré zasahovali do môjho nového života v Ježišovi Kristovi, ktorý mi dal svätú moc pôsobiť a slúžiť vyučovaním ľudí. Naučil som sa, že skrze túto milosť sa Boh pohybuje prostredníctvom duchovného zápalu a prejavu. Pochádza od Svätého, ktorým je sám Boh, a nie od náboženského obradu alebo formálneho vysvätenia, ktoré by človeku dávalo toto privilégium.

Pomazanie:

Začal som pociťovať Božie pomazanie na svojom živote a svedčil som o ňom tým, ktorí ma počúvali. Zistil som, že som sa stal učiteľom Slova vďaka Božej moci pomazania. V Indii bolo obdobie, keď som chcel vykonávať právnickú prax, ale Pán ma premenil na učiteľa svojho Slova.

> *"Ale pomazanie, ktoré ste od neho prijali, zostáva vo vás a nepotrebujete, aby vás niekto učil, ale ako vás to isté pomazanie učí o všetkom a je pravdou a nie je lžou, a ako vás naučilo, tak v ňom budete pomáhať."* (1 Ján 2,27)

> *"Vy však máte milosť od Svätého a viete všetko."* (1 Jánova 2,20)

Dal som sa k dispozícii Bohu a On urobil zvyšok prostredníctvom svojej moci pomazania. Aký úžasný Boh! Nenechá vás bezmocných pri vykonávaní Jeho diela. Začal som sa viac modliť, keď moje telo zoslablo kvôli chorobe a ochoreniu, ale Boží Duch vo mne každým dňom silnel, keď som venoval čas a úsilie svojmu duchovnému chodeniu, modlil sa, postil a neustále čítal Jeho Slovo.

Zmena života:

Keď som sa na chvíľu obzrel späť, videl som, odkiaľ ma Boh priviedol a ako bol môj život prázdny od Jeho ciest. Mal som telesnú prirodzenosť bez moci ju zmeniť. Mal som iných duchov, ale nie Ducha Svätého. Naučil som sa, že modlitba mení veci, ale skutočným zázrakom bolo, že som sa zmenil aj ja. Chcel som, aby sa moje cesty viac podobali **Jeho cestám**, a tak som sa postil, aby som zmenil svoju telesnú prirodzenosť. Môj život sa na tejto prejdenej ceste výrazne zmenil, ale to sa ešte len začalo, pretože moja vášnivá túžba po Bohu sa zväčšila. Ostatní, ktorí ma dobre poznali, mohli dosvedčiť, že som sa zmenil.

Duchovný boj:

Dával som si pozor, aby som učil len pravdu, a nie náboženstvo. Učil som, že krst v mene Ježiša Krista a Svätý Duch Boží (Duch Svätý) je nevyhnutnosťou. Je to Utešiteľ a vaša moc prekonávať prekážky a zlé sily, ktoré prichádzajú proti veriacim.

Buďte vždy pripravení bojovať na kolenách za to, čo chcete od Boha. Diabol chce zničiť vás a vašu rodinu. Sme vo vojne s mocnosťami temnoty. Musíme bojovať za duše, ktoré majú byť zachránené; a modliť sa, aby sa srdce hriešnika dotklo Boha, aby sa odvrátil od mocností, ktoré nad ním vládnu.

"Lebo nebojujeme proti krvi a telu, ale proti kniežatstvám, proti mocnostiam, proti vládcom temnoty tohto sveta, proti duchovnej zlobe na výsostiach." (Efezanom 6,12)

Živá duša.

Každý má živú dušu, nie je vaša, patrí Bohu. Keď jedného dňa zomrieme, duša sa vráti k Bohu alebo k satanovi. Človek môže zabiť telo, ale dušu môže zabiť len Boh.

*"Hľa, všetky duše sú moje; ako duša otca, tak aj duša syna je moja; duša, ktorá zhreší, **zomrie**." (Ezechiel 18,4)*

"A nebojte sa tých, ktorí zabíjajú telo, ale dušu zabiť nemôžu, ale skôr sa bojte toho, ktorý môže zničiť dušu i telo v pekle." (Matúš 10, 28)

Duch lásky.

Jeden život znamená pre Boha tak veľa, pretože sa o každého z nás veľmi stará a miluje ho. Veriaci, ktorí majú toto evanjelium pravdy, sú zodpovední za to, aby v Duchu **lásky** hovorili druhým o Ježišovej láske.

*"Nové prikázanie vám dávam, aby ste **sa milovali** navzájom; ako som ja **miloval** vás, aby ste sa aj vy **milovali** navzájom. Podľa toho všetci spoznajú, že ste moji učeníci, ak budete mať vzájomnú **lásku**." (Ján 13,34-35)*

Diabol proti nám vystúpi, keď sa pre neho staneme hrozbou. Jeho úlohou je odradiť nás; my však máme zasľúbenie, že nad ním zvíťazíme.

> *"Ale vďaka Bohu, ktorý nám dáva víťazstvo skrze nášho Pána Ježiša Krista."* (1 Korinťanom 15,57)

Dovoľte mi, aby som zdôraznil, že to, čo satan zamýšľal ako zlo, Boh premenil na požehnanie.

Biblia hovorí:

> *"A vieme, že tým, ktorí milujú Boha, všetko slúži na dobré, tým, ktorí sú povolaní podľa jeho zámeru."* (Rím 8,28)

Chvála Pánovi Ježišovi Kristovi!

Urobil som to "Jeho cesta"

Kapitola 2

Mocný lekár

M lekárska veda uvádza, že existuje celkovo tridsaťdeväť kategórií chorôb. Vezmime si napríklad rakovinu, existuje veľmi veľa druhov rakoviny. Existuje aj mnoho druhov horúčky, ale všetky patria do kategórie horúčky. Podľa starého rímskeho práva a Mojžišovho zákona ste nemohli za trest udeliť viac ako 40 rán bičom. Aby neporušili tento rímsky a židovský zákon, udelili len tridsaťdeväť rán. Je to náhoda, že Ježiš dostal tridsaťdeväť rán na chrbát? Verím, tak ako mnohí, že existuje súvislosť medzi týmto číslom a Ježišom.

"Môže mu dať štyridsať rán, ale nesmie ich prekročiť, aby, keby ich prekročil a zbil ho nad to mnohými ranami, nezdalo by sa ti, že tvoj brat je ohavný." (Deuteronómium 25, 3)

"Ktorý sám na svojom tele vyniesol naše hriechy na drevo, aby sme my, mŕtvi hriechu, žili pre spravodlivosť; jeho ranami ste boli uzdravení." (1 Petrova 2,24)

"Ale on bol ranený pre naše prestúpenia, bol zbitý pre naše neprávosti, trest nášho pokoja bol na ňom a jeho ranami sme uzdravení." (Izaiáš 53, 5)

V tejto knihe si prečítate svedectvá o Božej uzdravujúcej moci a moci oslobodenia od drog, alkoholu a posadnutosti démonmi. Začnem svojimi osobnými chorobami, pri ktorých mi Boh skoro ukázal, že nič nie je pre neho príliš ťažké ani príliš veľké. On je mocný lekár. Závažnosť môjho fyzického stavu sa prostredníctvom bolestivých chorôb menila zo zlého na horší. Bolo to a je to Božie slovo a jeho zasľúbenia, ktoré ma dnes podopierajú.

Chronická sinusitída.

Mal som problémy s dutinami, ktoré boli také vážne, že mi bránili v spánku. Cez deň som volal a prosil ľudí, aby sa za mňa modlili. Momentálne by som bol v poriadku, ale v noci by sa to obnovilo a nemohol by som spať.

V jednu nedeľu som prišiel do kostola a požiadal som pastora, aby sa za mňa modlil. Položil mi ruku na hlavu a modlil sa nado mnou.

"Je medzi vami niekto chorý? Nech si zavolá starších cirkvi a tí nech sa nad ním modlia a pomažú ho olejom v Pánovom mene." (Jakub 5,14)

Keď sa začala bohoslužba, začal som chváliť a uctievať Boha, pretože Duch na mňa voľne pôsobil. Pán mi povedal, aby som pred ním tancoval. V Duchu som pred Ním začal tancovať v poslušnosti, keď sa mi zrazu uvoľnil upchatý nos a to, čo mi prekážalo v nosových dierkach, vyšlo von. Okamžite som začal dýchať a tento stav sa už nevrátil. Tento stav dutín som prijal vlastnými slovami a myšlienkami. Nakoniec som sa však naučil, že svoju vieru by sme mali vždy vysloviť a nikdy nevyznávať ani nemyslieť na pochybnosti.

Tonzilitída.

Mal som chronický zápal mandlí a nemohol som spať kvôli strašnej pretrvávajúcej bolesti. Týmto stavom som trpel mnoho rokov. Po návšteve lekára som bol odporučený k hematológovi. Aby mi mohol vykonať relatívne malú operáciu mandlí, bola by to pre mňa nebezpečná a zdĺhavá operácia kvôli ochoreniu krvi, ktoré sťažovalo zrážanie krvi v mojom tele. Inými slovami, mohol by som vykrvácať! Lekár povedal, že neexistuje žiadna možnosť, aby som túto operáciu vydržal alebo zniesol bolesť. Modlil som sa za svoje uzdravenie a požiadal som aj cirkev, aby sa za mňa modlila. Jedného dňa prišiel do môjho zboru hosťujúci kazateľ. Pozdravil zhromaždenie a spýtal sa, či niekto nepotrebuje uzdravenie.

Nebol som si istý, či sa mi dostane uzdravenia, ale aj tak som sa vydal dopredu a dôveroval Bohu. Keď som sa vrátil na svoje miesto, počul som hlas, ktorý mi hovoril.

"Nebudeš uzdravený."
Bol som na ten hlas nahnevaný. Ako mohol tento hlas smelo vysloviť túto pochybnosť a neveru? Vedel som, že je to diablov trik, aby zastavil moje uzdravenie. Odpovedal som tomuto hlasu v rozpore s ním,

"Uzdravím sa!"

Moja odpoveď bola pevná a silná, pretože som vedel, že pochádza od otca všetkých lží, od diabla. Duch Svätý nám dáva moc nad diablom a jeho anjelmi. Nechcel som mu dovoliť, aby ma pripravil o uzdravenie a pokoj. Je to klamár a nie je v ňom pravda! Bránil som sa Božím slovom a zasľúbeniami.

"Vy ste zo svojho otca diabla a žiadosti svojho otca budete plniť. On bol od počiatku vrahom a nepobýval v pravde, lebo v ňom niet pravdy. Keď hovorí lož, hovorí zo svojho, lebo je klamár a jej otec."
(Ján 8,44)

Moja bolesť okamžite zmizla a ja som bol uzdravený! Niekedy musíme ísť do nepriateľského tábora, aby sme bojovali za to, čo chceme, a aby sme si vzali späť to, čo nám chce nepriateľ, diabol, vziať. Keď ma bolesť opustila, diabol mi povedal: "Nebol si chorý. Nepriateľ sa ma snažil "mrakom pochybností" presvedčiť, že som v skutočnosti nebol chorý. Dôvodom tejto diablovej lži bolo, aby som Bohu nevenoval slávu. S pevnou odpoveďou satanovi som povedal: "Áno, bol som chorý!" Ježiš mi okamžite dal pocítiť bolesť na každej strane mandlí. Odpovedal som: "Pane Ježišu, viem, že som bol chorý, a ty si ma uzdravil." Bolesť ma navždy opustila! Už nikdy viac som netrpel. Okamžite som zdvihol ruky, chválil Pána a vzdával Bohu slávu. Ježiš si vzal rany na chrbát, aby som mohol byť v ten deň uzdravený. Jeho slovo tiež hovorí, že mi budú odpustené aj moje hriechy. Ešte v ten deň som vstal a svedčil pred zborom, ako ma Pán uzdravil. Svoje uzdravenie som si vynútil.

"A od čias Jána Krstiteľa až doteraz nebeské kráľovstvo trpí násilie a násilníci sa ho zmocňujú násilím." (Matúš 11,12)

"A modlitba viery zachráni chorého a Pán ho vzkriesi, a ak spáchal hriechy, budú mu odpustené." (Jakub 5:15)

"Ktorý odpúšťa všetky tvoje neprávosti, ktorý uzdravuje všetky tvoje choroby." (Žalmy 103,3)

Keď sa postavíme a svedčíme o tom, čo Pán urobil, nielenže vzdávame Bohu slávu, ale povznášame aj vieru ostatných, ktorí to potrebujú počuť. Je to tiež čerstvá krv proti diablovi.

"A zvíťazili nad ním Baránkovou krvou a slovom svojho svedectva a nemilovali svoj život až do smrti." (Zjavenie 12,11)

Boh robí veľké aj malé zázraky. Diabla porazíte, keď budete druhým rozprávať o tom, čo pre vás Boh urobil. Diabla prinútiš utiecť, keď začneš uctievať Boha celým svojím srdcom! Máte k dispozícii zbrane viery a moc Ducha Svätého, aby ste porazili otca všetkých lží. Musíme sa ich naučiť používať.

Vada zraku.

V roku 1974, ešte pred príchodom do Ameriky, som mal problém so zrakom. Nedokázal som rozlíšiť vzdialenosť medzi sebou a iným predmetom predo mnou. To spôsobovalo silné bolesti hlavy a nevoľnosť. Lekár mi povedal, že mám poruchu sietnice, ktorá sa dá upraviť cvičením; to však u mňa nezabralo a bolesti hlavy pokračovali.

Navštevoval som cirkev v Kalifornii, ktorá verila v uzdravujúcu silu. Požiadal som cirkev, aby sa za mňa modlila. Stále som počúval svedectvá o uzdravení, ktoré mi pomohli veriť v uzdravenie. Som veľmi vďačný, že zbory umožnili vydávanie svedectiev, že ostatní môžu počuť chválospevy na zázraky, ktoré Boh vykonal v životoch dnešných obyčajných ľudí. Počúvanie svedectiev vždy pozdvihlo moju vieru. Prostredníctvom svedectiev som sa veľa naučil.

Neskôr som išiel k očnému lekárovi, pretože Boh ma požiadal, aby som navštívil očného špecialistu.

Tento lekár mi vyšetril oči a zistil rovnaký problém, ale požiadal ma, aby som si vyžiadal druhý názor. O týždeň neskôr som požiadal o modlitbu, pretože som mal silnú bolesť hlavy a neznesiteľnú bolesť očí.

Išiel som na druhý posudok, ktorý mi vyšetril oči a povedal, že s mojimi očami nie je nič v poriadku. Bol som veľmi šťastný.

O šesť mesiacov neskôr som cestovala do práce a premýšľala som o tom, čo mi povedal lekár, a začala som veriť, že sa nič nedeje a že druhý lekár, ktorý diagnostikoval nedokonalosť očí, sa mýlil. Celé tieto mesiace som bol uzdravený a zabudol som na to, aký som bol chorý.

Boh ku mne začal hovoriť: "Pamätáš si, že si mal neznesiteľnú bolesť, bolesť hlavy a nevoľnosť?"

Povedal som: "Áno." Potom Boh povedal: "Pamätáš si, keď si bol v Indii a lekár ti povedal, že máš očné ochorenie a učil ťa cvičenia na koordináciu očí? Spomínaš si, že počas posledných šiestich mesiacov si kvôli tomuto problému neprišiel domov chorý?"

Odpovedal som: "Áno."

Boh mi povedal: "Uzdravil som ti oči!"

Chvála Bohu, to vysvetľovalo, prečo mi tretí lekár nemohol nič nájsť. Boh mi dovolil prejsť touto skúsenosťou, aby mi ukázal, že je schopný preniknúť hlboko do mojich očí a uzdraviť ich. Božie slovo hovorí: "Ja poznám srdce, nie ten, kto srdce vlastní." A tak som sa rozhodol, že budem mať oči v poriadku. Opatrne som začal v mysli uvažovať nad týmito slovami. Ja síce vlastním svoje srdce, ale nepoznám svoje srdce, ani neviem, čo mám v srdci. Preto sa neustále modlím, postím a čítam Slovo, aby Boh v mojom srdci našiel len dobro, lásku a vieru. Musíme si dávať pozor na to, čo si myslíme a čo vychádza z našich úst. Rozjímajte o dobre, pretože Boh pozná každú našu myšlienku.

> *"Nech sú slová mojich úst a rozjímanie môjho srdca príjemné v tvojich očiach, Hospodine, moja sila a môj vykupiteľ."*
> *(Žalmy 19,14)*

> *"Srdce je nadovšetko zvodné a zúfalé; kto ho môže poznať? Ja, Hospodin, skúmam srdce, skúmam údy, aby som každému dal podľa jeho ciest a podľa ovocia jeho skutkov." (Jeremiáš 17,9-10)*

Modlím sa za seba Žalm 51:

> *"Stvor mi čisté srdce, Bože, a obnov vo mne pravého ducha."*
> *(Ž 51,10)*

Úzkosť.

Prechádzal som obdobím, keď som prežíval niečo, čo som nedokázal vyjadriť slovami. Spomínam si, ako som Bohu hovoril, že neviem, prečo sa tak cítim vo svojej mysli. Modlil som sa a prosil Boha, aby som tento ohromujúci pocit nechápal, pretože v tom čase som sa ničím netrápil. Tento pocit trval nejaký čas a spôsoboval, že som sa cítil "mimo" duševne, ale nie fyzicky, čo je najlepší spôsob, ako to môžem opísať. Neskôr v práci som mal v ruke takú malú knihu inšpirácií.

Pán povedal: "Otvor túto knihu a čítaj."

Našiel som tému "úzkosť". Boh povedal, že to, čo máte, je úzkosť. Toto slovo mi nebolo známe. Keďže som tomuto slovu nerozumel, Ježiš povedal, aby som sa pozrel do slovníka. Našiel som presné príznaky, ktoré som mal. Definícia bola obava alebo starostlivosť o nejakú vec alebo udalosť, budúcu alebo neistú, ktorá znepokojuje myseľ a udržuje ju v stave bolestného nepokoja.

Povedal som: "Áno, Pane, cítim sa presne tak!"

Pracoval som na smene a v deň voľna som chodil spať skôr. Počas tohto obdobia som sa zvykne skoro ráno zobudiť a modliť sa a jedného dňa mi Boh povedal, aby som išiel spať. Pomyslel som si: "Prečo by to Boh povedal?" V tejto ranej fáze môjho chodenia s Bohom som sa učil rozlišovať a počuť Jeho hlas. Opäť som si povedal: Prečo mi Boh hovorí, aby som išiel spať? Myslím si, že je to diabol.

Potom som si spomenul, že Boh nám niekedy hovorí veci, ktoré možno nedávajú zmysel, ale dáva nám dôležité posolstvo. Stručne povedané, Jeho posolstvo bolo, že nemusíme byť svätejší ako ty.

"Lebo moje myšlienky nie sú vaše myšlienky a vaše cesty nie sú moje cesty, hovorí Hospodin. Lebo ako sú nebesia vyššie ako zem, tak sú moje cesty vyššie ako vaše cesty a moje myšlienky vyššie ako vaše myšlienky". (Izaiáš 55, 8-9)

Inými slovami, modlitba je správna cesta, ale v tom čase to tak nebolo. On už vyslal svojho anjela, aby mi slúžil, a ja som potreboval byť v posteli. Je čas na odpočinok a čas na to, aby Boh naplnil naše lampy čerstvým olejom prostredníctvom modlitby obnovujúcej Ducha Svätého. V prirodzenom prostredí potrebujeme spánok a odpočinok, aby sme si osviežili telo a myseľ, ako to chcel Boh. Sme Božím chrámom a musíme sa o seba starať.

*Ale ktorému z **anjelov** povedal: "Sadni si po mojej pravici, kým ti nepoložím nepriateľov pod nohy? Či nie sú všetci **služobní duchovia poslaní slúžiť tým, ktorí budú dedičmi spásy?***
(Židom 1,13.14)

Keď som znova zaspal, snívalo sa mi o mužovi bez hlavy. Muž bez hlavy sa dotkol mojej hlavy. Neskôr som sa zobudil a cítil som sa sviežo a úplne normálne; vedel som, že Boh poslal uzdravujúceho anjela, aby sa dotkol mojej hlavy a zbavil ma tejto úzkosti. Bol som Bohu taký vďačný, že som to povedal každému, kto ma počúval. Zažil som hrozné vyčerpávajúce príznaky úzkosti, ktoré ovplyvnili moju myseľ. Každý deň sa zobudíte s tým, že sa to tiahne; nikdy vám to nedá pokoj, pretože vaša myseľ nie je úplne oddýchnutá, aby sa uvoľnila. Úzkosť je tiež nástrojom diabla, aby vás premohol strach alebo panika. Prichádza v mnohých podobách a možno ani neviete, že ju máte. Najlepšie je zmeniť spôsob, akým reagujete na stres, a spýtať sa sami seba, či svojmu telu dávate to, čo potrebuje na každodennú obnovu. Boh sa postará o zvyšok, keď sa budete starať o "Jeho chrám".

"Ak niekto poškvrní Boží chrám, toho Boh zničí, lebo Boží chrám je svätý, a tým chrámom ste vy." (1 Korinťanom 3,17)

Jeho hlas.

Keď máte Boha, ste plní, pretože ste ponorení do jeho lásky. Čím viac Ho spoznávate, tým viac Ho milujete! Čím viac sa s ním rozprávate, tým viac sa učíte počuť jeho hlas. Duch Svätý vám pomáha rozoznávať

Boží hlas Musíte len počúvať ten tichý hlas. My sme ovce na Jeho pastve, ktoré poznajú Jeho hlas.

"Ježiš im odpovedal: "Povedal som vám to, a neuverili ste.Skutky, ktoré konám v mene svojho Otca, svedčia o mne. Ale vy ste uverili nie, lebo nie ste z mojich oviec, ako som vám povedal. Moje ovce počujú môj hlas, ja ich poznám a ony ma nasledujú: A dávam im večný život a nezahynú naveky, ani ich nikto nevyrve z mojej ruky. Môj Otec, ktorý mi ich dal, je väčší ako všetci a nikto ich nemôže vytrhnúť z ruky môjho Otca. Ja a môj Otec sme jedno."
(Ján 10, 25-30)

Sú medzi nami takí, ktorí sa nazývajú Jeho "ovcami", a takí, ktorí neveria. Jeho ovce počujú Boží hlas. Náboženskí démoni sú klamári. Dávajú nám pocit, že máme Boha. Sväté písmo nás varuje pred falošnými učeniami.

"majúc podobu zbožnosti, ale popierajúc jej moc."(2 Timoteovi3,5)

Boh hovorí: "Hľadajte ma celým svojím srdcom a nájdete ma." Nejde o to, aby sme našli životný štýl, ktorý nám vyhovuje. Nasledujte pravdu, nie náboženskú tradíciu. Ak túžite po Božej pravde, nájdete ju. Musíte čítať a milovať Božie slovo, ukrývať ho vo svojom srdci a prejavovať ho svojím životným štýlom. Slovo vás zmení vnútorne aj navonok.

Ježiš prišiel zlomiť moc tradície a moc náboženstva za cenu svojej krvi. Dal svoj život, aby sme mohli získať odpustenie hriechov a priame spoločenstvo s Bohom. V Ježišovi sa naplnil Zákon, ale oni ho nevyznali ako Pána a Spasiteľa, Mesiáša.

"Napriek tomu aj medzi najvyššími predstaviteľmi mnohí v neho uverili, ale kvôli farizejom ho nevyznali, aby ich nevylúčili zo synagógy: Lebo viac milovali ľudskú chválu ako chválu Božiu."
(Ján 12,42.43)

Elizabeth Das

Chrípka:

Mala som vysokú horúčku a bolesti tela. Oči a tvár som mala tiež veľmi opuchnuté. Sotva som mohol hovoriť a zavolal som staršiemu z môjho zboru, aby sa modlil za moje uzdravenie. Rysy mojej tváre sa okamžite vrátili do normálu a ja som bol uzdravený. Ďakujem Bohu za mužov viery a istotu, ktorú dáva tým, ktorí mu dôverujú.

"Veď naše evanjelium k vám neprišlo len v slove, ale aj v moci, v Duchu Svätom a v mnohých istotách." (1Tesaloničanom 1,5a)

Alergia očí.

V južnej Kalifornii máme vážny problém so smogom. Mal som podráždené oči, ktoré sa so znečistením ovzdušia ešte zhoršili. Svrbenie, začervenanie a neustála bolesť boli neznesiteľné; mala som chuť vytiahnuť si oči z očnej jamky. Aký to bol hrozný pocit. Stále som rástol a učil sa dôverovať Bohu. Myslel som si, že je nemožné, aby to Boh vyliečil, hoci ma už v minulosti uzdravil. Len ťažko som veril Bohu, že ma uzdraví. Myslel som si, že keď už Boh pozná každú moju myšlienku, nemôže mi uzdraviť oči kvôli mojej nevere, a tak som používal očné kvapky, aby som zmiernil svrbenie. Pán ku mne začal hovoriť, aby som prestal používať očné kvapky. Svrbenie však bolo veľmi silné a ja som s tým neprestal. Zopakoval to trikrát, až som nakoniec očné kvapky odložil.

*"Ale Ježiš sa na nich pozrel a povedal im: "U ľudí je to nemožné, ale u **Boha je všetko možné**. (Matúš 19,26)*

O niekoľko hodín neskôr, keď som bol v práci, ma svrbenie opustilo. Bola som taká šťastná, že som o svojom uzdravení začala rozprávať všetkým v práci. Už nikdy som sa nemusela obávať o svoje oči. O Bohu a o tom, ako myslí, vieme tak málo. Nikdy ho nemôžeme poznať, pretože **Jeho cesty** nie sú naše cesty. Naše poznanie o Ňom je také nesmierne malé. Preto je pre pravých veriacich také dôležité, aby chodili v Duchu. Nemôžeme sa prikláňať k svojmu ľudskému chápaniu. Ježiš bol ku mne v ten deň láskavý, trpezlivý a milosrdný. Ježiš mi dával veľkú lekciu. Mal som pochybnosti o uzdravení, ale v ten deň som poslúchol a On ma uzdravil! Nikdy to so mnou nevzdal a nikdy to nevzdá ani s vami!

Po tejto lekcii poslušnosti som odložil všetky druhy liekov. Uveril som, že vo svojom srdci začnem dôverovať Bohu, že ma uzdraví zo všetkých mojich chorôb a ochorení. Postupom času som sa naučil veriť Mu a rástol som v Pánovi. On je mojím lekárom aj dnes.

Zranenie krku:

Jedného popoludnia som išiel do kostola, keď ma zrazilo iné vozidlo a utrpel som zranenie krku, ktoré si vyžiadalo práceneschopnosť. Chcel som sa vrátiť do práce, ale lekár to odmietol. Začal som sa modliť: "Ježišu, nudím sa, prosím, nech ma pustí." Ježiš povedal: "Vráť sa do práce a nikto nebude môcť povedať, že si bol zranený".

"Lebo ja ti vrátim zdravie a uzdravím ťa z tvojich rán, hovorí Hospodin." (Jeremiáš 30,17a)

Potom som sa vrátil k lekárovi a ten ma pustil späť do práce, pretože som na tom trval. Opäť som začal pociťovať bolesti a bol som pokarhaný za príliš skorý návrat do práce. Spomenul som si, čo mi Ježiš povedal a sľúbil. Začal som si hovoriť, aby som sa držal Božieho zasľúbenia, a zo dňa na deň som sa začal zlepšovať. Skôr než som sa nazdala, bolesť ma opustila. V ten večer ma môj nadriadený požiadal, aby som pracoval nadčas. Zo žartu som sa zasmial a povedal som mu, že nie som dosť zdravý na to, aby som pracoval nadčas, pretože mám bolesti. Priznala som sa, že mám niečo, čo nemám. Bolesť sa okamžite vrátila a moja tvár veľmi zbledla, takže mi nadriadený prikázal ísť domov. Spomenula som si, že predtým mi Boh povedal, že budem v poriadku, a bola som rozhodnutá stáť si za tým. Povedal som nadriadenému, že nemôžem ísť domov kvôli Božiemu prísľubu. Ďalšia nadriadená bola kresťanka, a tak som ju požiadal, aby sa za mňa modlila. Trvala na tom, aby som opäť išiel domov. Začal som napomínať bolesť a hovoril som slovo viery. Diabla som nazval klamárom s autoritou Ducha Svätého. Moja bolesť okamžite odišla.

"Potom sa dotkol ich očí a povedal: Nech sa vám stane podľa vašej viery." (Matúš 9,29)

Vrátil som sa k svojej nadriadenej a povedal som jej, čo sa stalo. Súhlasila, že diabol je klamár a otec všetkých lží. Je dôležité, aby sme nikdy nevyvolávali chorobu alebo bolesť. Boh mi v ten deň dal veľmi dôležitú lekciu o žartovaní s nepravdou.

"Ale vaša komunikácia nech je: Áno, áno, nie, nie, lebo všetko, čo je viac ako toto, pochádza zo zlého." (Matúš 5,37).

Kapitola 3

Božie mocné zbrane "Modlitba a pôst"

O v nedeľu ráno som počas bohoslužby ležal na poslednej lavici v neznesiteľných bolestiach a sotva som mohol chodiť. Zrazu mi Boh povedal, aby som išiel dopredu a prijal modlitbu. Nejako som vo svojom srdci a v Duchu vedel, že nebudem uzdravený, ale keďže som počul Boží hlas, poslúchol som. Ako sme čítali v

1 Samuelova 15,22b. Poslúchať je lepšie ako obetovať.

Pomaly som sa dostala dopredu, a keď som začala prechádzať bočnou uličkou, všimla som si, že ľudia začali vstávať, keď som ich míňala. Bol som svedkom toho, ako na každého človeka padá Boží Duch, a premýšľal som, aký bol Boží zámer poslať ma dopredu.

"A stane sa, ak budeš pozorne počúvať hlas Pána, svojho Boha, a budeš zachovávať a plniť všetky jeho príkazy, ktoré ti dnes prikazujem, že ťa Pán, tvoj Boh, vyvýši nad všetky národy zeme: A všetky tieto požehnania prídu na teba a zastihnú ťa, ak budeš počúvať hlas Pána, svojho Boha." (Deuteronómium 28, 1-2)

Elizabeth Das

Keď sa to stalo, navštevoval som svoj miestny kostol, ale nejaký čas som na tento deň myslel. Potom, keď som išiel navštíviť kostol v meste Upland. Do tohto kostola chodila aj sestra z nášho bývalého zboru. Videla môj inzerát na aute, kde som ponúkal doučovanie matematiky, a chcela ma zamestnať. Jedného dňa, keď som ju učila u mňa doma, mi povedala" :Sestro, pamätám si na deň, keď ste boli chorá v našom starom zbore a chodili ste dopredu, aby ste prijali modlitbu. Nikdy predtým som nezažila takú Božiu prítomnosť, hoci som bola pokrstená v mene Ježiš a dva roky som chodila do kostola. V ten deň, keď si prešiel okolo, som prvýkrát pocítila Božieho Ducha a bolo to také silné. Pamätáš si, že celý kostol vstával, keď na nich padal Duch, keď si prechádzal?" Na ten deň som si dobre pamätal, pretože som sa stále čudoval, prečo ma Boh poslal dopredu, keď som sotva mohol chodiť. Cítil som, že Boh dovolil, aby mi opäť skrížila cestu z nejakého dôvodu. Prostredníctvom nej Boh odpovedal na moju otázku o tom dni.

Bol som rád, že som počul Boha a poslúchol jeho hlas.

"Veď my chodíme vierou, nie zrakom." (2. Korinťanom 5,7)

Po mojom úraze v septembri 1999 som už nemohol chodiť, a tak som zostal na lôžku a neustále som sa modlil a postil vo dne v noci, pretože som nespal 48 hodín. Modlil som sa deň a noc s myšlienkou, že radšej budem mať Boha na pamäti, ako by som mal cítiť bolesť. Neustále som sa rozprával s Bohom. Sme nádoby na česť alebo potupu. Keď sa modlíme, napĺňame svoju nádobu čerstvým Boží molejom tým, že sa modlíme v Duchu Svätom.

Musíme múdro využívať svoj čas a nedovoliť, aby nám starosti života bránili v duchovne dôvernom vzťahu s naším Stvoriteľom. Najmocnejšou zbraňou proti diablovi a jeho armáde je modlitba a pôst.

"Ale vy, milovaní, budujte sa na svojej najsvätejšej viere a modlite sa v Duchu Svätom." (Júda, 20. kapitola)

Zlo porazíte, keď sa budete modliť a viesť dôsledný modlitebný život. Dôslednosť je všemocná. Pôst zvýši moc Ducha Svätého a budete mať moc nad démonmi. Ježišovo meno je také mocné, keď vyslovujete " :slováV mene Ježiša." Keď sa modlíte, môžete sa modliť za démonov. Pamätajte aj na to, že vzácna "Ježišova krv" je vašou zbraňou. Poproste Boha, aby vás pokryl svojou Krvou. Božie slovo hovorí:

*"A od Ježiša Krista, ktorý je verný svedok, prvorodený z mŕtvych a kniežať kráľov zeme. Tomu, ktorý nás miloval a **obmyl nás z našich hriechov svojou krvou**." (Zjavenie 1,5)*

*"A to tak, že vynášali chorých na ulice a ukladali ich na postele a na pohovky, aby aspoň **tieň** okoloidúceho Petra zatienil niektorých z nich." (Sk 5, 15)*

Kapitola 4

Boh Veľký stratég

W kto môže poznať Božiu myseľ? V roku 1999 som na pošte pracoval na smene, keď som sa zohol, aby som vyzdvihol zásielku, a pocítil som silnú bolesť chrbta. Hľadal som svoju nadriadenú, ale nemohol som ju nájsť, ani nikoho iného. Išiel som domov s tým, že bolesť odíde po modlitbe pred spaním. Keď som sa na druhý deň ráno zobudil s bolesťou, zavolal som staršinu zboru, ktorý sa modlil za moje uzdravenie. Počas modlitby som počul, ako mi Pán hovorí, aby som zavolal svojmu zamestnávateľovi na poštu a oznámil mu svoje zranenie. Potom som dostal pokyn, aby som po návrate do práce informoval svojho nadriadeného. Keď som sa vrátil do práce, zavolali ma do kancelárie, aby som vyplnil správu o úraze. Odmietol som navštíviť ich lekára, pretože som neveril v návštevu lekára. Dôveroval som Bohu. Žiaľ, bolesti chrbta sa mi len zhoršili. Môj zamestnávateľ potreboval potvrdenie od lekára, ktoré by potvrdzovalo, že som utrpel zranenie, aby mohol odôvodniť odľahčovaciu službu. V tom čase som už niekoľkokrát žiadal o vyšetrenie u ich lekára, ale teraz už neboli takí naklonení tomu, aby ma tam poslali. Až keď videli určité zlepšenie pri chôdzi, mysleli si, že som sa uzdravil. Teraz ma poslali k svojmu lekárovi pre pracovné úrazy, ktorý ma neskôr poslal k ortopédovi. Ten potvrdil, že som utrpel trvalé poškodenie chrbtice.

Môjho zamestnávateľa to veľmi rozrušilo. Bola som veľmi rada, že som tentoraz súhlasila s návštevou ich lekára. Nevedel som, čo ma čaká v budúcnosti, ale Boh to vedel. Nielenže mi dali v práci ľahkú prácu, ale teraz si boli vedomí, že mám vážne zdravotné postihnutie. Ako sa môj stav zhoršoval, mohol som pracovať len šesť hodín, potom štyri a potom dve. Moja bolesť sa stala takou neznesiteľnou, že dochádzanie do práce mi robilo problémy. Vedel som, že sa musím spoľahnúť na Boha, aby ma uzdravil. Modlil som sa a pýtal som sa Boha, aký má so mnou plán? Odpovedal mi: "*Pôjdeš domov.*" Pomyslel som si, že ma určite zavolajú do kancelárie a pošlú ma domov. Neskôr ma zavolali do kancelárie a poslali domov presne tak, ako Pán hovoril. Postupom času sa môj stav zhoršoval a na chôdzu som potreboval oporu. Lekár, ktorý si uvedomoval vážnosť môjho zranenia, mi odporučil, aby som navštívil lekára pre odškodnenie pracovníkov ,ktorý by sa ujal môjho prípadu.

V jeden piatkový večer, keď som otváral dvere pri odchode z pošty, počul som Boží hlas, ktorý mi povedal: "*Na toto miesto sa už nikdy nevrátiš.*" Tie slová ma tak ohromili, že som si začal myslieť, že by som mohol byť ochrnutý alebo dokonca prepustený. Hlas bol veľmi jasný a silný. Bezpochyby som vedel, že sa to stane a ja sa na toto miesto, kde som pracoval 19 rokov, už nevrátim. Nebolo isté, ako to pre mňa dopadne po finančnej stránke. Boh však vidí veci z diaľky, pretože ešte len dával ďalší krok, ktorý ma nasmeroval na cestu, ktorou som mal ísť.

Boh pomaly a šikovne pripravoval základy mojej budúcnosti ako majster stratég pre časy, keď už nebudem pracovať pre nikoho iného, len pre neho. Po víkende som si našiel nového ortopéda, ktorý ma vyšetril. Uložil ma na dočasnú práceneschopnosť takmer na rok. Pošta ma poslala na vyšetrenie k jednému zo svojich lekárov a jeho názor bol v rozpore s názorom môjho lekára. Povedal, že som v poriadku a môžem zdvihnúť až 100 kg. Nemohol som ani chodiť, stáť, ba ani dlho sedieť, nieto ešte dvíhať váhu zodpovedajúcu môjmu krehkému telu. Môj lekár bol veľmi rozrušený. Nesúhlasil s hodnotením môjho zdravotného stavu a fyzických schopností druhým lekárom. Vďaka Bohu, že môj lekár to spochybnil v mojom mene a proti lekárovi môjho zamestnávateľa. Môj zamestnávateľ potom postúpil záležitosť tretiemu lekárovi, ktorý mal pôsobiť ako sprostredkujúci "rozhodca". Týmto rozhodcom bol ortopéd, ktorý mi neskôr určil diagnózu invalidity. Nebolo to z dôvodu pracovného úrazu, ale z dôvodu mojej choroby krvi. Teraz teda všetko nabralo iný spád. S touto chorobou som sa narodil. O invalidnom dôchodku som nič nevedel. Modlil som sa za túto situáciu s hnevom v srdci. Viem, že jeho úlohou bolo urobiť to, čo je spravodlivé pre pacienta, a nie pre zamestnávateľa. A vo videní som videl tohto lekára úplne šialeného.

Okamžite som poprosil Ježiša, aby mu odpustil. Pán ku mne začal hovoriť, že lekár urobil všetko pre tvoje dobro. Požiadal som Pána, aby mi to ukázal, pretože som to tak nevidel; moja odpoveď však príde neskôr. Medzitým som požiadal o dávky v prípade trvalej invalidity, pretože som už nemohol pracovať. Nebol som si istý, či bude moja žiadosť schválená. Môj zamestnávateľ aj môj lekár vedeli, že mám nielen zranenie chrbta, ale aj tri nádory na spodnej časti chrbta a hemongióm v chrbtici. Mal som degeneratívne ochorenie platničiek a ochorenie krvi. Stav môjho tela sa rýchlo a nanajvýš bolestivo zhoršoval.

Bolestivé príznaky mojich chorôb a zranení si na mne vybrali krutú daň. Zistil som, že nie som schopný chodiť ani s podpornou asistenciou. Nevedelo sa, čo spôsobuje ochrnutie, ktoré postihlo moje nohy, preto ma poslali na magnetickú rezonanciu (MRI) hlavy. Lekár pátral po akomkoľvek psychickom stave. Kto môže poznať Božiu myseľ a aké kroky podnikal pre moju budúcnosť? Boh je veľký stratég, pretože vtedy som málo vedel, že to všetko malo svoj dôvod. Musel som mu len dôverovať, že sa o mňa postará. Dávky trvalej invalidity môžu byť schválené len osobám, ktoré majú osobný zdravotný stav, ktorý môže byť lekársky podložený osobným lekárom. Keďže môj nový lekár nemal žiadnu zdravotnú anamnézu, odmietol poskytnúť oddeleniu pre invaliditu kompletné lekárske posúdenie týkajúce sa mojej neschopnosti pracovať. Ocitol som sa aj pred dilemou týkajúcou sa mojich financií. Po odpovede som sa obrátil na jediný zdroj, ktorý som poznal. Pán mi povedal: "*Máte veľa lekárskych správ, pošlite ich všetky lekárovi.*" Vtedy som sa obrátil na *lekára, ktorý mi* povedal, že *mám veľa lekárskych správ.*

Nielenže som lekárovi odovzdal všetky svoje lekárske správy, ale teraz bol pripravený vyplniť moju žiadosť o trvalý invalidný dôchodok. Chvála Bohu! Boh je vždy pripravený dať odpoveď, ak ho úprimne prosíme. Dôležité je vždy byť ticho a počúvať Jeho odpoveď. Niekedy neprichádza hneď. Čakal som na "Veľkého stratéga", aby usporiadal môj život podľa svojej vôle. Nasledujúce mesiace boli mučivé a náročné. Nielenže som znášal fyzickú bolesť, ale už som nedokázal otočiť ani stránku knihy. Keďže moja závislosť od uzdravenia je na Bohu, veril som, že tým prechádzam z nejakého dôvodu, ale určite nezomriem. Veriac tomu som len každý deň ďakoval Bohu za každý okamih, ktorý som prežil, a za akýkoľvek stav, v ktorom som sa nachádzal. Pohltila som sa modlitbou a pôstom, aby som prežila tie chvíle mučivej bolesti. On bol mojím jediným zdrojom sily a útočiskom v modlitbe.

Môj život sa zmenil k horšiemu. V tomto vyčerpávajúcom stave som už nebol schopný pracovať. S mnohými modlitbami a prosbami každý deň sa zdalo, že moja situácia sa zhoršuje, nie zlepšuje. Napriek tomu som vedel, že jedinou odpoveďou je Boh. Bezpochyby som vedel, že On všetko vyrieši v môj prospech. Dal mi poznať svoju existenciu a prítomnosť a vedel som, že ma miluje. To mi stačilo, aby som sa držal a čakal na "Majstra stratéga", ktorý mal pre môj život konkrétny plán.

Moja matka, ktorá mala 85 rokov, vtedy žila so mnou. Bola tiež zdravotne postihnutá a potrebovala pomoc a starostlivosť, keď bola pripútaná na lôžko. V čase, keď ma moja milujúca matka najviac potrebovala, som sa nemohla venovať jej základným potrebám. Namiesto toho sa moja krehká matka musela pozerať, ako sa pred jej očami zhoršuje zdravotný stav jej dcéry. Dve ženy, matka a dcéra, v situácii, ktorá sa zdala beznádejná, a predsa sme obe verili v "mocného Boha zázrakov". Jedného dňa ma matka videla, ako som sa zrútila na zem. Kričala a kričala, bezmocná, že pre mňa nemôže nič urobiť. Táto scéna bola pre moju matku taká neznesiteľná a desivá, keď ma videla na podlahe, ale Pán ma vo svojom milosrdenstve zdvihol z podlahy. Môj brat, sestra a rodina, ktorí sa o tom dozvedeli, boli veľmi znepokojení, že môj stav dospel až do takejto krajnosti. Môj drahý a starší otec, o ktorého sa starali inde, len plakal a veľa nehovoril, modlila som sa k Pánovi, aby sa to všetko skončilo pre dobro nás všetkých. Nebola to len moja osobná bolesť a skúška, ktorú som musela znášať, ale teraz sa to týkalo aj mojich blízkych. Bolo to najtemnejšie obdobie môjho života. Od začiatku som hľadel na Boží prísľub:

"Keď pôjdeš, tvoje kroky sa nezadrhnú, a keď budeš bežať, nezakopneš." (Príslovia 4,12)

S veľkou radosťou v srdci som premýšľal o Bož omslove a zasľúbení. Nielenže budem môcť urobiť krok, ale budem mať schopnosť jedného dňa bežať. Venoval som viac času modlitbe, pretože som nemohol robiť nič iné, len sa modliť a hľadať Božiu tvár. Stalo sa to posadnutosťou dňom i nocou. Božie slovo sa stalo mojou "kotvou nádeje" v rozkolísanom mori. Boh sa stará o naše potreby, a tak mi umožnil získať motorový vozík, ktorý mi uľahčil život. Keď som sa postavil, nebol som schopný udržať rovnováhu ani s pomocou. V celom tele som cítil len nepohodlie a bolesť a akúkoľvek útechu som mal od "Utešiteľa", Ducha Svätého. Keď sa nado mnou modlili Boží ľudia, moje telo pociťovalo dočasnú úľavu od bolesti, preto som vždy vyhľadával modlitby iných. Jedného dňa som sa zrútil na zem a odviezli ma do nemocnice. Lekár v nemocnici sa ma snažil presvedčiť, aby som užíval lieky proti bolesti. Bol v tom vytrvalý, pretože videl, že moje bolesti boli extrémne už mnoho dní. Nakoniec som podľahol jeho pokynom, aby som lieky užíval, ale bolo to proti tomu, čomu som veril.

Pre mňa bol Boh mojím liečiteľom a lekárom. Vedel som, že Boh má schopnosť kedykoľvek ma uzdraviť, tak ako to urobil už mnohokrát predtým, tak prečo by ma nemohol uzdraviť teraz? Pevne som veril, že

Urobil som to "Jeho cesta"

je Božou povinnosťou mi pomôcť. Takto som premýšľal a modlil sa vo viere a nikto nemohol zmeniť moje zmýšľanie v tomto smere. Nemohol som to vidieť inak, a tak som čakal na "Majstra stratéga". Môj myšlienkový proces sa posilňoval tým, že som sa opieral o Boha. Čím viac som sa modlil, tým viac rástol môj vzťah s Ním. Bolo to také hlboké a osobné, že sa to nedá vysvetliť niekomu, kto nevie o duchovných cestách Boha alebo o jeho samotnej existencii. On je úžasný Boh! V deň, keď som odchádzal z nemocnice, som zavolal priateľovi, aby ma vyzdvihol. Položila na mňa ruku, aby sa pomodlila, a ja som pocítila dočasnú úľavu od bolesti. Bolo to, akoby som si vzala Boží liek na predpis. Počas tohto obdobia Boh poslal jednu pani, aby sa so mnou modlila každé ráno o 4.00. Kládla na mňa ruky a modlila sa. Zažil som len dočasnú úľavu a teraz som dostal modlitebného partnera. Celým srdcom som veril, že Boh má všetko pod kontrolou.

Situácia sa zhoršovala, pretože moje telo sa stále zhoršovalo. V dôsledku poškodenia nervov som nemal dostatočný prísun krvi a kyslíka do dolných a horných končatín. K zoznamu mojich príznakov sa pridala aj inkontinencia. Začal som mať problémy s vyslovovaním slov kvôli kŕčom v ústach. Mal som poškodený sedací nerv a zoznam príznakov sa neustále rozširoval.

Moje uzdravenie neprišlo rýchlo. Rozmýšľal som, čo sa stalo s jeho prísľubom z Príslovia 4,12. Myslel som si, že som možno zhrešil. Tak som sa spýtal" :Pane Ježišu, prosím, daj mi vedieť, čo som urobil zle, aby som sa mohol kajať." Prosil som Boha, aby sa so mnou alebo s mojím priateľom rozprával, aby mi poslal slovo. Nebol som na Boha nahnevaný, ale prosil som ho s pokorným srdcom. Zúfalo som túžil po uzdravení.

Neskôr v ten deň mi zazvonil telefón a ja som si pomyslel, že by to mohla byť moja odpoveď? Ale na moje sklamanie mi volal niekto iný. Išiel som spať a zobudil som sa o štvrtej hodine ráno, aby som sa pomodlil. Moja modlitebná partnerka sestra. Rena prišla, aby sa modlila so mnou. Pozrela som sa na ňu a uvažovala som, že možno k nej Boh prehovoril a ona má moju odpoveď, ale na moje sklamanie opäť neprišla žiadna odpoveď.

Keď odišla, išla som si ľahnúť do svojej izby a odpočinúť si. Keď som tam ležal, o 9.00 som počul, ako sa otvorili zadné dvere; bola to správkyňa domu Carmen. Vstúpila a spýtala sa ma: "*Ako sa cítiš?*" Odpovedal som: "*Cítim sa hrozne.*" Potom som sa otočil a zamieril späť do svojej izby. Carmen povedala" :*Mám pre teba slovo.*" Keď som sa dnes modlila v kostole, prišiel ku mne Ježiš a povedal: "*Sestrička. Elizabeth Dasová prechádza skúškou, je to jej ohnivá dlhá skúška a ona neurobila nič zlé. Vyjde z toho ako zlato a ja ju mám veľmi rád.*" Viem, že som s Ním bola v trónnej sále večer predtým, keď som prosila o odpoveď na svoju otázku.

Hľa, ruka Hospodinova nie je skrátená, aby nemohla zachrániť, ani jeho ucho nie je ťažké, aby nemohlo počuť. (Izaiáš 59,1)

V tomto bode môjho života som mal pocit, že sa zbláznim. Už som nedokázal normálne čítať, pamätať si ani sa sústrediť. Mojou jedinou voľbou a dôvodom života bolo uctievať Boha a intenzívne sa modliť. Každý druhý deň som spal len krátko, približne tri až štyri hodiny. Keď som spal, Boh bol mojím Šalom. Sláva, chvála a česť jeho svätému menu! Vo svojich modlitbách som volal k Pánovi" :Bože, viem, že sa z toho môžem okamžite dostať, pretože verím, že ma môžeš uzdraviť a že ma uzdravíš." Začal som premýšľať o svojej skúške, že možno z nej nemôžem vyjsť len na základe svojej viery. Skúšky majú svoj začiatok a koniec.

Je čas zabíjať a čas liečiť, je čas rúcať a čas budovať (Kazateľ 3,3).

Musel som veriť, že keď sa to všetko skončí, budem mať silné svedectvo viery, ktoré zostane navždy. Svedectvo viery, o ktoré by som sa podelil s mnohými ako svedok úžasných skutkov všemohúceho Boha! Stále som si opakoval, že to všetko bude stáť za to. Musel som veriť vo svoju "kotvu nádeje", pretože neexistovala iná cesta ako **Jeho cesta**! A práve **Jeho cestou** sa stalo, že ma privedie k tomu, kto bol obdarený mocným darom uzdravovania, ktorý sa udeľuje v Jeho mene. Božie slovo sa nikdy nemení, takže ani Boh sa nemení. On je ten istý včera, dnes a naveky. Ako znovuzrodení veriaci musíme vyznávať svoju vieru v láske a milovať Božie slovo.

> *"Znovuzrodení nie z porušiteľného semena, ale z neporušiteľného, skrze Božie slovo, ktoré je živé a trvá naveky." (1 Petrova 1,23)*

Aj biblickí Boží muži mali svoje skúšky. Prečo by to dnes malo byť inak, aby nás Boh neskúšal? Neporovnávam sa so zbožnými mužmi Svätého písma, pretože som ďaleko od porovnávania so svätými učeníkmi. Ak Boh skúšal vieru ľudí pred stovkami rokov, potom bude skúšať aj dnešných mužov a ženy.

> *"Blahoslavený muž, ktorý vydrží pokušenie, lebo keď bude **skúšaný**, dostane veniec života, ktorý Pán prisľúbil tým, čo ho milujú."*
> *(Jak 1, 12)*

Premýšľal som o biblickom príbehu Daniela. Ten sa ocitol v situácii, keď bola jeho viera vystavená skúške. Boh chránil Daniela v jame levov, pretože nechcel poslúchnuť zákon kráľa Dária. Modlil sa len k Bohu a odmietol sa modliť ku kráľovi Dáriovi. Potom tu bol Jób, oddaný muž, ktorý miloval Boha, ktorý stratil všetko, čo mal, a trpel chorobami na tele, no Jób nechcel zlorečiť Bohu. Vo Svätom písme sa spomína mnoho ďalších mužov a žien. Bez ohľadu na to, čím prešli, ich skúška mala začiatok a koniec. Pán bol s nimi počas všetkého, pretože mu dôverovali. Držím sa poučenia z týchto biblických príbehov, ktoré sú nám dané ako príklad a inšpirácia. Boh je odpoveďou na všetko. Dôverujte len jemu a zostaňte verní jeho slovu, pretože jeho slovo je verné vám!

> *vieru a dobré svedomie, ktoré niektorí opustili a stroskotali na viere*
> *(1 Timoteovi 1,19).*

Keď bude vaša viera vystavená skúške, nezabudnite sa oprieť o Božie slovo. Pri každom útoku nepriateľa môžete boj vyhrať vďaka sile Jeho slova.

Hospodin je moja sila a pieseň, stal sa mojou spásou, on je môj Boh,
(Ex 15,2a)

Boh je moja skala, v neho budem dúfať, on je môj štít a roh mojej spásy, moja vysoká veža a moje útočisko, môj záchranca; ty ma zachraňuješ pred násilím (2Sam 22,3).

Hospodin je moja skala, moja pevnosť a môj vysloboditeľ, môj Boh, moja sila, na ktorého sa spolieham, moja opaska, roh mojej spásy a moja vysoká veža. (Ž 18,2)

Hospodin je moje svetlo a moja spása, koho sa mám báť, Hospodin je sila môjho života, koho sa mám báť? (Ž 27,1)

V Boha som vložil svoju dôveru: Nebudem sa báť, čo mi môže urobiť človek. (Ž 56,11)

V Bohu je moja spása a moja sláva, v Bohu je skala mojej sily a moje útočisko. (Ž 62,7)

Kapitola 5

Hovoriť o svojej viere

I už nejaký čas som mala alergiu na prach, ktorá mi spôsobovala svrbenie tváre. Veril som, že ma Boh z tohto ochorenia uzdraví. Jedného dňa sa na mňa pozrel spolupracovník a povedal, že moja alergia je veľmi silná. Povedal som jej, že nemám alergiu, a vysvetlil som jej, že verím, že Boh sa už postaral o moju prosbu o uzdravenie. To bola moja viera "nemenuj to" a "netvrď si to". Pán ešte v ten deň moju prosbu vyslyšal tým, že odstránil ochorenie a všetky príznaky. Akému úžasnému Bohu slúžime! Nemusíme vyznávať ústami a pomenovávať svoje symptómy. Keď dostanete modlitbu, verte, že sa o ňu už postarali v nebi a že bol vyslaný anjel, aby vám priniesol uzdravenie. Vyslovte svoju vieru, nie svoje choroby a ochorenia. Pripomínam biblický príbeh o Ježišovi a stotníkovi v Kafarnaume:

"Keď Ježiš vošiel do Kafarnauma, prišiel k nemu stotník a prosil ho: "Pane, môj sluha leží doma chorý na ochrnutie a ťažko sa trápi. A Ježiš mu povedal: Ja prídem a uzdravím ho. Stotník odpovedal: Pane, nie som hoden, aby si vošiel pod moju strechu, ale povedz len slovo, a môj sluha bude uzdravený. Lebo ja som človek pod mocou a mám pod sebou vojakov; a tomuto poviem: Choď, a ide, a inému: Poď, a príde, a môjmu sluhovi: Urob to, a urobí to. Keď to Ježiš počul, začudoval

sa a povedal tým, čo išli za ním: "Veru, hovorím vám: Takú veľkú vieru som nenašiel, nie v Izraeli." (Matúš 8,5-10)

Stotník prišiel pokorne k Pánovi a veril v moc Ježišových slov. Stotníkove vlastné slová Ježišovi prezradili jeho vieru v moc "vysloveného slova", ktoré uzdraví jeho sluhu. Vieru a nádej môžeme priniesť druhým tým, čo im povieme. Musíme dovoliť Duchu Svätému, aby hovoril našimi ústami, keď máme príležitosť svedčiť druhým.

Takto nás používa, aby sme sa účinne dotýkali životov druhých a zasievali semeno spásy. V takýchto chvíľach nám Boh dá slová, ktoré máme hovoriť, s pomazaním, pretože pozná naše srdce a našu túžbu osloviť hriešnika. Som veľmi vďačný za Božiu Lásku, Milosrdenstvo a Milosť, ktorá nás vedie k pokániu. Je pripravený odpustiť nám naše hriechy a pozná naše slabosti, pretože vie, že sme ľudia.

"A on mi povedal: Moja milosť ti stačí, lebo moja sila je dokonalá v slabosti. Preto sa radšej budem chváliť svojimi slabosťami, aby na mne spočinula Kristova moc. Preto mám záľubu v slabostiach, v potupách, v núdzi, v prenasledovaní, v súženiach pre Krista, lebo keď som slabý, vtedy som silný." (2 Kor 12, 9-10)

Ježiš im povedal: "Pre vašu neveru, lebo veru, hovorím vám: Ak budete mať vieru ako horčičné zrnko, poviete tomuto vrchu: Odstúpte odtiaľto na iné miesto, a odstráni sa, a nič vám nebude nemožné. (Matúš 17,20)

V ten večer sa kožná alergia úplne vyliečila, pretože som neprijala satanov balíček.

Kapitola 6

Uzdravujúca moc Boha a jeho služobníka

I na úvod tejto kapitoly by som vám chcel povedať niečo o bratovi Jamesovi Minovi. Brat James mal opravovňu obuvi v Diamond Bar v Kalifornii, kde tiež svedčil svojim zákazníkom o Božej moci. Kedysi bol ateistom, ale prijal kresťanskú vieru. Neskôr spoznal apoštolské učenie pravdy a teraz je silne veriacim človekom pokrsteným v mene Ježiša a prijal Ducha Svätého s dôkazom hovorenia inými jazykmi alebo jazykmi. Keď som sa prvýkrát stretol s bratom Jakubom, rozprával mi o svojom svedectve a o tom, ako sa modlil a prosil Boha, aby si ho použil v daroch, aby iní uverili a spoznali Boha prostredníctvom zázrakov.

Ako kresťania musíme pôsobiť v daroch a nebáť sa prosiť Boha, aby si nás použil. Tieto dary sú určené aj pre nás dnes. Prvá cirkev Nového zákona bola citlivá na Božieho Ducha a slúžila v daroch Ducha.

Elizabeth Das

Ježiš povedal:

*"Veru, veru, hovorím vám: Kto verí vo mňa, aj on bude robiť skutky, ktoré ja robím, a ešte **väčšie**, lebo ja idem k svojmu Otcovi."*
(Ján 14,12)

Modlite sa, aby vám vedúci zboru pomohol porozumieť týmto darom a aby vás podporoval. Proste Boha, aby vám pomohol používať ich, pretože pochádzajú priamo od Boha. Nebuďte vysokopostavený, ak váš dar patrí k tým, ktoré v cirkvi pôsobia otvorene. Pri niektorých daroch si vás Boh použije ako nádobu, aby ste dosiahli to, čo chce. Možno máte niekoľko darov a možno o tom neviete. Niektoré dary vás neurobia veľmi populárnymi, ale budete musieť poslúchať Boha, keď bude hovoriť. Všetko závisí od daru. Modlite sa za múdrosť, aby ste svoj dar používali pod Jeho mocou pomazania. Boh si vás vybral z nejakého dôvodu a nerobí chyby. Dary sú na budovanie cirkvi.

Existuje len jedna pravá cirkev, ktorá ho uctieva v duchu a v pravde.

"Rozdielne sú dary, ale ten istý Duch. A sú rozdiely v spravovaní, ale ten istý Pán. A sú rozličnosti pôsobenia, ale je to ten istý Boh, ktorý pôsobí vo všetkých. Ale prejav Ducha je daný každému človeku, aby z neho mal úžitok. Lebo jednému je z Ducha dané slovo múdrosti, inému slovo poznania z toho istého Ducha, inému viera z toho istého Ducha, inému dary uzdravovania z toho istého Ducha, inému konanie zázrakov, inému proroctvo, inému rozlišovanie duchov, inému rôzne druhy jazykov, inému výklad jazykov: Ale toto všetko pôsobí jeden a ten istý Duch, ktorý sa rozdeľuje každému osobitne, ako chce."
(I Korinťanom 12,4-11)

Brat Jakub mi povedal, že sa modlil za tieto dary, aby mohol pôsobiť v Duchu Svätom so znameniami zázrakov úžasných Božích skutkov. Neustále čítal Bibliu vo dne v noci. Uvedomoval si, že prostredníctvom pôsobenia darov Ducha Svätého bude do srdca neveriaceho zasiate semeno viery. Musíme byť príkladom našej viery, ako povedal sám Ježiš, aby veriaci sami konali tieto zázraky a ešte oveľa viac.

"Viera je podstatou toho, v čo sa dúfa, dôkazom toho, čo sa nevidí."
(Židom 11,1)

" Bez viery sa mu však nemožno zapáčiť, lebo kto prichádza k Bohu, musí veriť, že Boh je a že odmeňuje tých, ktorí ho usilovne hľadajú."
(Židom 11,6)

Brat Jakub mal videnie, že mu Boh dá duchovné dary. Dnes pôsobí prostredníctvom darov uzdravovania a vyslobodenia. Práve vďaka službe brata Jakuba bol v nebi určený čas, kedy budem opäť chodiť bez akejkoľvek pomoci. Brat James nie je pastor ani služobník cirkvi. Nezastáva žiadnu vysokú pozíciu v cirkvi, hoci mu boli ponúknuté pozície a peniaze vďaka duchovným darom. Je pokorný voči daru, ktorý mu Boh zveril. Videl som, ako si ho Boh používa na vyháňanie démonov z ľudí v Ježišovom mene a na chorých prichádza uzdravenie. Démoni sú pod Božou mocou v mene Ježiša, keď ich brat Jakub vyvoláva. Bude klásť démonom otázky v mene Ježiša a oni budú bratovi Jakubovi odpovedať. Osobne som to videl mnohokrát; najmä keď žiadal démonov, aby vyznali, kto je skutočný Boh. Démon odpovie: "Ježiš". Pre nich je však už neskoro obrátiť sa k Ježišovi. Keď som prešiel touto skúškou a opieral sa o Boha, aby ma uzdravil, naučil som sa veľa o duchovnom svete.

"A povedal im: "Choďte do celého sveta a hlásajte evanjelium všetkému stvoreniu. Kto uverí a dá sa pokrstiť, bude spasený, ale kto neuverí, bude zatratený. A tieto znamenia budú nasledovať tých, čo uveria: V mojom mene budú vyháňať démonov, budú hovoriť novými jazykmi, budú chytať hady, a ak vypijú niečo smrteľné, neublíži im to, budú vkladať ruky na chorých a tí uzdravnú."
(Marek 16, 15-18)

Z Božej milosti je brat James pripravený kedykoľvek a komukoľvek svedčiť o Ježišovi. Pôsobí v službe uzdravovania a vyslobodzovania na domácich stretnutiach alebo v zboroch, kam bol pozvaný. Brat James cituje z Biblie:

Ale, bratia, tým smelšie som vám napísal, aby som vám dal na vedomie milosť, ktorá mi bola daná od Boha, aby som bol služobníkom Ježiša Krista pohanom a slúžil Božiemu evanjeliu, aby obeta pohanov bola príjemná, posvätená Duchom Svätým. Mám sa teda čím chváliť skrze Ježiša Krista v tom, čo patrí Bohu. Lebo sa neodvážim hovoriť o ničom z toho, čo Kristus neurobil skrze mňa, aby som pohanov urobil poslušnými slovom a skutkom, Mocnými znameniami a zázrakmi, mocou Ducha Božieho, takže od Jeruzalema a okolo až po Ilýriku som úplne hlásal Kristovo evanjelium.
(Rim 15, 15-19)

V deň, keď som sa s ním stretol, mi brat James položil niekoľko otázok o mojom zdraví. Povedal som mu všetko a svoje príznaky. Ukázal som mu aj miesto, kde som mal tri nádory. Nádory sú na vonkajšej strane mojej chrbtice a druhý bol na vnútornej strane chrbtice. Brat James mi skontroloval chrbticu a vysvetlil, že moja chrbtica nie je od stredu rovná. Skontroloval mi nohy tak, že ich porovnal vedľa seba a ukázal mi, že jedna noha je takmer o tri centimetre kratšia ako druhá. Jedna ruka bola tiež kratšia ako druhá. Modlil sa za moju chrbticu a tá sa vrátila na pôvodné miesto, kde mohol prstom prejsť rovnobežne s mojou chrbticou. Modlil sa za moju nohu a tá sa začala pred mojimi očami pohybovať, potom prestala rásť, keď sa vyrovnala s druhou nohou. To isté sa stalo aj s mojou rukou. Rástla rovnomerne s druhou rukou. Brat Jakub ma potom požiadal, aby som odložil oporu na chôdzu, a prikázal mi, aby som sa postavil a chodil v mene Ježiša. Urobil som, ako ma požiadal, a začal som zázračne chodiť. Keď som bol toho svedkom, pribehol môj priateľ a kričal" :Liz, drž sa ma, drž sa svojej opory, lebo spadneš!" Vtom som sa rozplakal. Vedela som, že mám silu kráčať práve v tej chvíli a urobila som ten krok vo viere. Bola som taká povznesená od radosti!

Svalová slabosť v nohách bola spôsobená nedostatkom pohybu, pretože som dlho nemohol chodiť. Chvíľu trvalo, kým sa mi svaly vrátili do formy; ani dnes nemám plnú silu svalov. Vďaka Bohu, že chodím a šoférujem auto. Nikto mi nemôže povedať, že Boh dnes nerobí zázraky. U Boha nie je nič nemožné. S obrovskou radosťou som išiel navštíviť lekára, ktorý vedel o mojom postihnutí. Hneď ako som vošiel do ordinácie bez akejkoľvek pomoci, palice či vozíka, lekársky personál bol úplne ohromený. Sestričky sa ponáhľali za lekárom, ktorý bol tiež neuveriteľne prekvapený, že vôbec urobil röntgen. To, čo videl, bolo, že nádory tam stále boli, ale z nejakého záhadného dôvodu som bol napriek tomu schopný chodiť. Chvála Bohu! Verím, že aj tieto nádory čoskoro zmiznú!

V deň, keď ma Boh uzdravil, som začal všetkým hovoriť, že Boh je náš uzdravovateľ a jeho plán spasenia je pre tých, ktorí mu veria a nasledujú ho. Ďakujem Bohu za brata Jakuba a za všetky Božie dobrodenia!

Prvá časť môjho sľubu sa splnila.

> *"Keď pôjdeš, tvoje kroky sa nezadrhnú, a keď budeš bežať, nezakopneš." (Príslovie 4,12)*

Mnohokrát som si myslel, že spadnem, ale nikdy som nespadol

> *"Dobroreč Hospodinovi, moja duša, a nezabudni na všetky jeho dobrodenia: ktorý odpúšťa všetky tvoje neprávosti, ktorý uzdravuje všetky tvoje choroby, ktorý vykupuje tvoj život zo záhuby, ktorý ťa korunuje milosrdenstvom a láskavosťou, ktorý sýti tvoje ústa dobrými vecami, takže sa tvoja mladosť obnovuje ako orlia." (Ž 103, 2-5).*

Elizabeth Das

Kapitola 7

Nepodľahnúť diablovi alebo diabolským veciam

Mraz skoro ráno mi zavolala priateľka Rose z Kalifornie. Povedala mi, že predchádzajúcu noc išiel jej manžel Raul spať, zatiaľ čo ona zostala v hosťovskej izbe a počúvala populárnu nočnú rozhlasovú talk show o tabuľke Ouija. Svetlá boli zhasnuté a v izbe bola tma. Zrazu povedala, že v izbe cítila prítomnosť. Pozrela smerom k dverám a tam stál muž, ktorý sa trochu podobal na jej manžela. Táto postava sa rýchlo pohla ako blesk a pritlačila ju rovno na posteľ, na ktorej ležala. Potom ju táto "vec" vytiahla za ruky do sedu a postavila sa mu z očí do očí. Jasne videla, že v očných jamkách nemá oči, ale len hlbokú dutú čierňavu. Ruky, ktoré ju stále držali hore, mali sivastú farbu ako smrť a z kože mu vystupovali žily. Okamžite si uvedomila, že to nie je jej manžel, ale nečistý padlý anjel.

Ako viete, démon a padlý anjel majú úplne odlišné vlastnosti. Padlí anjeli boli vyhodení z neba spolu s Luciferom, majú úplne iné úlohy. Padlí anjeli môžu pohybovať vecami rovnako ako ľudia, ale démon potrebuje ľudské telo, aby mohol uskutočňovať svoj plán. Démoni sú duchovia ľudí, ktorí zomreli bez Ježiša; majú tiež obmedzenú moc.

A na nebi sa zjavil iný div: hľa, veľký červený drak, ktorý mal sedem hláv, desať rohov a sedem korún na hlavách. A jeho chvost stiahol tretinu nebeských hviezd a zhodil ich na zem; a drak stál pred ženou, ktorá bola pripravená na pôrod, aby zožral jej dieťa, len čo sa narodí.
(Zjavenie 12,3.4)

Rose bola stále bezbranná a neschopná hovoriť v zmrazenom stave. Povedala, že sa pokúšala zavolať na Raula, ale dokázala vydávať len krátke bojovné zvuky, akoby jej niekto zvieral hlasivky. V pozadí stále počula rozhlasového moderátora a vedela, že nespí, pretože mala úplne otvorené oči a opakovala si, aby ich nezatvárala. Predtým si spomenula, že pred týmto incidentom na chvíľu zatvorila oči a videla víziu alebo sen o veľkých stopách po pazúroch, ktoré trhali tapetu.

Rose poznám už takmer 30 rokov. Rose opustila cirkev približne pred 10 rokmi a už nechodila s Pánom. Stále sme boli v kontakte a ja som sa za ňu naďalej modlil, aby sa vrátila k Bohu. Rose mi povedala, že počas cesty domov z práce aspoň niekoľkokrát veľmi mocne hovorila jazykmi bez zjavnej príčiny. Mala pocit, že je to veľmi nezvyčajné, pretože sa vôbec nemodlila. Uvedomila si, že Boh s ňou koná prostredníctvom Ducha Svätého. Jeho láska sa k nej dostávala a ona vedela, že Boh má všetko pod kontrolou, pretože si vybral čas svojich navštívení. Rose povedala, že zavrela oči a myseľ a zakričala: "JEŽIŠ!". V okamihu padlý anjel zoskočil z jej tela a odišiel bez toho, aby sa dotkol zeme.

Zostala nehybne stáť, kým sa opäť nemohla pohnúť. Zobudila Raula, ktorý povedal, že to bol len zlý sen. Uložil ju vedľa seba do postele a rýchlo zaspal. Rose začala plakať a premýšľala o hrôze, ktorá sa práve stala, a všimla si, že je v polohe plodu. Zrazu začala hovoriť jazykmi, keď na ňu prišla nadprirodzená moc Ducha Svätého a priviedla ju späť do tej tmavej miestnosti. Zavrela za sebou dvere a uvedomila si, čo presne musí urobiť. Začala hlasno uctievať Boha a vyzdvihovať jeho meno, až kým nepadla na zem s pocitom vyčerpania, ale s veľkým pokojom.

Keď otvorila dvere, na jej prekvapenie stál Raul v obývačke so všetkými rozsvietenými svetlami. Prešla priamo k ich posteli a zaspala s úžasným pokojom. Nasledujúci večer sa Raul pri príprave večere spýtal Rose, či sa tá "vec" z predošlej noci vráti. Rose, prekvapená jeho otázkou, sa spýtala, prečo sa na to pýta, veď ani neverí, že sa to stalo. Raul povedal Rose, že keď sa išla do izby modliť, niečo prišlo za ním. Preto bol hore pri všetkých rozsvietených svetlách. Keď sa pomodlila a išla spať, napadlo ho niečo strašné, čo mu nedalo spať až do štvrtej hodiny ráno nasledujúceho dňa. Od 23:00 až do rána používal meditačné bzučanie Om, s ktorým bojoval. Rose si spomenula, že Raul mal v skrini na chodbe tabuľku Ouija, ktorej sa odmietol zbaviť, keď sa prvýkrát nasťahovala do domu. Povedala Raulovi, že nevie, či sa to vráti, ale mal by sa Ouija tabule zbaviť. Raul ju rýchlo vyhodil do odpadkového koša vonku. Rose povedala, že ho k tomu, aby sa jej zbavil, prinútil až ten strašný incident!

Keď mi Rose zavolala, povedal som jej, že padlý anjel môže byť stále v dome, takže sa musíme spolu modliť cez telefón. Rose dostala olivový olej, aby so mnou pomazala dom na hlasitý odposluch. Keď som povedal slovo "pripravená", povedal som jej, že okamžite začne hovoriť jazykmi v Duchu Svätom. Keď som povedal "pripravená", Rose začala okamžite hovoriť jazykmi a položila telefón na pomazanie. Počul som, ako jej hlas zaniká, keď sa modlila po celom dome a pomazávala dvere a okná v mene Ježiša. Rose už bola mimo môjho dosahu sluchu, keď mi niečo povedalo, aby som jej povedal, aby išla do garáže. V tej istej chvíli Rose povedala, že pomazáva izby a je pri zadných dverách vedúcich do garáže. Keď pomazávala dvere, cítila za nimi zlú prítomnosť. Veriac v Božiu ochranu Rose povedala, že ich otvorila a vošla do veľmi tmavej garáže. Moc Ducha Svätého silnela, keď vošla a cítila, že je tam! Prešla k ďalším dverám vedúcim na terasu, kde sa nachádzal odpadkový kôš. Bol to ten istý odpadkový kôš, do ktorého Raul deň predtým vyhodil tabuľu Ouija. Rose povedala, že bez váhania vyliala na tabuľu Ouija olivový olej, pričom sa hlasno a vrúcne modlila v Duchu Svätom, a potom zavrela veko. Vrátila sa do obývačky a počula môj hlas, ktorý na ňu volal" :Choď do garáže, lebo je to tam". Rose mi povedala, že sa o "to" už postarala. To potvrdilo, že zlo bolo v garáži, kým sme sa modlili.

Rose povedala, že teraz jej to všetko dáva zmysel. Boh vo svojom nežnom milosrdenstve a láskavej dobrote pripravoval Rose práve na tento deň, hoci mu neslúžila. Podľa Rose práve táto skúsenosť ju priviedla späť k Bohu so záväzkom, aký nikdy predtým nepocítila. Teraz navštevuje Apoštolský maják v Norwalku v Kalifornii. Bola veľmi vďačná Bohu za jeho lásku a ochranu. Boh ju pripravil na to, aby čelila padlému anjelovi tej noci s nepopierateľnou duchovnou výzbrojou Ducha Svätého. To, čo sa stalo, bolo pre Rose nadprirodzeným prejavom Božej moci v Ježišovom mene. Bola to Jeho láska k Rose, aby sa vrátila na Jeho cesty. Verte, že Jeho ruka nie je príliš krátka na to, aby zachránila alebo vyslobodila, a to aj pokiaľ ide o tých, ktorí sa stavajú proti sebe, ktorí sa rozhodli neveriť v to, čo nemôžu vidieť ani cítiť. Náš Vykupiteľ za nás zaplatil cenu na kríži svojou krvou. Nikdy nebude nikoho nútiť, aby Ho miloval. Božie slovo nám hovorí, že musíte prísť ako malé dieťa, a sľubuje, že ak Ho budete hľadať celým srdcom, nájdete Ho. Neveriaci a skeptici nemôžu zmeniť to, čo je a čo má prísť. Žíznite po Božej spravodlivosti a pite živú vodu života.

"Prečo, keď som prišiel, nebolo nikoho? Keď som volal, nikto sa neozval? Je moja ruka vôbec skrátená, že nemôže vykúpiť? alebo nemám moc vyslobodiť? Hľa, na moje pokarhanie vysuším more, rieky urobím púšťou, ich ryby smrdia, lebo niet vody, a umierajú od smädu." (Izaiáš 50,2)

"V tichosti poučujte tých, čo sa vzpierajú, ak im Boh azda dá pokánie, aby uznali pravdu, a aby sa vymanili z osídla diabla, ktorý ich podľa svojej vôle zajal." (2 Timoteovi 2, 25-26)

Kapitola 8

Sen a vízia - "Varovanie"

One ráno sa mi zdalo, že mi počas jazdy autom hrozí nebezpečenstvo. V tomto sne praskla predná pneumatika s hlasným zvukom. Bolo to také hlasné, že ma to zobudilo. Bolo to také skutočné, že som mal pocit, akoby som sa v tom sne zobudil alebo bol niekde medzi tým. Počas týždňa som sa o tom modlil a rozhodol som sa, že vezmem svoje auto na kontrolu pneumatík. Bohužiaľ, moje plány sa prerušili a ja som sa o to nepostaral. V ten istý týždeň sme sa s niekoľkými priateľmi išli modliť za jednu indickú rodinu, ktorá potrebovala modlitbu. Cestou k ich domu mi na diaľnici pri cintoríne praskla pneumatika na aute. Okamžite som si spomenul na sen, presne ako som ho videl. Boli sme tu, v mojom aute s prasknutou pneumatikou, pričom rodina naliehala, aby sme prišli k nim domov. Po oprave pneumatiky sme sa vrátili po iné vozidlo a pokračovali sme k rodine. Rodina riešila situáciu so svojím jediným synom, ktorý bol zapletený do právnej záležitosti a hrozilo mu väzenie. Obávali sa, že bude deportovaný aj do ich rodnej krajiny. Matka tohto mladého muža mi predtým v ten deň s plačom zavolala a vysvetlila mi obvinenia, ktorým bude čeliť. Myslela na najhorší možný scenár, bola si istá, že ho uznajú vinným a potom deportujú, aby svojho syna už nikdy nevidela. Povedala, že nemôže pracovať, pretože by neustále plakala pred svojimi pacientmi. Keď plakala, začal som sa s ňou po telefóne modliť za túto situáciu. Začal som hovoriť v Duchu Svätom v neznámom jazyku alebo jazykoch, ako sa Duch Boží pohol. Modlil som sa, až kým nepovedala, že jej srdce už nie je zaťažené a cíti sa upokojená.

"Podobne aj Duch pomáha našim slabostiam, lebo nevieme, za čo by sme sa mali modliť, ako by sme mali, ale sám Duch sa za nás prihovára vzdychmi, ktoré nemožno vysloviť A ten, kto skúma srdcia, vie, čo je zmýšľanie Ducha, lebo sa prihovára za svätých podľa Božej vôle." (Rimanom 8,26-27).

Matka sa ma spýtala, či mi môže zavolať, než pôjde na druhý deň ráno na súd. Povedal som jej, že áno a že sa budem modliť, aby Boh zasiahol. Požiadal som ju, aby mi zavolala po súde, pretože som chcel vedieť, aký zázrak Boh vykonal. Na druhý deň mi matka toho mladíka s veľkou radosťou zavolala a povedala" :*Neverili by ste, čo sa stalo?*" "Áno," odpovedal som. Odpovedal som: "*Uverím, pretože takému Bohu slúžime*"! Pokračovala, že o mojom synovi nemajú žiadne záznamy. Právnička povedala, že súd nenašiel žiadne takéto meno ani žiadne obvinenie voči nemu, hoci ona a právnička mali v rukách papierové dôkazy.

Boh odpovedal na naše modlitby. Jej viera sa tak pozdvihla, že od toho dňa prijala, akému mocnému Bohu slúžime a ako sa Boh postará o veci, ak mu ich v modlitbe predložíme z celého srdca. Stala sa svedkom pôsobenia Božích zázrakov a vydávala svedectvo o tom, čo pre nich Pán urobil. Čo sa týka prepichnutej pneumatiky, bola to len malá komplikácia, ktorá sa nemala stať, keby som sa o ňu postaral vopred. Napriek tomu nám Pán umožnil dostať sa k tejto rodine vďaka ich vytrvalosti, aby sme prišli a modlili sa s nimi. Vždy musíme byť pripravení na protiútok proti silám, ktoré nám bránia v plnení Božej vôle. Musíme ísť proti každému plánu nepriateľa, nášho protivníka, diabla, prostredníctvom vytrvalosti, najmä keď vidíme tie prekážky na ceste.

Elizabeth Das

Pamätám si, že keď sme prišli do domu tejto rodiny, modlili sme sa a svedčili sme celej rodine. Úplne sme si užili nádherný čas kázania a vyučovania Božieho slova. V ten deň bola a stále je našou silou radosť z Pána! On požehná tých, ktorí plnia Jeho vôľu.

Kapitola 9

Celonočné modlitebné stretnutie

O ne noci sme sa s niekoľkými priateľmi rozhodli, že sa budeme celú noc modliť. Potom sme sa dohodli, že sa budeme raz mesačne modliť na našom "celonočnom modlitebnom stretnutí". Počas týchto celonočných modlitebných stretnutí máme nádherné zážitky. Náš jednotný čas domácej modlitby sa stal takým silným, že tí, ktorí sa k nám neskôr pridali, okamžite pocítili rozdiel vo svojich vlastných modlitbách. Už to nebola náboženská rutina, ale modlitba v Duchu Svätom s prejavmi darov Ducha. Ako sme sa modlili, niektorí začali zažívať, aké to je zápasiť s diablom. Sily sa proti nám približovali, keď sme v modlitbách dosiahli vyššiu úroveň, ktorá nás viedla cez duchovné bojiská. Boli sme vo vojne s diablom a začali sme zvolávať pôstne dni. Dotkli sme sa niečoho duchovne silného, čo nás nútilo ešte viac hľadať Boha.

Počas jedného takého modlitebného stretnutia o pol štvrtej ráno vstala moja priateľka Karen, aby priniesla olej na pomazanie. Začala mi natierať ruky a nohy olejom a potom začala prorokovať, že musím ísť na mnohé miesta, aby som niesla Božie slovo, a že Boh si ma použije na svoj zámer. Najprv som sa na Karen veľmi hnevala, pretože to nebolo možné a nedávalo to zmysel. V tom čase som vo svojom živote takmer 10 rokov nikam nechodil, pretože som nemohol chodiť. Svaly na nohách som mal stále slabé a tie bolestivé nádory ma tlačili na chrbticu. Rozmýšľal som nad Kareniný mislovami a vtedy ku mne prehovoril Boh a povedal: "Ja som Pán, ktorý k tebe hovorí." Prostredníctvom jej úst som vtedy pochopil, že to nebolo len Karenino nadšenie, ktoré ku mne hovorilo. Bolo mi to ľúto a prosil som Boha, aby mi odpustil moje myšlienky.

O niekoľko dní neskôr mi zavolal niekto z Chicaga v štáte Illinois, kto potreboval duchovnú pomoc, a tak sme sa rozhodli, že nasledujúci týždeň pôjdeme do Chicaga. To bol sám o sebe veľký zázrak, pretože v tom čase som vôbec neuvažoval o tom, že by som sa tam vydal. Vďaka prorockému posolstvu som sa na cestu do Chicaga vydal na základe čistej viery. Bez prorockého posolstva by som tam určite nešiel. V ten týždeň sa moje fyzické zdravie zhoršilo a nemohol som vstať z postele. Dozvedel som sa tiež, že v Chicagu značne nasnežilo. Uvedomil som si, že moja viera je vystavená skúške. V tom období môjho života som potreboval invalidný vozík, aby som sa mohol pohybovať. Rodina v Chicagu zažívala démonické sily, ktoré prichádzali proti nim. Nedávno sa obrátili k Bohu a prestali praktizovať čarodejníctvo. Mnohí členovia ich rodiny sa tiež obrátili k nášmu Pánovi Ježišovi Kristovi. Pán ich uzdravil a oslobodil od týchto démonických síl, ktoré ich držali v otroctve hriechu. Uvedomil som si, že Boh mi bude musieť dať výdrž, aby som takúto cestu vydržal, a rýchlo sa ukázalo, že je to Božia vôľa, aby som išiel. Zažil som dva sny, v ktorých mi Boh hovoril, že musím počúvať jeho hlas. Neposlúchol som Boha a naučil som sa ho nespochybňovať. Rýchlo som sa učil, že Jeho cesty mi nemusia dávať zmysel. V deň nášho príchodu do Chicaga bolo horúce počasie. Bol som aj bez bolesti. Chodíme vierou, a nie zrakom, ako hovorí Písmo. Keď sa nám veci zdajú nemožné, musíme veriť, že "u Boha je všetko možné". On sa o všetko postaral a dal mi energiu, aby som v Chicagu plnil jeho vôľu. Mali sme tiež čas navštíviť a slúžiť iným rodinám v ich domovoch.

Pri odlete domov sa spustila búrka, mnoho letov bolo zrušených, ale vďaka Bohu, hoci náš let meškal, mohli sme sa vrátiť späť do Kalifornie. Chvála Bohu! On je naozaj moja "skala a štít", môj ochranca pred duchovnými a prírodnými búrkami. Táto cesta bola pre nás všetkých svedectvom viery a požehnania. Keby som neposlúchol, nezažil by som požehnania z diela Božích rúk. Boh ma nikdy neprestane udivovať tým, ako k nám dnes hovorí. Všemohúci Boh, ktorý stále hovorí k obyčajným ľuďom, ako som ja. Aké privilégium je slúžiť nášmu Stvoriteľovi a vidieť Jeho mocné diela, ktoré sa dnes dotýkajú životov ľudí, ktorí mu veria a volajú ho. Bolo potrebné prorocké posolstvo a dva sny, kým Boh získal moju plnú pozornosť. Pripomína mi to, že plne nerozumieme Božím myšlienkam a tomu, aké plány môže mať s niekým. V tej chvíli musíme poslúchnuť, aj keď nám to nemusí dávať zmysel alebo mať dôvod. Časom som sa naučil počuť Jeho hlas a rozlišovať duchov. Nikdy vám nepovie, aby ste robili niečo, čo je proti Jeho slovu. Poslušnosť je lepšia ako obeť.

"Samuel povedal: "Má Hospodin takú záľubu v spaľovaných obetiach a v obetných daroch ako v počúvaní Hospodinovho hlasu? Hľa, poslúchať je lepšie ako obeta a počúvať ako tuk baranov."
(1 Samuelova 15,22)

Lebo moje myšlienky nie sú vaše myšlienky a vaše cesty nie sú moje cesty, hovorí Hospodin. Lebo ako sú nebesia vyššie ako zem, tak sú moje cesty vyššie ako vaše cesty a moje myšlienky vyššie ako vaše myšlienky." (Izaiáš 55, 8.9)

Kapitola 10.

Prorocké posolstvo

Je požehnaním mať priateľov, ktorí zdieľajú rovnakú vieru a lásku k Bohu. Mám priateľku Karen, ktorá bola kedysi mojou spolupracovníčkou, keď som pracovala na americkej pošte. Karen spoznala Pána, keď som jej svedčil. Neskôr prijala apoštolské učenie pravdy prvotnej cirkvi. Karen je milá osoba so srdcom, ktoré venuje misionárskej práci v Bombaji v Indii. Mala úprimnú lásku k tamojšej službe a darovala vlastné peniaze na stavbu zboru v Bombaji.

Jedného dňa, keď som žila vo West Covine, Karen priviedla ku mne domov svoju kamarátku Angelu. Jej priateľka bola taká nadšená a zapálená pre Boha. Rozprávala mi svoje svedectvo o minulých pokusoch o samovraždu, keď sa viackrát porezala, a o svojej minulosti s prostitúciou. Páčila sa mi jej sladká duša a spýtala som sa jej, či by jej nevadilo modliť sa za mňa. "*Tu*"? Spýtala sa. "*Áno, tu*", odpovedal som. Keď sa začala za mňa modliť, zjavil sa jej Duch proroctva. Začala hovoriť Pánovo slovo: "*Boh ti hovorí, aby si dokončil knihu, ktorú si začal. Bude požehnaním pre mnohých ľudí. Prostredníctvom tejto knihy bude zachránených mnoho ľudí.*" Bol som taký šťastný, pretože ani ona, ani Karen netušili, že som pred rokmi začal písať svoje spomienky. Prvýkrát ma k napísaniu tejto knihy inšpirovala pred rokom pani Saroj Dasová a jeden priateľ. Jedného dňa za mnou prišla sestra v Pánovi z miestnej cirkvi s perom v ruke a prikázala mi: "*Píš hneď*!" Vtedy som sa s ňou rozlúčila.

Začal som písať, kým som nemal väčšie zdravotné problémy, a potom som prestal, pretože to bola pre mňa príliš veľká úloha. Teraz sa otázka knihy znovu objavila. O mojom pokuse napísať knihu nikto nevedel. Moje skúsenosti by boli zozbierané a napísané, aby ostatní získali inšpiráciu. Musel som poslúchnuť, ale ako sa to všetko stane, bolo pre mňa stále veľkou záhadou. Fyzicky som ju nemohol napísať z mnohých dôvodov, ale Boh by opäť musel nájsť spôsob, ako to uskutočniť. Po vypočutí posolstva som mal túžbu a naliehavú potrebu to urobiť; Boh by však musel urobiť zvyšok. Mojou počiatočnou cestou bolo nájsť živého Boha a On našiel mňa! Ak nebudem písať o svojich skúsenostiach s Bohom, tieto pravdivé svedectvá sa navždy stratia. Životy toľkých ľudí boli ovplyvnené a obdivuhodne zasiahnuté, že táto kniha by nemohla obsiahnuť všetky udalosti a zázraky. Božie zázraky budú pokračovať, aj keď už nebudem v tomto tele a budem prítomný u Pána. Viera sa niekde začína. Má svoj začiatok a je bezhraničná, pretože existujú rôzne miery viery. Keď je viera zasiata, je zalievaná Božím slovom a živená svedectvami iných. Premýšľal som o verši z Písma, ktorý hovorí, že ak máme vieru ako horčičné zrnko, môžeme pohnúť horami. Ako som mohol vedieť, že táto cesta do Ameriky ma prevedie labyrintom skúseností, ktoré zmenia môj život, alebo že jedného dňa budem písať o uctievaní Jeho ciest? Jedného dňa som sa svojej priateľke Rose zmienila o Bož omposolstve a Jeho pláne ohľadom tejto knihy. Rose počúvala a pozerala sa na moje poznámky. Poznala ma roky a o mojom živote v Amerike už vedela veľa. Písanie nabralo vlastnú podobu, ktorú si dvaja neskúsení jedinci nevedeli predstaviť. Pán urobil cestu a cez mnohé ťažkosti a veľmi "zvláštne" udalosti by kniha bola dokončená. Pán prehovoril a teraz sa jeho plán naplnil.

Karenina priateľka pokračovala v prorokovaní. Povedala mi: "*Boh pre teba do konca tohto mesiaca niečo urobí.*" A mnoho ďalších vecí, ktoré mi Boh hovoril prostredníctvom jej prorockých posolstiev. Začala som spomínať, ako som pre túto pravdu prešla mnohými ťažkosťami. V ten deň, keď ku mne Boh prehovoril prostredníctvom tejto mladej dámy, Boh odpovedal na otázku môjho srdca. Mal som plniť Jeho vôľu a slová povzbudenia pokračovali ďalej. Slová, ktoré som potreboval počuť. Prorokovala, že som "*nádoba zo zlata*". Bol som tým taký pokorný. Vierou robíme všetko pre to, aby sme kráčali v súlade s Bohom a s neistotou, či sa mu naozaj páči. V ten deň ma požehnal tým, že mi dal najavo, že sa mu páčim. Moje srdce sa naplnilo veľkou radosťou. Niekedy zabúdame, o čo prosíme, ale keď je naša modlitba vypočutá, sme prekvapení.

Musíme veriť, že On neberie ohľad na ľudí, ako hovorí Biblia. Nezáleží na tom, aké je tvoje postavenie alebo kastovanie, pretože u Boha v živote neexistuje systém kastovania alebo postavenia. Boh nás miluje všetkých rovnako a chce, aby sme s ním mali osobný vzťah; nie náboženské tradície odovzdávané mnohými generáciami, ktoré slúžili modlám a človeku. Modly nevidia a nepočujú. Náboženstvo nemôže zmeniť váš život ani srdce. Náboženstvo vám len dočasne dáva dobrý pocit, pretože sa samo uspokojuje. Pravý Boh čaká, aby vás mohol objať a prijať. Ježiš bol obetný Boží Baránok zabitý pred svetom. Keď zomrel na kríži, vstal z mŕtvych a žije dnes a navždy. Teraz môžeme mať priame spoločenstvo s Bohom prostredníctvom Ježiša Krista, nášho Pána a Spasiteľa. V našom chodení s Bohom existujú rôzne úrovne. Musíme po ňom viac túžiť a naďalej rásť v láske, viere a dôvere. Táto skúsenosť ma veľmi pokorila. Mojou celou túžbou a cieľom je páčiť sa Mu. Existujú úrovne duchovného rastu a zrelosti v Bohu. Časom dozrievate, ale všetko závisí od času a úsilia, ktoré do svojho vzťahu s Ním vkladáte. Koncom mesiaca ma okolnosti priviedli k tomu, aby som opustil cirkev, ktorú som navštevoval 23 rokov. Boh zavrel jedny dvere a otvoril druhé. Odvtedy zatvára a otvára dvere rovnako ako odrazové mostíky, ktoré som prvýkrát spomenul na začiatku tejto knihy. Boh sa o mňa celý čas staral. Krátko som navštevoval zbor v Západnej Covine, potom sa mi otvorili ďalšie dvere.

Tá istá mladá dáma mi o niekoľko rokov neskôr opäť prorokovala a povedala mi, aby som si zbalil veci, že"*sa budeš sťahovať*". Bola som veľmi prekvapená, pretože moja mama bola veľmi stará a môj stav sa stále nezlepšoval. Uverila som Pánovi. O rok neskôr sa to stalo, naozaj som sa presťahoval z Kalifornie do Texasu. Na miesto, kde som nikdy nebola a ani som tam nikoho nepoznala. Bol to začiatok ďalšieho dobrodružstva na mojej životnej ceste. Ako slobodná žena som bola podriadená Božiemu hlasu a musela som poslúchať. Boh mi nikdy nič nevzal. Len nahrádzal veci a miesta a stále mi do života prinášal nové priateľstvá a ľudí. Ďakujem ti, Pane, môj život je dnes taký požehnaný!

Kapitola 11

Pohyb viery

V apríli 2005 som sa presťahoval do štátu Longhorn v Texase. Boh si používal rôznych ľudí prostredníctvom prorockých posolstiev. Sťahovanie bolo potvrdené a jediné, čo som musel urobiť, bolo urobiť ten skok viery. Prvýkrát sa to začalo v roku 2004, keď sa so mnou brat James a Angela, priateľka v Pánovi, modlili cez telefón. Sestra Angela začala prorokovať tým, že mi povedala" :*Do konca tohto roka sa presťahuješ.*" Vtedy som sa rozhodol*, že sa presťahujem.* Od januára do augusta toho roku sa nič nedialo a potom v septembri ma jedného popoludnia zavolala mama do svojej spálne. Povedala mi, že rodina mojej sestry sa sťahuje do iného štátu a chceli, aby som sa presťahovala s nimi. Rozhodnutie, kam sa presťahovať, nepadlo, ale možnosti boli Texas, Arizona alebo úplne opustiť Ameriku a presťahovať sa do Kanady. Potom som zavolal sestre Angele a povedal som jej, čo sa stalo. Povedala som jej, že do Texasu rozhodne nechcem ísť. Nikdy ma nenapadlo, že by som tam niekedy išiel, takže neprichádzalo do úvahy ani to, že by som tam žil. Na moje sklamanie sestra Angela povedala, že Texas je štát. Z poslušnosti sa to vyriešilo a vďaka tomu sme sa nakoniec presťahovali do Texasu. Vtedy som ešte netušil, že Božie odrazové mostíky už boli položené týmto

Urobil som to "Jeho cesta"

smerom. Po rozhovore so sestrou Angelou som si rezervoval letenky, aby som mohol byť o dva týždne v Texase. Nevedno prečo, rodina mojej sestry už bola v Texase, aby si pozrela oblasť okolo Plana.

Sestra Angela sa nado mnou modlila a povedala mi, aby som sa nebál, že Ježiš ťa vyzdvihne z letiska. Brat a sestra Blakeyovci boli takí milí a trpezliví, že mi to pripomenulo proroctvo sestry Angely. S radosťou ma vyzdvihli na letisku a pomáhali mi so všetkými potrebami takým láskavým a starostlivým spôsobom.

Sestra Angela pokračovala, že prvý dom, ktorý uvidím, sa mi bude páčiť, ale nebude to môj dom. Prostredníctvom internetu som začal obvolávať zjednotené letničné cirkvi v tejto oblasti a kontaktoval som pastora Conkleho, ktorý je pastorom zjednotenej letničnej cirkvi v meste Allen v Texase. Pastorovi Conklemu som vysvetlil, čo robím v Texase. Potom ma požiadal, aby som zavolal Nancy Conkleovej. Nebol som si istý prečo a myslel som si, že je to možno jeho manželka alebo sekretárka. Ukázalo sa, že Nancy Conkleová je matriarcha rodiny, starostlivá matka rodiny a cirkvi. Sestra Conckleová vychovala svojich šesť detí a pomáhala pri výchove svojich súrodencov, ktorých bolo spolu jedenásť! Po rozhovore s Nancy Conkleovou som si uvedomil, prečo ma pastor Conkle nechal hovoriť s touto silnou a starostlivou dámou, vďaka ktorej som sa okamžite cítil prijatý. Sestra Conkleová ma potom spojila s jej ďalším bratom Jamesom Blakeym, ktorý je realitným maklérom, a jeho manželkou Alice Blakeyovou. Žijú v malom mestečku Wylie v Texase, len pár minút od Allenu po vedľajších rovinatých cestách.

Po oboznámení sa s oblasťou som odletel späť do Kalifornie, aby som svoj dom ponúkol na predaj. Môj dom sa predal za dva mesiace. Potom som odletel späť do Texasu, aby som začal hľadať dom. Modlil som sa za to, v ktorom meste chce Boh, aby som žil, pretože tam bolo toľko malých miest a mestečiek. Boh povedal: "Wylie." Je dôležité modliť sa a pýtať sa Boha na jeho vôľu pred tým, ako urobíme dôležité rozhodnutia, pretože tá bude vždy tá správna.

Elizabeth Das

"Lebo je lepšie, ak je taká Božia vôľa, aby ste trpeli pre dobré skutky, ako pre zlé." (1 Petrova 3,17)

Neskôr som bratovi a sestre Blakeyovcom vysvetlil, aké posolstvá som dostal a že chcem poslúchať Boha. Veľmi starostlivo rešpektovali moje želania a vypočuli si všetko, čo som im povedal, že mi Boh hovoril. Povedal som im tiež, že počas mojej prvej cesty do Texasu mi Boh povedal: *"Neviete, čo pre vás mám."* Vtedy som im povedal, že som sa s nimi stretol. Boli so mnou takí trpezliví, že im budem vždy najviac vďačný za ich vnímavosť voči Božím veciam. Rodina Blakeyovcov zohrala veľkú úlohu pri naplnení tohto prorockého posolstva a môjho nového života v Texase. Tri dni sme si začali obzerať domy vo Wylie a na tretí deň som sa musel večer vrátiť do Kalifornie. Vzali ma pozrieť si vzorový dom v novom trakte a potom sestra Blakeyová povedala : "Toto je tvoj dom." Vtedy som sa vrátil do domu, ktorý som si pozrel. Okamžite som vedel, že je to naozaj tak. Rýchlo som začal vybavovať papiere na kúpu a potom som hneď odišiel na letisko s vedomím, že veci sa nejako vybavia. V tom istom čase mi Boh povedal, aby som odišiel na tri mesiace do Indie. Nepýtal som sa Ho, a tak som dal plnú moc bratovi Blakeymu, aby pokračoval v kúpe domu v Texase, a dal som plnú moc svojmu synovcovi Stevovi, ktorý sa zaoberá nehnuteľnosťami, aby sa postaral o moje financie v Kalifornii. Po desiatich rokoch som sa vracal do svojej rodnej Indie. Vďaka Bohu za moje uzdravenie, pretože bez pohyblivosti mojich nôh by som to nedokázal. Letel som do Indie a kupoval dom v Texase. Veci v mojom živote sa rýchlo menili.

Návrat do Indie.

Keď som prišiel do Indie, rýchlo som si všimol, že sa situácia za pomerne krátky čas zmenila. Celých 25 rokov som sa modlil a postil za to, aby táto krajina zažila prebudenie. India je veľmi nábožensky založená krajina modlárstva, uctievania sôch z kameňa, dreva a železa. Náboženské obrazy, ktoré nevidia, nehovoria ani nepočujú a nemajú žiadnu moc. Sú to náboženské tradície, ktoré neprinášajú zmenu mysle ani srdca.

"A vyrieknem svoje súdy nad nimi, nad všetkou ich zlobou, ktorí ma opustili, kadili iným bohom a klaňali sa dielam svojich rúk."
(Jeremiáš 1,16)

Kresťanstvo bolo v tejto krajine, kde bolo toľko prenasledovania a nenávisti medzi náboženstvami a najmä voči kresťanom, menšinou. Útlak voči kresťanom ich len posilnil vo viere prelievaním nevinnej krvi, vypaľovaním kostolov, bitím ľudí alebo ich zabíjaním. Žiaľ, matky a otcovia odmietali vlastné deti, ak sa obrátili k Ježišovi a opustili rodinné náboženstvo. Možno vyvrheli, ale nie bez otca, pretože Boh je náš nebeský Otec, ktorý nám zotrie slzy z očí.

"Myslíte si, že som prišiel dať pokoj na zemi? Hovorím vám: Nie, ale skôr rozdelenie: Lebo odteraz bude päť v jednom dome rozdelených, traja proti dvom a dvaja proti trom. Otec bude rozdelený proti synovi a syn proti otcovi, matka proti dcére a dcéra proti matke, svokra proti svokre a svokra proti svokre." (Lukáš 12,51-53)

Bol som veľmi prekvapený, keď som všade videl ľudí, ktorí chodili s Bibliou, a počul som o modlitebných stretnutiach. Bolo tam veľa cirkví jednoty a veriacich v jedného Boha. Boh prišiel žiť medzi nás v tele, v tele Ježiša Krista. A také je aj tajomstvo zbožnosti jediného pravého Boha.

"A bez sporu je veľké tajomstvo zbožnosti: **Boh bol zjavený v tele***, ospravedlnený v Duchu, videný anjelmi, zvestovaný pohanom, uverený vo svete, prijatý do slávy."(1 Timoteovi 3,16)*

"Filip mu povedal: "Pane, ukáž nám Otca, a to nám stačí. Ježiš mu povedal: "Tak dlho som s tebou, a ešte si ma nepoznal, Filip? Kto videl mňa, videl aj Otca; akože teda hovoríš: Ukáž nám Otca? Či neveríš, že ja som v Otcovi a Otec vo mne? Slová, ktoré vám hovorím, nehovorím sám od seba, ale Otec, ktorý prebýva vo mne, ten koná skutky. Verte mi, že ja som v Otcovi a Otec vo mne, alebo mi verte pre samé skutky." (Ján 14,8-11)

Elizabeth Das

"Ty veríš, že je jeden Boh, dobre robíš; aj diabli veria a trasú sa."
(Jakub 2, 19)

Bola to taká radosť vidieť ľudí túžiacich po Bohu. Ich uctievanie bolo také silné. Bola to úplne iná India ako tá, ktorú som opustil pred dvadsiatimi piatimi rokmi. Ľudia mladí aj starí túžili po veciach Jehovových. Bolo bežné vidieť mladých ľudí, ktorí na náboženských hinduistických oslavách ponúkali kresťanské letáky. Cez deň chodili do kostola a po bohoslužbe od 14:30 sa vracali približne o tretej ráno. Na naše bohoslužby prichádzali aj hinduisti a moslimovia, aby získali uzdravenie a našli vyslobodenie. Ľudia boli otvorení počúvať kázanie z Božieho slova a prijímať učenie zo Svätého písma. O týchto indických zboroch som sa dozvedel a komunikoval som s ich pastormi telefonicky a prostredníctvom e-mailu. Nadviazal som kontakty so Spojenými letničnými cirkvami pri hľadaní amerických kazateľov, ktorí boli ochotní ísť do Indie v mene indických pastorov a hovoriť na ich výročných konferenciách. S Božou pomocou sme boli veľmi úspešní. Bol som rád, že kazatelia v Amerike mali bremeno pre moju krajinu; poskytovali svoju duchovnú podporu indickým kazateľom. Stretol som sa s indickým pastorom veľmi malého a skromného zboru. Bola tam taká veľká chudoba a potreby ľudí boli také veľké, že som sa osobne zaviazal posielať peniaze. V Amerike sme takí požehnaní. Verte, že "nič nie je nemožné". Ak chcete dávať, robte to radostne s vierou a dávajte to v skrytosti. O mojom záväzku sa dlhé roky nikto nedozvedel. Nikdy neočakávajte, že budete dávať pre osobný prospech alebo preto, aby ste získali slávu či pochvalu od iných. Dávajte s čistým srdcom a nevyjednávajte s Bohom.

"Preto keď dávaš almužnu, netrúb pred sebou, ako to robia pokrytci v synagógach a na uliciach, aby mali slávu u ľudí. Veru, hovorím vám: Majú svoju odmenu. Keď však dávaš almužnu, nech tvoja ľavá ruka nevie, čo robí pravá: Aby tvoja almužna bola v skrytosti, a tvoj Otec, ktorý vidí v skrytosti, sám ti odplatí zjavne." (Matúš 6,2-4)

Boh dopustil, aby sa v mojom živote stali veci, ktoré mi umožnili zostať doma. S úžasom sa pozerám späť na to, ako moje choroby postupovali, že som už nemohol chodiť, myslieť a cítiť sa normálne, až do dňa, keď sa brat James modlil a Boh ma zdvihol z invalidného vozíka. Stále som bol považovaný za invalidného s nádormi a krvnými chorobami, žil som zo skromného mesačného invalidného dôchodku. Na šeku mi nezáležalo, keďže Boh mi vzal prácu, mojou starosťou bolo, ako zaplatím účty. Ježiš sa mi dvakrát prihovoril so slovami" :Ja sa o teba postarám." Vtedy som si uvedomil, že sa o mňa postará. Keď budem žiť v Kalifornii alebo Texase, Ježiš zabezpečí všetky moje potreby. Boh to urobil zo svojho bohatstva a hojnosti. Dôveroval som Bohu v súvislosti so všetkými mojimi každodennými potrebami.

Ale hľadajte najprv Božie kráľovstvo a jeho spravodlivosť, a to všetko vám bude pridané. (Matúš 6,33)

Pred mojím odchodom z Indie mi niektoré ženy z cirkvi povedali, že si už nekupujú luxusné veci. Boli spokojné s tým, čo mali na sebe, pretože im dávanie chudobným prinášalo veľké uspokojenie.

Ale zbožnosť so spokojnosťou je veľký zisk. Nič sme si totiž na tento svet nepriniesli a je isté, že si z neho nič neodnesieme. A keď máme jedlo a odev, buďme s tým spokojní. (1 Tim 6,6-8)

Do projektov lásky boli zapojení aj starší ľudia a malé deti. Spoločne vyrábali darčekové balíčky, ktoré rozdávali chudobným. Boli tak spokojní s požehnaním, ktoré im dávali.

"Dávajte, a bude vám dané; dobrú mieru, stlačenú, pretrepanú a pretečenú, dajú vám ľudia do lona. Lebo tou istou mierou, s ktorou ste sa stretli, bude vám opäť odmeraná." (Lukáš 6,38)

Len si predstavte, čo sa stalo za taký krátky čas. Predal som svoj dom a kúpil som si nový dom v inom štáte. Videl som, ako sa moja krajina zmenila vďaka ľuďom túžiacim po Pánovi Ježišovi Kristovi. Teraz som očakával začiatok nového života v Texase. Keď dávame Boha na prvé miesto, Pán slávy nám bude tiež verný.

Elizabeth Das

Späť do Ameriky.

Z Indie som sa vrátil o tri mesiace neskôr. Keď bol môj dom hotový, odletel som do Texasu. Dňa 26. apríla 2005, keď moje lietadlo pristávalo na letisku Dallas-Ft. Worth, som plakala, pretože som bola úplne odlúčená od celej svojej rodiny a priateľov od prvého príchodu do tejto krajiny. Vtedy mi Boh dal nasledujúci verš z Písma:

Ale teraz takto hovorí Hospodin, ktorý ťa stvoril, Jákobe, a ten, ktorý ťa utvoril, Izraeli: Neboj sa, lebo som ťa vykúpil, povolal som ťa tvojím menom, ty si môj. Keď pôjdeš cez vody, budem s tebou, a cez rieky, nerozvodnia ťa; keď pôjdeš cez oheň, nespáli ťa, ani plameň ťa nezapáli. Lebo ja som Hospodin, tvoj Boh, Svätý Izraela, tvoj Spasiteľ: Dal som Egypt za tvoje výkupné, Etiópiu a Seba za teba. Keďže si bol vzácny v mojich očiach, bol si ctihodný a ja som si ťa zamiloval, preto dám za teba ľudí a za tvoj život ľud. Neboj sa, lebo ja som s tebou: priviediem tvoje potomstvo od východu a zhromaždím ťa od západu; poviem severu: Vzdaj sa, a juhu: Nezdržuj sa; priviediem svojich synov zďaleka a svoje dcéry od konca zeme;
(Izaiáš 43,1-6)

V deň môjho príchodu som sa ocitla sama v tom novom veľkom dome. Realita ma pohltila, keď som stál uprostred obývačky a videl som svoj dom úplne prázdny. Sadla som si na zem a začala som plakať. Cítila som sa taká sama a chcela som sa vrátiť domov do Kalifornie, kde som nechala svoju drahú matku. Žili sme spolu tak dlho a bola mojou veľkou súčasťou. Tento pocit odlúčenia ma tak premohol, že som chcel odísť na letisko a odletieť späť do Kalifornie. Tento dom som už nechcel. Môj smútok bol väčší ako moja realita. Kým som prežíval tieto pocity, Boh mi pripomenul, že musím zavolať bratovi Blakeymu. Brat Blakey nevedel, ako sa práve v tej chvíli cítim, ale Boh to vedel. Bola som prekvapená, keď povedal: "Teraz, sestro Das, viete, že ste od nás vzdialená len na jeden telefonát." Jeho slová boli úplne pomazané, pretože moja bolesť a všetko moje zúfalstvo okamžite zmizli. Cítila som, že mám rodinu, že nie som sama a že všetko bude v poriadku. Od toho dňa ma rodina Blakeyovcov prijala do svojej rodiny v čase, keď som nikoho nemala.

Moja sestra a jej rodina sa neskôr presťahovali do mesta Plano v Texase, len niekoľko míľ od Wylie. Rodinu Blakeyovcov tvorí jedenásť súrodencov. Všetky ich deti a vnúčatá sa ku mne správali ako k rodine. Ich počet sa blížil k dvesto a o rodine Blakeyovcov vo Wylie vie každý. Boli mi obrovskou oporou a vždy som sa cítil aj ja ako "Blakey"! Keď som sa usadil vo svojom dome, musel som si nájsť kostol. Pýtal som sa Boha, ktorú cirkev chce pre mňa. Navštívil som mnoho cirkví. Nakoniec som navštívil zbor v meste Garland, The North Cities United Pentecostal Church. Boh jasne povedal: "Toto je tvoj zbor." V tomto zbore sa stretávam dodnes. Milujem svoj zbor a našiel som si úžasného pastora, pátra Hargrova. Rodina Blakeyovcov sa stala mojou rozšírenou rodinou, ktorá ma po kostole pozýva na obed alebo na večeru. Zahrnuli ma aj do svojich rodinných stretnutí a rodinných sviatkov. Boh mi úžasne poskytol všetko, čo som potreboval.

Ďakujem Bohu za svojho nového pastora, cirkev a Blakeyovcov, ktorí ma prijali do svojej rodiny. Teraz žijem pohodlne vo svojom novom domove. Boh splnil svoj sľub" :Postarám sa o teba." Boh to všetko vybral pre mňa podľa svojej vôle pre môj život. Teraz pracujem pre Neho od chvíle, keď sa zobudím o 3:50 ráno a modlím sa. Raňajkujem a pripravujem sa na Pánovu prácu z mojej domácej kancelárie. Moji priatelia vám povedia" :Nikdy nehovorte sestre Liz, že nemá skutočnú prácu." To je pravda. Aká je moja odpoveď? Pracujem pre Pána, odpracujem dlhé hodiny bez toho, aby som si odbíjala čas, a nedostávam výplatu. Boh sa o mňa stará a moja odmena bude v nebi.

Vážim si svoju prácu a milujem to, čo robím!

Kapitola 12

Démonické vyslobodenie a uzdravujúca moc Boha

O v nedeľu popoludní mi telefonoval pán Patel, ktorý nás žiadal, aby sme sa išli modliť za jeho otca, ktorého napadli démonickí duchovia. Pán Patel je inžinier, ktorý žije v Amerike už viac ako 30 rokov. Počul o mojom uzdravení a bol otvorený počuť o Pánovi Ježišovi Kristovi. Nasledujúci deň sme išli do domu jeho brata, kde sme sa stretli s pánom Patelom a jeho rodinou, (brat, bratova manželka, dvaja synovia a jeho otec a matka). Kým všetci počúvali, ďalší brat, ktorý bol tiež kresťanom, začal rozprávať o tom, ako spoznal Ježiša. Otec, starší pán Patel, povedal, že uctieval modlárskych bohov, ale vždy sa cítil zle, keď vykonával bohoslužbu. Povedal, že mal pocit, akoby ho do brucha pichala tyč, ktorá mu spôsobovala bolesť, a keď chodil, mal pocit, akoby mal pod nohami kamene. Začali sme sa za neho modliť v mene Pána Ježiša Krista. Modlili sme sa, až kým nebol oslobodený od démonického ducha a začal sa cítiť oveľa lepšie. Pred odchodom dostal biblické štúdium, aby pochopil moc Pánovho mena a ako zostať bez démonických útokov, ktoré sa budú vracať.

Potešilo nás, keď syn a jeden z vnukov naliehali, aby starší pán Patel vyslovil meno JEŽIŠ, ale on nechcel, hoci mu nerobilo problém povedať "Boh" (Bhagvan). Vnuci naliehali" :Nie, povedzte v mene Ježiš", keď sa synovia postavili do radu, aby prijali modlitbu. Jeden z vnukov, ktorý mal dvadsať rokov, mal predtým autonehodu. Bol u mnohých chirurgov v súvislosti s problémom s kolenom. V ten deň Pán Ježiš uzdravil jeho koleno a mladšieho brata pána Patela sa veľmi dotkol Boží Duch. Všetci prijali modlitbu a svedčili o tom, ako sa ich v ten deň dotkol Boží Duch, ktorý konal zázraky uzdravenia a vyslobodenia. Keď Pán Ježiš chodil medzi ľuďmi, učil a kázal evanjelium o budúcom kráľovstve a uzdravoval všetky možné choroby a neduhy medzi ľuďmi. Uzdravoval a vyslobodzoval posadnutých a sužovaných démonmi, bláznov (šialencov) a ochrnutých (Mt 4, 23-24). Ako Boží učeníci dnes pokračujeme v jeho diele a učíme druhých o spasení v mene nášho Pána Ježiša.

*"Ani v inom niet spásy, lebo niet pod nebom iného **mena**, daného ľuďom, v ktorom by sme mohli byť spasení." (Sk 4,12).*

Služba živému Bohu prináša mnoho výhod. Namiesto boha zo skaly alebo kameňa, ktorý nevidí a nepočuje, máme pravého a živého Boha, ktorý skúma srdcia mužov a žien. Otvorte svoje srdce a myseľ, aby ste počúvali Jeho hlas. Modlite sa, aby sa dotkol vášho srdca. Modlite sa, aby vám odpustil, že ste Ho odmietli. Modlite sa, aby ste Ho spoznali a zamilovali si Ho. Robte to teraz, pretože dvere sa čoskoro zatvoria.

Kapitola 13

Spoveď a čisté svedomie

O jedného dňa ma prišiel navštíviť indický pár a modlil sa so mnou. Keď sme sa pripravovali na modlitbu, manželka sa začala nahlas modliť. Manžel ju nasledoval. Všimol som si, že sa obaja modlili rovnakým nábožným spôsobom, ale napriek tomu som rád počúval ich výrečné slová. Úprimne som poprosil Boha: "Chcem, aby si sa modlil mojimi ústami." Vtedy som si uvedomil, že sa modlíme. Keď prišiel rad na moju hlasnú modlitbu, Duch Svätý sa ma ujal a modlil som sa v Duchu.

"Podobne aj Duch pomáha našim slabostiam, lebo nevieme, za čo by sme sa mali modliť, ako by sme mali, ale sám Duch sa za nás prihovára s nárekmi, ktoré nemožno vysloviť. A ten, kto skúma srdcia, vie, čo je zmýšľanie Ducha, lebo on sa prihovára za svätých podľa Božej vôle." (Rimanom 8,26.27).

Modlil som sa v Duchu s Božou mocou spôsobom, ktorý odhaľoval hriech. Manžel, ktorý to už nemohol vydržať, začal vyznávať svoj hriech manželke, ktorá bola šokovaná. Neskôr som s nimi hovoril o očistení prostredníctvom jeho vyznania hriechu.

"Ak vyznávame svoje hriechy, on je verný a spravodlivý, aby nám odpustil hriechy a očistil nás od každej neprávosti. Ak hovoríme, že sme nezhrešili, robíme ho klamárom a jeho slovo nie je v nás."
(1 Ján 1,9.10)

Vysvetlila som manželovi, že keď sa priznal, Boh mu odpustí.

Nezabudnite tiež vyznávať svoje hriechy len tým, ktorí sa za vás môžu modliť.

Vyznávajte si navzájom svoje chyby a modlite sa jeden za druhého, aby ste boli uzdravení. Účinná vrúcna modlitba spravodlivého človeka prináša veľa úžitku. (Jakub 5,16)

Vysvetlil som mu, že keď sa dá pokrstiť, Boh odstráni jeho hriech a on bude mať čisté svedomie.

"Podobným spôsobom nás teraz zachraňuje aj krst (nie odstránenie telesnej nečistoty, ale odpoveď dobrého svedomia voči Bohu) zmŕtvychvstaním Ježiša Krista." (1 Petrova 3,21)

O niekoľko dní neskôr sa manželia dali pokrstiť v mene Pána Ježiša. Manžel bol úplne oslobodený a jeho hriechy mu boli odpustené. Obaja sa stali takýmto požehnaním pre Božie kráľovstvo.

"Kajajte sa a dajte sa pokrstiť každý z vás v mene Ježiša Krista na odpustenie hriechov a dostanete dar Ducha Svätého." (Skutky 2,38)

Boh hľadá tých, ktorí sa pred ním pokoria. Nezáleží na tom, aké výrečné a krásne sú slová vašej modlitby, ale na tom, aby ste sa modlili celým srdcom. On tiež vie, čo je v srdci, keď sa modlíte. Odstráňte hriech tým, že budete Boha prosiť o odpustenie, inak bude vašim modlitbám brániť Duch Svätý. Ako veriaci denne skúmame svoje srdcia a posudzujeme sami seba. Boh je tu vždy, aby nám odpustil a očistil nás, keď zhrešíme.

Kapitola 14.

Na okraji smrti

B brat Jakub, o ktorom som už hovoril, má dar uzdravovania prostredníctvom Božej moci pomazania. Bol pozvaný, aby sa modlil za istú Kórejčanku, ktorá bola v nemocnici Queen of the Valley na jednotke intenzívnej starostlivosti (JIS). Podľa lekárov bola blízko smrti. Jej rodina už pripravovala pohreb. V ten deň som sprevádzal brata Jamesa a videl som jej telo na prístrojoch; bola v bezvedomí a na pokraji smrti. Keď som sa začal modliť, mal som pocit, akoby ma niečo chcelo zdvihnúť za nohu a vyhodiť z miestnosti; ale moc Ducha Svätého bola vo mne veľmi silná a nedovolila tomuto duchu, aby sa presadil.

Vy ste z Boha, deti, a zvíťazili ste nad nimi, lebo ten, ktorý je vo vás, je väčší ako ten, ktorý je vo svete. (1 Ján 4,4)

Po modlitbe Pán prehovoril skrze mňa a ja som povedal tieto slová: "Tento stroj sa zmení." To sa týkalo zariadenia na podporu života, ktoré bolo pripojené k jej telu. Počul som sám seba, ako hovorím tieto slová, pretože Boh rozhodol o osude tejto veľmi chorej ženy. Brat James sa za ňu modlil a potom sme s rodinou tejto pani hovorili o sile modlitby a Božieho slova. Počúvali, keď som im rozprával o svojom vlastnom uzdravení a o tom, ako ma Boh dostal z invalidného vozíka do stavu, keď som opäť chodil. Prítomný bol aj ich syn, ktorý bol pilotom leteckej spoločnosti, ale nehovoril po kórejsky. Hovoril som s ním po anglicky, zatiaľ čo zvyšok rodiny sa rozprával po kórejsky. Zaujímavo mi vysvetlil, že jeho matka mala cestovať do Kanady v ten istý deň, keď veľmi ochorela. Vysvetlil, že volala manžela o pomoc a odviezli ju do nemocnice, hoci odmietla ísť. Syn povedal, že jeho matka im vravela" :V nemocnici ma zabijú." V nemocnici sa mu zdalo, že je to tak. Bola si istá, že ak ju odvezú do nemocnice, zomrie. Jej syn nám ďalej vysvetľoval, že im povedala, že každú noc; do domu prichádzajú ľudia oblečení v čiernom. Každú noc matka na neho aj na jeho otca kričala a bez zjavného dôvodu po nich nahnevane hádzala riad. Začala tiež vypisovať šeky v jazyku, ktorému nerozumeli. Jej správanie bolo veľmi bizarné. Vysvetlil som mu o démonických duchoch, ktorí môžu človeka ovládnuť a trápiť. To ho udivilo, pretože ako nám vysvetlil, všetci chodia do kostola a ona dáva toľko peňazí, ale o tomto nikdy predtým nepočuli. Démoni sú podriadení pravým veriacim, ktorí majú Ducha Svätého; pretože na ich životoch je Ježišova krv a slúžia pod autoritou Ježišovho mena v moci Jeho mena.

Povedal som mladému mužovi, že sa s bratom Jakubom môžeme modliť v mene Ježiša, aby vyhnal démona, a on súhlasil s modlitbou za oslobodenie svojej matky. Keď lekár prišiel navštíviť svoju pacientku, bol prekvapený, že reaguje, a nechápal, čo sa s jeho pacientkou stalo. Rodina mu povedala, že sa za ňu v noci niekto prišiel modliť a ona začala reagovať presne tak, ako im bolo povedané, že bude reagovať. O niekoľko dní neskôr sme mali ďalšiu príležitosť modliť sa za tú istú pani. Keď sme vošli do izby, usmievala sa. Potom som jej položil ruku na hlavu a začal som sa modliť; ona moju ruku odhodila a pohla hlavou hore, ukazujúc na strop, pretože nemohla hovoriť. Jej výraz sa zmenil a vyzerala taká vystrašená. Po našom odchode sa jej stav ešte zhoršil. Jej deti sa čudovali, čo vidí, a pýtali sa jej, či nevidela niečo zlé. Ona rukou naznačila "áno". Opäť sme sa vrátili, aby sme sa za ňu modlili, pretože bola vystrašená zo svojho trýzniteľa, démonického ducha v jej izbe. Po tejto modlitbe bola tentoraz víťazne oslobodená od svojich mučiteľov. Vďaka Bohu, ktorý odpovedá na modlitby. Neskôr sme sa dozvedeli, že bola prepustená z nemocnice, nastúpila na rehabilitačný program a bola poslaná domov, kde sa jej naďalej darí. Vytiahla sa z okraja smrti.

Choďte svedčiť svetu:

Prikázal im, aby to nikomu nepovedali, ale čím viac im to prikazoval, tým viac to zverejňovali; (Marek 7,36)

Vráť sa do svojho domu a ukáž, aké veľké veci ti urobil Boh. Odišiel a po celom meste rozhlasoval, aké veľké veci mu urobil Ježiš.
(Lukáš 8,39)

Biblia hovorí, že musíme ísť von a svedčiť. Táto kórejská rodina svedčila o tomto zázraku iným rodinám. Jedného dňa brat. Jamesovi zavolala ďalšia kórejská pani. Manžel tejto rodiny sa správal násilne a nevedel, čo robí. Jeho manželka bola veľmi drobná a milá pani. Niektoré dni sa ju pokúšal zabiť. Mnohokrát ju museli odviezť do nemocnice, pretože ju nemilosrdne bil. Keďže sa dozvedela o tomto zázraku, pozvala nás a požiadala o mňa. Išli sme za ňou a jej manželom. Vtedy sme sa stretli s bratom. Jakub ma požiadal, aby som sa prihovoril, a modlil sa. Všetci sme boli požehnaní. O niekoľko týždňov neskôr zavolala jeho manželka a spýtala sa, či by sme opäť neprišli, keďže jej manželovi sa darí lepšie. Tak sme išli znova a ja som vydal svedectvo o odpustení a br. James sa nad všetkými modlil.

Podelila som sa s nimi o časy, keď som pracovala a jedna nadriadená ma nemilosrdne obťažovala a ja som v noci nemohla spať. Jedného dňa som sa išiel do svojej izby za ňu pomodliť. Ježiš mi povedal: "Musíš jej odpustiť." Najprv sa mi to zdalo ťažké a pomyslel som si, že ak jej odpustím, bude mi stále robiť to isté. Keďže som počul, ako ku mne Ježiš hovorí, povedal som: "Pane, úplne jej odpúšťam" a Boh mi vo svojom milosrdenstve pomohol zabudnúť. Keď som jej odpustil, začal som dobre spávať, a nielen to, ale kedykoľvek urobila niečo zlé, už ma to netrápilo.

Biblia hovorí.

Zlodej neprichádza, ale aby kradol, zabíjal a ničil. Ja som prišiel, aby mali život a aby ho mali hojnejšie (Ján 10,10).

Bola som šťastná, že toto svedectvo počula aj svokra, pretože jej srdce bolo ťažké od smútku. Bolo úžasné vidieť, ako prišla Božia ruka a zmenila celú túto situáciu, ako ich srdcia zalialo odpustenie a ako do nich vstúpila láska.

*Ale ak vy neodpustíte, ani váš Otec, ktorý je na nebesiach, vám **neodpustí** vaše previnenia. (Marek 11,26)*

Neodpustenie je veľmi nebezpečné. Stratíte zdravú myseľ a telo. Odpustenie je pre váš prospech, nielen pre vášho nepriateľa. Boh nás žiada, aby sme odpúšťali, aby sme mohli lepšie spať. Pomstiť sa patrí jemu, nie nám.

*Nesúďte a nebudete súdení: neodsudzujte, a nebudete odsúdení; **odpúšťajte,** a bude vám **odpustené**. (Lukáš 6,37)*

Modlitba viery zachráni chorého a Pán ho vzkriesi, a ak spáchal hriechy, budú mu odpustené. Vyznávajte si navzájom svoje viny a modlite sa jeden za druhého, aby ste boli uzdravení. Účinná vrúcna modlitba spravodlivého človeka prináša veľa úžitku. (Jakub 5,15.16)

V druhej časti uvedeného príbehu sme počuli, že jej manžel sa úplne uzdravil zo svojich duševných problémov a bol taký láskavý a milujúci k svojej manželke.

Chváľte Pána! Ježiš priniesol do ich domu pokoj.

Elizabeth Das

Kapitola 15

Pokoj v Božej prítomnosti

Božia prítomnosť môže priniesť pokoj do duše. Raz som sa modlil za pána, ktorý bol smrteľne chorý v poslednom štádiu rakoviny. Bol to manžel jednej pani z cirkvi. Tá pani a jej syn boli istý čas u mňa doma.

Patrili do cirkvi, ktorá neverila v zmenu ich života, kým si nepozreli video o konci sveta. Obaja prijali zjavenie o krste v mene Pána Ježiša a začali hľadať cirkev, ktorá by ich pokrstila v Ježišovom mene. Vtedy našli cirkev, ktorú navštevujem. Satan nechce, aby niekto poznal pravdu, pretože tá vedie k spaseniu. Chce, aby ste boli v temnote, mysleli si, že ste spasení, a pritom verili vo falošné učenia a ľudské tradície. Postaví sa proti vám, keď budete hľadať Pravdu. V tejto situácii nástrojom použitým proti tejto matke a synovi boli neveriaci manžel a otec, ktorí ich neustále obťažovali a vysmievali sa im kvôli ich viere v Boha. Mnohokrát sa stalo, že prišli ku mne domov, aby sa modlili, a nakoniec zostali. Jedného dňa syn počul, ako mu Pán hovorí: Jeho dni sú spočítané. Otec bol v Baylorovej nemocnici v Dallase v Texase na jednotke intenzívnej starostlivosti (JIS). Veľmi jasne im dal najavo, že nechce, aby sa modlil alebo aby k nemu chodili modliť nejakí ľudia z cirkvi. Jedného dňa som požiadal manželku, či by som ju mohol navštíviť a modliť sa za jej manžela. Vysvetlila mi, ako sa cíti, a povedala, že nie. Pokračovali sme v modlitbách, aby Boh obmäkčil jeho zatvrdnuté srdce.

Jedného dňa som išiel so synom a jeho manželkou do nemocnice a veril som, že ho Boh zmenil. Syn sa opýtal otca: *"Ocko, chceš, aby sa za teba modlila sestra Alžbeta? Ona je modlitebná bojovníčka.* Keďže otec už nemohol hovoriť, požiadal otca, aby mu žmurkol do očí, aby s ním mohol komunikovať. Potom ho požiadal, aby žmurkaním naznačil nám, či chce, aby som sa za neho modlil, žmurkol. Začal som sa modliť s prosbou, aby boli jeho hriechy zmyté v Ježišovej krvi. Všimol som si na ňom určitú zmenu a pokračoval som v modlitbe, až kým sa v miestnosti neobjavila prítomnosť Ducha Svätého. Po mojej modlitbe sa otec snažil komunikovať tak, že ukazoval na strop, akoby nám niečo ukazoval. Snažil sa písať, ale nedokázal to. Syn požiadal otca, aby mrkol, ak je to niečo dobré, čo vidí. On žmurkol! Potom požiadal otca, aby žmurkol, ak je to svetlo, ale on nežmurkol. Potom ho požiadal, či sú to anjeli, čo vidí, a aby mrkol. Ale on nemrkol. Nakoniec sa syn spýtal, či je to Pán Ježiš. Jeho otec vtedy žmurkol očami.

Nasledujúci týždeň som ho išla do nemocnice opäť navštíviť. Tentoraz bol úplne iný a mal pokojný výraz. O niekoľko dní neskôr v pokoji zomrel. Boh mu vo svojom milosrdenstve a láske dal pokoj pred jeho odchodom. Nevieme, čo sa deje medzi niekým tak veľmi chorým a jeho Stvoriteľom. V tej izbe bola prítomnosť Pána. Videl som človeka, ktorý bol zatvrdený voči Bohu a vlastnej rodine, ale na prahu smrti sa mu Pán dal spoznať a dal mu poznať svoju existenciu.

Ďakujte Hospodinovi, lebo je dobrý, lebo jeho milosrdenstvo trvá naveky. Vzdávajte vďaky Bohu bohov, lebo jeho milosrdenstvo trvá naveky. O vzdávajte vďaky Pánovi pánov, lebo jeho milosrdenstvo trvá naveky. Tomu, ktorý jediný robí veľké divy, lebo jeho milosrdenstvo trvá naveky. (Žalm 136,1-4)

Kapitola 16.

Obetavý životný štýl v živote

D v tom čase som sa venovala biblickému štúdiu o účesoch, oblečení, šperkoch a líčení. Povedala som si: "Títo ľudia sú staromódni." V srdci som vedela, že milujem Boha, preto by nemalo záležať na tom, čo mám na sebe. Čas plynul a jedného dňa som počula, ako mi (Rím) Duch Boží prehovoril k srdcu" :Robíš to, čo cítiš vo svojom srdci." A tak som sa rozhodla, že sa budem obliekať tak, ako to cítim. V tej chvíli sa mi otvorili oči. Pochopila som, že mám v srdci lásku k svetu a prispôsobujem sa móde tohto sveta. (Rým je osvietené a pomazané Božie slovo, ktoré vám bolo povedané pre konkrétny čas alebo situáciu).

Hospodine, ty si ma skúmal a poznal si ma. Ty poznáš môj pád i moje povstanie, zďaleka rozumieš mojim myšlienkam. Ty obchádzaš moju cestu i moje ležanie a poznáš všetky moje cesty. (Žalm 139,1-3)

Šperky:

Nemala som rada šperky, takže nebolo ťažké zbaviť sa tých pár kúskov, ktoré som mala.

*Tak aj vy, ženy, buďte podriadené svojim mužom, aby, ak niektorí neposlúchajú slovo, boli aj bez slova získaní obcovaním manželiek, kým vidia vaše cudné obcovanie spojené s bázňou. Ktorých ozdobou nech nie je tá **vonkajšia** ozdoba, ako je zapletanie vlasov, nosenie zlata alebo obliekanie šiat, ale nech je to skrytý človek srdca, v tom, čo je neporušiteľné, totiž **v ozdobe** tichého a pokojného ducha, ktorý má pred Bohom veľkú cenu. Veď podľa toho sa kedysi aj sväté ženy, ktoré dôverovali Bohu, zdobili, keď boli podriadené svojim mužom: Tak ako Sára poslúchala Abraháma a nazývala ho pánom: ktorého ste dcérami, pokiaľ dobre robíte a nebojíte sa žiadneho údivu.*
(1 Petra 3,1-6)

Podobne aj ženy, aby sa zdobili skromným odevom, hanblivo a triezvo, nie s vyčesanými vlasmi, zlatom, perlami alebo drahým odevom, ale (ako sa patrí na ženy vyznávajúce zbožnosť) dobrými skutkami. (1Tim 2,9.10)

Vlasy

*Či vás ani sama príroda neučí, že ak má človek dlhé vlasy, je to pre neho hanba? Ale ak má žena dlhé vlasy, je to pre ňu sláva, lebo jej vlasy sú dané na **prikrytie**. (1 Korinťanom 11,14.15)*

V mladosti som mala vždy dlhé vlasy. V dvadsiatich rokoch som sa nechal prvýkrát ostrihať a pokračoval som v strihaní vlasov, až kým som ich nemal veľmi krátke. Takže učenie o nestrihaných vlasoch bolo pre mňa spočiatku ťažké prijať. Nechcela som si nechať narásť vlasy, pretože sa mi páčili krátke vlasy. Bolo ľahké sa o ne starať. Začala som prosiť Boha, aby mi dovolil nosiť krátke vlasy. Ale na moje prekvapenie Boh zmenil moje zmýšľanie tým, že mi vložil do srdca svoje slovo a už pre mňa nebolo ťažké nechať si narásť vlasy.

V tom čase žila moja matka so mnou. Keďže som sa nevedela starať o svoje dlhé vlasy, mama ma žiadala, aby som ich ostrihala, pretože sa jej nepáčilo, ako vyzerajú. Začala som viac študovať o vlasoch z Biblie.

Získala som lepšie pochopenie a poznanie, ktoré mi pomohlo posilniť presvedčenie v mojom srdci.

Modlila som sa a pýtala sa Pána" :*Čo mám robiť s mamou, keď sa jej nepáčia moje dlhé vlasy?*" On ma oslovil a povedal: "*Modli sa, aby sa jej zmýšľanie zmenilo.*"

Dôveruj Hospodinovi celým svojím srdcom a nespoliehaj sa na svoj rozum. Na všetkých svojich cestách ho uznávaj a on bude riadiť tvoje chodníky. (Príslovie 3,5.6)

Pán je môj radca, a tak som sa naďalej modlil, aby sa jej zmýšľanie zmenilo.

Ježiš je náš Radca;

Lebo sa nám narodilo dieťa, bol nám daný syn, a vláda bude na jeho pleciach a jeho meno sa bude volať: Predivný, **Radca***, Mocný Boh, Otec večnosti, Knieža pokoja. (Izaiáš 9,6)*

Už som si neostrihala vlasy. Vlasy mi rástli ďalej a jedného dňa mi mama povedala" :Dlhé vlasy ti slušia!" Bola som veľmi šťastná, keď som počula tieto slová. Vedela som, že Pán ma usmernil v modlitbe a vypočul moju modlitbu. Viem, že moje nestrihané vlasy sú mojou slávou a vďaka anjelom som dostala na hlavu moc.

Viem, že keď sa modlím, mám silu. Chváľme Pána!!!

Ale každá žena, ktorá sa modlí alebo prorokuje **s nezahalenou** *hlavou, zneucťuje svoju hlavu, lebo je to všetko jedno, akoby bola oholená. Ale ak má žena dlhé vlasy, je to pre ňu chvála,* **lebo jej vlasy sú jej dané za prikrývku***. (1. Korinťanom 11,5.15)*

Toto Písmo jasne hovorí, že nestrihané vlasy sú naším prikrývaním, a nie šatka, klobúk alebo závoj. Predstavuje našu podriadenosť Božej autorite a jeho sláve. V celom Bož omslove nájdete, že anjeli chránili

Božiu slávu. Všade, kde bola Božia sláva, boli prítomní anjeli. Naše nestrihané vlasy sú našou slávou a anjeli sú vždy prítomní, aby nás chránili, pretože sme sa podriadili Božiemu slovu. Títo anjeli chrána nás a našu rodinu.

Preto by mala mať žena na hlave moc kvôli anjelom.
(1. Korinťanom 11,10)

1. Korinťanom 11 je Božie usporiadané myslenie a konanie, ktoré zachováva jednoznačný rozdiel medzi ženou a mužom.

Nový zákon ukazuje, že ženy mali nestrihané dlhé vlasy.

A hľa, jedna žena v meste, ktorá bola hriešnica, keď sa dozvedela, že Ježiš sedí pri stole vo farizejovom *dome, priniesla alabastrovú nádobku s masťou, postavila sa k jeho nohám za ním a plakala, začala mu umývať nohy slzami,* **utierala mu ich vlasmi hlavy***, bozkávala mu nohy a pomazávala mu ich tou masťou.*
(Lukáš 7,37.38)

on Páni hovorí

"Odstrihni si vlasy, Jeruzaleme, a zahoď ich, a vznes nárek na výšinách, lebo Hospodin zavrhol a opustil pokolenie svojho hnevu."
(Jeremiáš 7, 29)

Ostrihané vlasy sú symbolom hanby, potupy a smútku. Strihanie vlasov predstavuje bezbožný a hanebný čin odpadlíkov od Boha. Je to znamenie, že Pán ich zavrhol. Pamätajte, že sme Jeho nevesta.

Encyklopédia Britannica, V, 1033 uvádza, že po prvej svetovej vojne "vlasy boli bobrované". Strihanie vlasov si osvojili takmer všetky ženy na celom svete.

Božie slová sú stanovené na večnosť. Božie požiadavky na ženy sú mať nestrihané dlhé vlasy a na mužov krátke vlasy.

Elizabeth Das

Oblečenie

Božie slovo nás poučuje aj o tom, ako sa máme obliekať. Keď som bol novokrstenec a učil som sa, ako sa máme obliekať, nebol som presvedčený o svojom oblečení. Vzhľadom na typ mojej práce som nosil nohavice. Myslel som si: "*Bolo by v poriadku, keby som aj naďalej nosil nohavice len do práce.*" Vtedy som si myslel, že je to v poriadku. Kúpila som si nové nohavice a dostala som veľa komplimentov, ako pekne vyzerám. Už som vedela, že ženy by nemali nosiť pánske oblečenie. Nohavice boli vždy mužským odevom, nie ženským. Keď budete mať Božie slovo zasadené vo svojom srdci, dostanete presvedčenie o správnom oblečení, ktoré máte nosiť.

Žena nebude nosiť to, čo patrí mužovi, ani muž si neoblečie ženský odev, lebo všetci, ktorí to robia, sú **ohavnosťou** *pre Hospodina, tvojho Boha. (Deuteronómium 22, 5)*

Zmätok nastal, keď muži a ženy začali nosiť unisex oblečenie. Ďalší krok vás povedie, ako povedal Boh:

3. kniha Mojžišova 18:22 Nebudeš ležať s mužom ako so ženou; je to **ohavnosť***.*

To, čo nosíme, nás ovplyvní. Slovo ohavnosť sa používa na označenie ženy, ktorá nosí "to, čo patrí mužovi", a muža, ktorý si oblečie "ženský odev". Boh pozná každý krok sexuálneho zmätku. Boh stvoril obe pohlavia úplne odlišné s odlišným cieľom. Všimli ste si, že to boli ženy, ktoré si ako prvé začali obliekať nohavice? Je to presne tak, ako keď bola Eva v rajskej záhrade neposlušná! Tento zmätok je dôkazom dnešnej spoločnosti, v ktorej žijeme. Niekedy sa nedá rozlíšiť medzi mužmi a ženami.

Pred viac ako 70 rokmi nebolo oblečenie žien problémom, pretože nosili zásadne dlhé šaty alebo dlhé sukne. Žiadny zmätok. Keď ženy začali nosiť mužské oblečenie, začali sa správať ako muži a muži ako ženy. To je neporiadok.

Urobil som to "Jeho cesta"

*Na hlave budú mať ľanovú čiapku a na bedrách ľanové **nohavice**; nebudú sa opásavať ničím, čo by spôsobovalo pot (Ezechiel 44,18).*

Dnešná zvrátená neposlušná generácia, ktorú riadia médiá, sa učí od kniežaťa vzduchu, ktorým je satan. Nepozná pravdu v Biblii. Ich podporovateľmi sú aj falošní učitelia, ktorí učia ľudské, a nie Božie učenie a prikázania.

Hľa, ty si urobil moje dni ako krátky čas a môj vek je pred tebou ako nič; veru, každý človek v najlepšom stave je úplne márny. Sela. Iste každý človek chodí v márnom predvádzaní; iste sa márne búri; hromadí bohatstvo, a nevie, kto ho zhromaždí. (Žalmy 39,5-6)

Keď Adam a Eva neposlúchli Pána a jedli ovocie zo zakázaného stromu, vedeli, že zhrešili, a otvorili sa im oči, aby spoznali svoju nahotu.

A keď sa im obom otvorili oči a poznali, že sú nahí, zošili si figové listy a urobili si zástery (1 Moj 3, 7).

Adam a Eva sa prikryli figovými listami. Urobili si zástery z figových listov, čo bolo nedostatočné. Boh má normu na prikrývanie, a preto neschvaľoval ich nevhodné prikrývanie figovými listami..... Preto ich obliekol do kožených plášťov.

Aj Adamovi a jeho manželke urobil Hospodin Boh kožené plášte a obliekol ich. (1 Moj 3, 21)

Nepriateľ našej duše, diabol, rád spôsobuje neskromné odhaľovanie tela.

*Lukáš 8:35 "Potom vyšli von, aby videli, čo sa stalo; a prišli k eJežiša a našli človeka, z ktorého vyšli démoni, sedieť pri Ježišových nohách, **oblečeného** a pri zmysloch."*

Keď si človek nezahaľuje svoje telo, dokazuje to, že je pod vplyvom zlého ducha, ktorý vytvára zlé pohnútky.

Je veľmi dôležité, aby sme vždy čítali Božie slovo, neprestajne sa modlili a postili sa, aby sme lepšie pochopili Božieho ducha a vedenie. Premena prichádza prostredníctvom Božieho slova, ktoré najprv vychádza zvnútra, a potom prichádza zmena navonok.

Táto kniha zákona sa nevytratí z tvojich úst, ale budeš o nej rozjímať dňom i nocou, aby si sa zachoval podľa všetkého, čo je v nej napísané, lebo vtedy sa ti bude dariť na ceste a vtedy budeš mať dobrý úspech. (Jozue 1,8)

Satan útočí na Božie slovo. Pamätáte sa na Evu? Diabol vie, na čo a kedy zaútočiť, pretože je rafinovaný a ľstivý.

Buďte triezvi, bdejte, lebo váš protivník diabol ako revúci lev chodí a hľadá, koho by zožral. (1 Petra 5,8)

Kto má moje prikázania a zachováva ich, ten ma miluje; a kto ma miluje, bude milovaný mojím Otcom a ja ho budem milovať a zjavím mu sám seba. (Ján 14,21)

Ak budete zachovávať moje prikázania, zostanete v mojej láske, ako som aj ja zachovával prikázania svojho Otca a zostávam v jeho láske. (Ján 15,10)

V ten večer, keď som bol v práci, mi prišla na um jedna myšlienka. Rozmýšľal som, ako vyzerám v Božích očiach. Zrazu na mňa padla hanba a nemohol som zdvihnúť zrak. Mal som pocit, akoby som stál pred Pánom, naším Bohom. Ako viete, my počujeme ušami, ale ja som počul Jeho hlas, akoby hovoril každou bunkou môjho tela a hovoril: "Úprimne ťa milujem." Keď som počul tieto krásne Božie slová: "Úprimne ťa milujem", znamenalo to pre mňa veľmi veľa. Už som sa nevedela dočkať, kedy skončím v práci a pôjdem domov, aby som mohla úplne vyčistiť svoju skriňu od všetkého svetského oblečenia.

Niekoľko týždňov som stále počula ozvenu Jeho hlasu, ktorý mi hovoril" :Úprimne ťa milujem." Neskôr sa to vytratilo.

Život pre Boha nie je len to, čo hovoríme, ale je to životný štýl. Keď Boh hovoril k Mojžišovi, hovoril k nemu veľmi jasne. Mojžiš bezpochyby poznal Boží hlas.

Slovo hanblivosť sa v preklade z gréčtiny vzťahuje na pocit hanby alebo skromnosti, alebo na vnútornú slušnosť, ktorá si uvedomuje, že nedostatok odevu je hanebný. To znamená, že náš vonkajší vzhľad odráža naše vnútro nielen pred nami samými, ale aj pred druhými. Preto Biblia hovorí, že skromný odev je podobný s hanblivosťou

> *Príslovie 7:10 A hľa, stretla sa s ním žena v odeve smilnice a so zákerným srdcom.*

*Tak aj ženy nech sa zdobia skromným odevom, **hanblivo** a **triezvo**, nie s vyčesanými vlasmi, zlatom, perlami alebo drahými šatami (1 Timoteovi 2,9).*

Oblečenie musí zakrývať nahotu človeka. Striedmosť by mala zabrániť noseniu toho, čo má vyzerať sexi alebo je odhaľujúcou módou. Dnešný štýl oblečenia je strihaný tak nakrátko, že vám bude pripomínať oblečenie prostitútky. Ide o to, ako sexi človek vyzerá. Odevní dizajnéri robia štýl oblečenia viac odhaľujúcim a viac provokujúcim.

Ďakujeme Bohu za jeho slovo, ktoré ustanovil na večnosť; On pozná generácie všetkých vekov. Slovo vás ochráni pred prispôsobením sa tomuto svetu.

Definícia skromnosti sa mení v závislosti od krajiny, doby a generácie. Ázijské ženy nosia voľné nohavice a dlhé blúzky nazývané pandžábske šaty, ktoré sú veľmi skromné. Arabské dámy nosia dlhé rúcha so závojom. Západné kresťanky nosia šaty pod kolená.

Ešte stále máme bohabojné kresťanky, ktoré sa rady správajú skromne a zachovávajú Božie kázanie a učenie.

> *Všetko dokazujte, čo je dobré, toho sa držte. (1 Tesaloničanom 5,21)*

Elizabeth Das

Žijeme v šokujúcej dobe, v ktorej niet strachu z Boha.

Ak ma milujete, zachovávajte moje prikázania. (Ján 14,15)

Paul povedal,

*"Veď ste boli kúpení za drahú cenu, preto oslavujte Boha na svojom **tele** a na svojom duchu, ktoré sú Božie." (1 Korinťanom 6, 20)*

Oblečenie by nemalo byť tesné, krátke ani s nízkym strihom. Obrázky na niektorých tričkách a blúzkach sú často nevhodne umiestnené.

Božie predstavy o tom, že by sme mali nosiť odev, sú zakryté. Spomeňte si, že Eva a Adam boli nahí. My už nie sme nevinní. Vieme, že je to pokušenie pre oko človeka. Dávid videl Batšebu bez šiat a upadol do cudzoložstva.

Móda oblečenia mladých žien alebo malých dievčat v súčasnosti je neskromná. Nohavice sú tesne obtiahnuté. Biblia hovorí, že deti treba učiť Božej spravodlivosti. Namiesto toho, aby rodičia učili dievčatá skromnosti, nakupujú neskromné oblečenie.

Svedomitá kresťanka si vyberá oblečenie, ktoré sa páči Kristovi a jej manželovi. Už netúži nosiť to, čo je "v móde".

Neskromné oblečenie, šperky a líčenie živia žiadostivosť očí, telesnú žiadostivosť a pýchu života.

Nemilujte svet ani to, čo je vo svete. Ak niekto miluje svet, nie je v ňom Otcova láska. **Lebo všetko, čo je vo svete, žiadosť tela, žiadosť očí a pýcha života,** *nie je z Otca, ale je zo sveta. A svet pominie i jeho žiadostivosť, ale kto plní Božiu vôľu, zostáva naveky. (1 Ján 2,15-17)*

Satan vie, že človek je vizuálne orientovaný. Ženy nevidia Satanov zámer. Neskromnosť je pre mužov silným pokušením a lákadlom. Neskromné oblečenie, šperky a líčenie vyvolávajú u mužov vzrušenie. Pýcha a márnivosť buduje ľudské ego. Žena sa cíti mocná, pretože môže priťahovať žiadostivú pozornosť mužov. Tieto veci spôsobujú, že žena je hrdá na svoj vonkajší vzhľad.

Preto vás prosím, bratia, pre Božie milosrdenstvo, aby ste svoje telá prinášali ako živú, svätú, Bohu milú obetu, ktorá je vašou rozumnou službou. A nepripodobňujte sa tomuto svetu, ale premieňajte sa obnovou svojej mysle, aby ste dokázali, čo je tá dobrá, príjemná a dokonalá Božia vôľa. (Rimanom 12,1.2)

Make up

Biblia rozhodne hovorí **proti** líčeniu. V Biblii sa líčenie vždy spája s bezbožnými ženami. V Biblii bola Jezabel zlá žena, ktorá si maľovala tvár.

Prostredníctvom svojho Slova dal Boh kresťanom písomné pokyny týkajúce sa maľovania tváre, ktoré sa dnes nazýva make-up. Boh nás informoval o každom detaile aj s historickými odkazmi. Biblia nás považuje za svetlo tohto sveta; ak sme týmto svetlom, nepotrebujeme maľovanie. Žiarovku nikto nenamaľuje. Mŕtva vec potrebuje maľovanie. Môžete namaľovať stenu, drevo atď.

Väčšina žien a malých dievčat sa dnes líči bez toho, aby poznali históriu alebo Bibliu. Kedysi sa líčili len tváre, ale teraz si radi maľujú a potláčajú rôzne časti tela, ako sú ruky, paže, chodidlá atď. Je líčenie hriešne? Bohu záleží na tom, čo robíte so svojím telom. Boh jasne vyjadruje svoj nesúhlas s maľovaním a prepichovaním tela, s nanášaním mejkapu a tetovaním.

Nebudete si robiť žiadne rezné rany na tele pre mŕtvych ani **na seba** *nevytlačíte* **žiadne znamenia**: *Ja som Hospodin. (3 Mojžišova 19,28).*

Nikdy som sa nelíčila, ale rúž som nosila, pretože sa mi páčil. Keď som počula kázanie o líčení, začala som nosiť menej rúžu a neskôr som s tým úplne prestala. V srdci som stále mala túžbu nosiť ho, ale nenosila som ho.

V modlitbe som sa spýtala Boha, čo si myslí o rúži. Jedného dňa proti mne kráčali dve dámy a ja som si všimol, že majú na sebe rúž. V tej chvíli som Jeho duchovnými očami videla, ako vyzerá.... Cítila som sa tak zle od žalúdka. V srdci ma to veľmi usvedčilo a už nikdy som nemala chuť nosiť rúž. Mojou túžbou bolo páčiť sa Mu a poslúchať Jeho slovo.

> *"Tak hovorte a tak konajte ako tí, ktorí budú súdení podľa zákona slobody" (Jak 2,12).*

Aj keď máme slobodu robiť, čo chceme, a žiť, ako chceme, naše srdce je klamlivé a naše telo bude hľadať veci tohto sveta. Vieme, že naše telo je nepriateľské voči Bohu a Božím veciam. Musíme vždy kráčať v duchu, aby sme nenaplnili žiadostivosť tela. Diabol nie je problém. My sami sme si problémom, ak chodíme v tele.

> *Lebo všetko, čo je vo svete, žiadosť tela, žiadosť očí a pýcha života, nie je z Otca, ale je zo sveta. A svet pominie i jeho žiadostivosť, ale kto plní Božiu vôľu, zostáva naveky. (1Ján 2,16-17)*

Satan chce byť stredobodom všetkého. Bol dokonalý v kráse a plný pýchy. Vie, čo spôsobilo jeho pád, a používa to aj na to, aby ste padli vy.

> *Synu človeka, vznes nárek na kráľa Týru a povedz mu: Toto hovorí Pán, Boh: Ty pečatíš sumu, plnú múdrosti a **dokonalú v kráse**. Bol si v Edene, v záhrade Božej; každý drahý kameň bol tvojou pokrývkou, sardius, topás a diamant, berýl, onyx a jaspis, zafír, smaragd, karbunkul a zlato; vyhotovenie tvojich tabúľ a tvojich píšťal bolo v tebe pripravené v deň, keď si bol stvorený (Ez 28, 12 - 13).*

Keď chodíme v tele, snažíme sa byť aj stredobodom pozornosti. To sa prejavuje v našom oblečení, konverzácii a konaní. Ľahko padneme do satanovej pasce, keď sa prispôsobíme svetu a jeho svetskej móde.

Dovoľte mi, aby som sa s vami podelila o to, ako a kde sa začalo líčenie alebo maľovanie. Líčenie sa začalo v Egypte. Králi a kráľovné si líčili oči. Egyptské líčenie očí sa používalo na ochranu pred zlou mágiou a tiež ako symbol nového zrodenia pri reinkarnácii. Používali ho aj tí, ktorí obliekali mŕtvych. Chceli, aby mŕtvi vyzerali, akoby len spali.

Musíte vedieť, čo o tejto téme jasne hovorí Biblia. Ak je líčenie pre Boha dôležité, musí byť v jeho slove spomenuté - konkrétne aj v zásade.

Keď prišiel Jehu do Jezreela, dozvedela sa o tom Jezábel, namaľovala si tvár, unavila si hlavu a pozrela sa von oknom.
(2 Kráľ 9,30)

Mladý muž Jehu sa potom vydal priamo do Jezreela, aby vykonal nad Jezabel súd. Keď sa dozvedela, že je v nebezpečenstve, nalíčila sa, ale jej líčenie nedokázalo Jehua zviesť. To, čo Boží prorok prorokoval nad Jezabel a jej manželom kráľom Achabom, sa splnilo. Jej ohavnosť sa skončila, ako nad nimi prorokoval Boží prorok. Keď ju Jehu dal vyhodiť z okna, psy zjedli jej mäso; ako to Boh predpovedal! Líčenie je sebazničujúca zbraň.

Nežiadostivosť po jej kráse v tvojom srdci, ani nech ťa neuchváti svojimi viečkami. (Príslovia 6,25)

"A keď budeš zhýralý, čo budeš robiť? Hoci sa odievaš karmazínom, hoci sa ozdobuješ zlatými ozdobami, aj keď si tvár natrieš maľbou, márne sa budeš krášliť; tvoji milenci ťa budú opovrhovať, budú ti hľadať život." (Jeremiáš 4:30)

História hovorí, že prostitútky si maľovali tvár, aby ich bolo možné rozpoznať ako prostitútky. Postupom času sa začalo bežne používať líčenie a maľovanie na tvár. Už sa to nepovažuje za nevhodné.

A ďalej, že ste poslali po mužov, aby prišli zďaleka, ku ktorým bol poslaný posol, a hľa, prišli; pre nich si sa umyl, vymaľoval si si oči a vyzdobil si sa ozdobami. (Ezechiel 23,40)

Make-up je "produkt, ktorý nikto nepotrebuje", ale túžba po ňom je ľudskou prirodzenosťou. Pýcha a márnivosť sú dôvodom, prečo mnohé ženy používajú make-up, aby zapadli do sveta. To je ľudská prirodzenosť. Všetci chceme zapadnúť!

Hollywoodske hviezdy sú zodpovedné za takéto drastické zmeny v myslení žien o vonkajšom vzhľade. Make-up nosili len arogantné a namyslené pyšné ženy. Každý chce vyzerať pekne, dokonca aj deti, ktoré sa líčia.

Pýcha a márnivosť podporili make-up priemysel, tým, že privítali make-up, sa stali márnivými. Kamkoľvek pôjdete, nájdete mejkap. Od najchudobnejších po najbohatších, všetci chcú vyzerať krásne. Dnešná spoločnosť kladie príliš veľký dôraz na vonkajší vzhľad; kvôli vnútornej neistote sa líčia všetky vekové kategórie žien.

Mnohí majú depresie zo svojho vzhľadu, dokonca sa pokúšajú spáchať samovraždu. Krása je pre túto generáciu jednou z najobdivovanejších vecí. Niektorí ľudia sa líčia hneď, ako sa zobudia. Nepáči sa im ich prirodzený vzhľad. Líčenie ich tak posadlo, že sa bez neho cítia nechcene. To spôsobuje depresie u našej mladej generácie a dokonca aj u malých detí.

Teraz si spomeňte na najznámejšie spravodlivé ženy zo Starého alebo Nového zákona. Nenájdete ani jednu, ktorá by sa líčila. Neexistuje žiadna zmienka o tom, že by sa Sára, Rút, Abigail, Naomi, Mária, Debora, Ester, Rebeka, Feebie alebo iná cnostná a pokorná žena niekedy líčila.

Pokorných skrášli spásou (Žalmy 149,4b).

V Bož omslove sú jedinými príkladmi tých, ktorí sa líčili, cudzoložnice, smilnice, rebelanti, odpadlíci a falošné prorokyne. Toto by malo slúžiť ako veľké varovanie pre každého, komu záleží na Božom slove a chce nasledovať biblický spravodlivý príklad namiesto toho, aby sa rozhodol nasledovať príklad bezbožných žien.

Oblečte si teda ako Boží vyvolení, svätí a milovaní, milosrdenstvo, láskavosť, pokoru, tichosť, trpezlivosť (Kolosanom 3,12).

Nie, ale kto si ty, človeče, ktorý sa hneváš na Boha? Či má vec, ktorá bola stvorená, povedať tomu, ktorý ju stvoril: Prečo si ma takto stvoril? (Rimanom 9,20)

Naše telo je Božím chrámom, preto by sme mali túžiť po spravodlivých Božích cestách. To sa deje tak, že sa ženy sväto obliekajú, majú otvorenú tvár (čistú tvár) a na svojom tele odrážajú Božiu vzácnu slávu.

Či neviete, že vaše telo je chrámom Ducha Svätého, ktorý je vo vás a ktorého máte od Boha, a nie ste sami sebou? (1 Korinťanom 6,19)

Vy a ja sme boli kúpení za drahú cenu a Boh nás stvoril na svoj obraz. Božie zákony nás majú chrániť a mali by byť zapísané v našich srdciach. Vy a ja máme pravidlá a usmernenia, podľa ktorých máme žiť, rovnako ako my, ktorí sme rodičmi, máme pravidlá a usmernenia pre svoje deti. Keď sa rozhodneme dodržiavať Božie zákony a usmernenia, budeme požehnaní a nie potrestaní.

"Volám dnes proti tebe nebo a zem, aby ti svedčili, že som pred teba postavil život a smrť, požehnanie a zlorečenie; preto si vyber život, aby si žil ty i tvoje potomstvo." (5 Moj 30,19)

Pýcha a vzbura na nás prinesú utrpenie v podobe choroby, financií, útlaku a posadnutia démonmi. Keď sa pýchou a vzburou usilujeme o veci tohto sveta, pripravujeme sa na neúspech. Je to diablova túžba pokaziť náš život hriechom pýchy. Toto nie je Božia vôľa pre náš život!

Videl som zmeny, keď sa svetské ženy stali zbožnými ženami. Zo starnúcich, depresívnych, vystresovaných, utrápených a nešťastných žien sa stanú mladšie, krajšie, živšie, pokojnejšie a žiarivejšie.

Máme pred sebou jeden život! Preto predstavujme Boha Abraháma, Jakuba a Izáka.... a prinášajme svoje telá ako živú obetu, svätú a príjemnú v jeho očiach. To je naša rozumná služba vo vnútri i navonok, bezúhonná vo všetkom!

Keď neposlúchame Božie slovo kvôli pýche a vzbure, privolávame kliatby na seba, svoje deti a deti svojich detí. To môžeme vidieť na Evinom neposlušnom a vzdorovitom konaní; výsledkom bola potopa, ktorá prišla na zem a všetko bolo zničené. Samson a Saul svojou neposlušnosťou priviedli na seba a svoju rodinu záhubu. Eliho neposlušnosť priniesla smrť jeho synom a odstránenie z kňazského úradu.

História nám prostredníctvom Božieho slova hovorí, že pred zničením bola mentalita ľudského rodu povýšenecká, egoistická a hľadala svoje vlastné potešenie.

*A Hospodin hovorí: "Pretože **dcéry Siona** sú povýšenecké a chodia s vystretými krkmi a bezstarostnými očami, kráčajú a mrmlajú, keď idú, a cengajú nohami: Preto Hospodin udrie škraboškou korunu hlavy sionských dcér a Hospodin odhalí ich tajné miesta. V ten deň im Hospodin odníme statočnosť ich cvendžiacich ozdôb okolo nôh, ich kahance a ich okrúhle pneumatiky ako mesiac, reťaze, náramky a šatky, čepce a ozdoby nôh, a čelenky, a tabuľky, a náušnice, prstene a šperky v nose, premenlivé odevy, a plášte, a vimperky, a chrumkavé ihlice, okuliare, a jemné plátno, a kapucne, a závoje. A stane sa, že namiesto sladkej vône bude smrad, a namiesto opasku rana, a namiesto dobre nastavených vlasov plešina, a namiesto brucha opásanie vrecovinou, a namiesto krásy horenie. Tvoji muži padnú od meča a tvoji mocní vo vojne. A jej brány budú nariekať a smútiť, a ona, pustá, bude sedieť na zemi. (Izaiáš 3,16-26)*

Naše životné rozhodnutia sú veľmi dôležité. Rozhodnutia založené na Biblii a vedené Duchom prinesú požehnanie nám aj našim deťom. Ak sa rozhodnete vzbúriť sa proti Božiemu slovu a budete hľadať svoje vlastné sebecké potešenie, budete opakovať históriu:

1. Neposlušná Eva, ktorá spôsobila potopu.

A Boh videl, že zloba človeka je na zemi veľká a že každá predstava myšlienok jeho srdca je ustavične len zlá. A ľutoval Hospodin, že stvoril človeka na zemi, a zarmútilo ho to v srdci. A Hospodin povedal: Vyhubím človeka, ktorého som stvoril, z povrchu zeme, človeka, zviera, plazy i nebeské vtáctvo, lebo ma mrzí, že som ich stvoril. (1 Moj 6,5-7)

2. Vzbura Sodomy a Gomory:

*Vtedy Hospodin vylial na **Sodomu** a Gomoru síru a oheň od Hospodina z neba (1 Moj 19,24).*

Toto je niekoľko príkladov z Biblie. Viete, že v tomto svete niečo meníte. Nechcete oživovať zlé dávne dejiny.

Takto sa Boh vyjadruje o vzbure a neposlušnosti:

A pošlem na nich meč, hlad a mor, kým nevyhynú zo zeme, ktorú som dal im a ich otcom (Jeremiáš 24,10).

Ale pre Poslušných:

Vrátiš sa a budeš poslúchať hlas Hospodinov a plniť všetky jeho príkazy, ktoré ti dnes prikazujem. A Hospodin, tvoj Boh, ti dá hojnosť v každom diele tvojich rúk, v ovocí tvojich a v plodoch tvojho dobytka a v plodoch tvojej zeme na dobré, lebo Hospodin sa bude opäť radovať z teba na dobré, ako sa radoval z tvojich otcov: Ak budeš počúvať hlas Hospodina, svojho Boha, a budeš zachovávať jeho prikázania a jeho ustanovenia, ktoré sú napísané v tejto knihe zákona, a ak sa obrátiš k Hospodinovi, svojmu Bohu, celým svojím srdcom a celou svojou dušou. Lebo toto prikázanie, ktoré ti dnes prikazujem, nie je pred tebou skryté ani vzdialené. (Deuteronómium 30,8-11)

Kapitola 17

Cestovná služba: Povolaný učiť a šíriť evanjelium

I nie som kazateľom v zmysle toho, kto sa nazýva reverendom, pastorom alebo kazateľom. Keď prijmeme Ducha Svätého a oheň, stávame sa služobníkmi Jeho slova pri šírení Dobrej zvesti. Kamkoľvek idem, prosím Boha o príležitosť byť svedkom a učiteľom Jeho Slova. Vždy používam Bibliu KJV, pretože je to jediný zdroj, ktorý oživuje srdce a myseľ človeka. Keď je semienko zasiate, je nemožné, aby ho satan odstránil, ak ho neustále zalievame modlitbou.

Keď jednotlivci prijmú túto úžasnú pravdu, spojím ich s miestnou cirkvou, aby boli pokrstení **_v mene Ježiša_**; môžu byť pod vedením pastora, ktorý s nimi zostane v kontakte. Je dôležité mať pastora, ktorý ich bude živiť (vyučovať) Božím slovom a bdieť nad nimi.

*"Choďte teda a učte všetky národy a krstite ich v **mene** Otca i Syna i Ducha Svätého." (Matúš 28,19)*

Elizabeth Das

> *"A dám vám pastierov podľa svojho srdca, ktorí vás budú pásť poznaním a rozumom." (Jeremiáš 3,15)*

Keď nám Pán dáva pokyny, aby sme plnili jeho vôľu, môže to byť kdekoľvek a kedykoľvek. Jeho cesty nemusia niekedy dávať zmysel, ale zo skúsenosti som sa naučil, že na tom nezáleží. Od chvíle, keď sa zobudím, až po chvíľu, keď vyjdem z domu, nikdy neviem, čo pre mňa Boh pripravil. Ako veriaci musíme rásť vo viere prostredníctvom štúdia Slova, aby sme sa stali zrelými učiteľmi. Pokračujeme v dosahovaní vyšších úrovní zrelosti tým, že nikdy nevynecháme príležitosť svedčiť druhým; najmä keď Boh otvorí dvere.

> *"Lebo keď ste na čas mali byť učiteľmi, potrebujete, aby vás niekto znova učil, ktoré sú prvé zásady Božích zvestí, a stali ste sa takými, ktorí potrebujú mlieko, a nie silný pokrm. Lebo každý, kto používa mlieko, je neskúsený v slove spravodlivosti, lebo je nemluvňa. Ale silný pokrm patrí tým, čo sú plnoletí, ktorí majú zmysly vycvičené na to, aby rozoznávali dobro i zlo." (Židom 5,12-14)*

V tejto kapitole sa s vami podelím o niekoľko svojich cestovateľských skúseností s niekoľkými dôležitými historickými bodmi, ktoré boli vložené na vysvetlenie viery ranej cirkvi a následného učenia.

Boh ma priviedol späť do Kalifornie prostredníctvom "nelogického letového plánu". Kvôli zdravotným problémom vždy uprednostňujem priame lety. Tentoraz som si kúpil let z Dallasu - Ft. Worth v Texase do Ontária v Kalifornii s medzipristátím v Denveri v Colorade. Neviem vysvetliť, prečo som to urobil, ale neskôr mi to dávalo zmysel. V lietadle som letušku upozornil, že mám bolesti a sedím blízko toalety. Počas druhej časti letu som letušku požiadal, či by mi nemohla nájsť miesto, kde by som si mohol ľahnúť. Zaviedla ma do zadnej časti lietadla. Bolesť neskôr ustúpila. Letuška sa vrátila, aby zistila, ako sa cítim, a povedala mi, že sa za mňa modlila.

Pán mi otváral dvere, aby som sa podelil o to, čo pre mňa urobil. Rozprával som jej o svojich zraneniach, chorobách a uzdraveniach. Bola veľmi prekvapená, že som to všetko vydržal bez liekov a len s dôverou v Boha. Keď sme sa rozprávali o Biblii, povedala mi, že nikdy nepočula, že by niekto mohol prijať Ducha Svätého. Vysvetlil som jej, že podľa Písma je to pre nás aj dnes. Povedal som jej svoj dôvod, prečo som opustil svoj domov v Indii; keď hľadáme Boha celým srdcom, On odpovie na naše modlitby. Bola ku mne veľmi milá a starostlivá, tak ako mnohokrát, keď som letel, vždy sa v lietadle našiel niekto, kto mi prejavil takú láskavosť a starostlivosť. Pokračoval som jej v rozprávaní o Duchu Svätom a o dôkazoch hovorenia jazykmi. Ona neoblomne povedala, že tomu neverí. Hovoril som jej o krste v mene Pána Ježiša a ona priznala, že ani o tom nikdy nepočula. Krst apoštolov, o ktorom sa hovorí v Skutkoch apoštolov v 2. kapitole, sa vo väčšine cirkví nekáže, pretože väčšina prijala učenie o Trojici, teda o troch osobách v Božstve a vzývaní titulov: Pri krste sa hovorí o troch osobách: Otcovi, Synovi a Duchu Svätom.

*"Ježiš prišiel, prehovoril k nim a povedal: Je mi daná všetka moc na nebi i na zemi. Choďte teda a učte všetky národy a krstite ich v **mene Otca i Syna i Ducha Svätého**." (Matúš 28, 18-19)*

Keď učeníci krstili v Ježišovom mene, napĺňali tým krst Otca i Syna i Ducha Svätého, keď sa človek ponoril celý do vody. Nešlo o nejaký zmätok, plnili to, čo im Ježiš prikázal, ako to vyplýva z Písma.

*Lebo traja sú tí, čo svedčia v nebi: Otec, Slovo a Duch Svätý, a **títo traja sú jedno**. (1 Ján 5,7)*

(Tento verš bol odstránený z NIV a všetkých moderných prekladov Biblie)

*"Keď to počuli, pichlo ich to v srdci a povedali Petrovi a ostatným apoštolom: Muži a bratia, čo máme robiť? Peter im povedal: Kajajte sa a dajte sa pokrstiť každý z vás v **mene Ježiša Krista** na odpustenie hriechov a dostanete dar Ducha Svätého." (Sk 2, 37-38)*

Elizabeth Das

*"Keď to počuli, dali sa **pokrstiť v mene Pána Ježiša**. Keď na nich Pavol vložil ruky, zostúpil na nich Duch Svätý a oni hovorili jazykmi a prorokovali. Všetkých tých mužov bolo asi dvanásť."*
(Skutky 19, 5-7)

*"Lebo ich počuli hovoriť jazykmi a velebiť Boha. Vtedy Peter odpovedal: "Môže niekto zakázať vodu, aby títo neboli pokrstení, ktorí prijali Ducha Svätého rovnako ako my? A on prikázal im, aby sa dali **pokrstiť v Pánovom mene**. Potom ho prosili, aby zotrval niekoľko dní". (Sk 10, 46-48)*

Apoštoli Ježiša neposlúchli. Deň Letníc bol začiatkom veku Cirkvi po tom, ako Ježiš vstal z mŕtvych a bol prijatý do slávy. Zjavil sa apoštolom, pokarhal ich za neveru a bol s nimi štyridsať dní. Počas tohto času ich Ježiš učil mnohým veciam. Biblia hovorí, že veriaci sa majú dať pokrstiť.

"Potom sa zjavil jedenástim, keď sedeli pri stole, a vyčítal im ich neveru a tvrdosť srdca, lebo neuverili tým, čo ho videli po jeho zmŕtvychvstaní. A povedal im: "Choďte do celého sveta a hlásajte evanjelium všetkému stvoreniu. Kto uverí a dá sa pokrstiť, bude spasený, ale kto neuverí, bude zatratený." (Marek 16,14-16)

Človek neskôr prijal iný krstný vzorec vrátane "pokropenia" namiesto úplného ponorenia. (Niektorí argumentujú tým, že Biblia nehovorí o pokropení a rímska cirkev krstila nemluvňatá). Krst v mene Ježiša zmenila rímska cirkev, keď prijala trojičný názor.

Skôr ako budem pokračovať, chcem najprv povedať, že nespochybňujem úprimnosť mnohých úžasných veriacich, ktorí sa snažia o osobné chodenie s naším Pánom, ktorí milujú Boha a veria tomu, čo považujú za prvotné biblické učenie. Práve preto je také dôležité, aby ste si sami čítali a študovali Písmo, vrátane histórie biblického učenia ranej apoštolskej cirkvi. "Cirkevné učenie prechádza do apostázy".

Urobil som to "Jeho cesta"

Odpadnutie znamená odpadnutie od pravdy. Odpadlík je človek, ktorý kedysi uveril a potom odmietol Božiu pravdu.

V roku 312 n. l., keď bol cisárom Konštantín, Rím prijal kresťanstvo ako preferované náboženstvo. Konštantín zrušil Dioklecianove (latinsky Gaius Aurelius Valerius Diocletianus Augustus ;) dekréty o prenasledovaní, ktoré sa začali v roku 303 n. l. Dioklecián bol rímskym cisárom v rokoch 284 - 305 n. l. Dekréty o prenasledovaní odoberali kresťanom ich práva a požadovali od nich, aby dodržiavali "tradičné náboženské praktiky", medzi ktoré patrilo aj obetovanie rímskym bohom. Išlo o posledné oficiálne prenasledovanie kresťanstva spolu so zabíjaním a terorizovaním tých, ktorí sa nechceli podriadiť. Konštantín "pokresťančil" Rímsku ríšu a urobil z nej štátne, t. j. oficiálne náboženstvo. Za jeho vlády sa v Ríme podporovali aj pohanské náboženstvá. To posilnilo Konštantínov plán na zjednotenie a mier v jeho ríši. Takto bol "christianizovaný Rím" a politická cirkev sa stali vládnucou silou. Týmto všetkým satan vypracoval najmocnejší plán, ako skorumpovať cirkev zvnútra, pričom prvotná cirkev nebola nikde uznaná. Kresťanstvo bolo degradované, kontaminované a oslabené pohanským systémom, ktorý sa pripojil k vtedajšiemu svetovému politickému systému. Podľa tohto systému krst urobil z každého kresťana a do cirkvi vniesli svoje pohanské náboženstvo, svätých a obrazy. V neskoršej fáze bolo na ich koncile zavedené aj učenie o Trojici. Odstúpená cirkev už neuznávala, nekázala a ani sa nezamýšľala nad významom Ducha Svätého či hovorenia jazykmi. V roku 451 n. l. bolo na Chalcedónskom koncile so súhlasom pápeža stanovené Nicejské/konštantínopolské vyznanie viery ako autoritatívne. Nikomu nebolo dovolené diskutovať o tejto otázke. Hovoriť proti Trojici sa teraz považovalo za rúhanie. Pre tých, ktorí neposlúchli, boli vyhlásené tvrdé tresty od zmrzačenia až po smrť. Medzi kresťanmi vznikali rozdiely vo viere, čo viedlo k zmrzačeniu a vyvraždeniu tisícov ľudí. Praví veriaci nemali inú možnosť, len sa ukryť pred prenasledovateľmi, ktorí vraždili v mene kresťanstva.

Povedal som jej, že viera v trojicu pochádza od pohanov, ktorí nepoznali Božie nariadenia, zákony a prikázania, a bola ustanovená v roku 325 n. l., keď prvý nicejský koncil ustanovil učenie o trojici ako ortodoxné a prijal Nicejské vyznanie viery rímskej cirkvi.

Trojica bola zostavená po tom, čo sa zišlo 300 biskupov a prišli s ňou po šiestich týždňoch.

Nikto nikdy nemôže zmeniť prikázanie! Raná cirkev v Skutkoch apoštolov vychádzala zo starozákonnej viery v absolútnu Božiu jednotu spolu s novozákonným zjavením Ježiša Krista ako vteleného Boha. Nový zákon bol dokončený a posledný z apoštolov zomrel ku koncu prvého storočia. Začiatkom štvrtého storočia sa primárna náuka o Bohu v kresťanstve zmenila z biblickej Božej jednoty na zjavnú vieru v trinitarizmus.

Divím sa, že ste sa tak skoro vzdialili od toho, ktorý vás povolal do Kristovej milosti, k inému evanjeliu: ale sú aj takí, ktorí vás obťažujú a chcú prekrútiť Kristovo evanjelium. Ale keby sme vám my alebo anjel z neba hlásali iné evanjelium ako to, ktoré sme vám hlásali, nech je prekliaty. Ako sme predtým povedali, tak hovorím aj teraz: Ak by vám niekto hlásal iné evanjelium, ako ste prijali, nech je prekliaty.
(Galaťanom 1,6-9)

Spisovatelia poapoštolského obdobia (90-140 n. l.) boli verní biblickému jazyku, jeho používaniu a zmýšľaniu. Verili v monoteizmus, ktorý je absolútnym božstvom Ježiša Krista a prejavom Boha v tele.

Počuj, Izrael! <u>*Hospodin, náš Boh, je jeden Hospodin.*</u>
(5. Mojžišova 6,4)

A bez sporu je veľké tajomstvo zbožnosti: **Boh bol zjavený v tele**, *ospravedlnený v Duchu, videný anjelmi, zvestovaný pohanom, uverený vo svete, prijatý do slávy. (1 Timoteovi 3,16)*

Urobil som to "Jeho cesta"

Pripisovali veľký význam Božiemu menu a verili v krst v Ježišovom mene. Raní cirkevní konvertiti boli Židia; vedeli, že Ježiš je "Baránok Boží". Boh si obliekol telo, aby mohol vyliať krv.

> *"Dávajte teda pozor na seba a na celé stádo, nad ktorým vás Duch Svätý ustanovil za dozorcov, **aby ste pásli Božiu cirkev**, ktorú si získal **vlastnou krvou** (Sk 20,28).*

Meno Ježiš znamená: Ježiš: hebrejsky Yeshua, grécky Yesous, anglický Jesus. Preto Ježiš povedal.

> *Ježiš mu povedal: "Tak dlho som s tebou, a ešte si ma nepoznal, Filip?" Kto videl mňa, videl Otca, a ako teda hovoríš: "Ukáž nám Otca! (Ján 14,9)*

Nepodporovali žiadnu myšlienku trojice ani trojičný jazyk, ako ho neskôr prijala rímska cirkev. Hoci väčšina kresťanských cirkví dnes vyznáva učenie o trojici, v prvotnej cirkvi stále prevláda apoštolské učenie zo dňa Letníc. Boh nás varoval, aby sme sa neodvrátili od viery. Existuje jeden Boh, jedna viera a jeden krst.

> *"Jeden Pán, jedna viera, **jeden krst**, jeden Boh a Otec všetkých, ktorý je nad všetkými, cez všetkých a vo všetkých." (Efezanom 4, 5-6)*

> *"Ježiš mu odpovedal: "Prvé zo všetkých prikázaní je: Počuj, Izraelu, **Pán, náš Boh, je jeden Pán**." (Marek 12,29)*

> *"Ale ja som Hospodin, tvoj Boh z egyptskej krajiny, a nebudeš poznať iného boha okrem mňa, lebo **niet iného záchrancu okrem mňa**." (Ozeáš 13,4)*

Kresťanstvo sa odklonilo od koncepcie Božej jednoty a prijalo mätúce učenie o trojici, ktoré je v kresťanskom náboženstve dodnes zdrojom sporov. Učenie o Trojici tvrdí, že Boh je jednotou troch božských osôb - Otca, Syna a Ducha Svätého. Odklonili sa od pravdy a začali blúdiť.

Elizabeth Das

Keď sa začalo praktizovať toto učenie o Trojici, zakrývalo "Ježišovo meno", ktoré sa používalo pri krste. Meno JEŽIŠ je také mocné, pretože v tomto mene sme spasení:

Spasenie nie je ani v inom mene ako v JEŽIŠOVI:

> *Ani v inom niet spásy, lebo **niet** pod nebom **iného mena**, daného ľuďom, v ktorom by sme mohli byť spasení. (Skutky 4,12)*

Boli židovskí a pohanskí kresťania, ktorí nechceli prijať tento krst titulov (Otec, Syn a Duch Svätý). Cirkevný vek sa dostal do apostázy. (Čo to znamená? odpadnutie od pravdy).

Odpadlíctvo je vzbura proti Bohu, pretože je vzburou proti pravde.

Porovnajme, čo o tejto dôležitej veci hovorí NASB a KJV Biblia.

Podčiarknutá veta je odstránená z NIV, NASB a iných prekladov Biblie.

> *"Nech vás nikto nezavádza, lebo to [Ježišov návrat] nepríde, ak sa najprv neobjaví **odpadnutie** a človek bezprávia, syn skazy."*
> *(2. Tesaloničanom 2,3)*

> *"Nech vás nikto nijako nezvedie, lebo ten deň (Ježišov návrat) nepríde, **ak sa najprv nezjaví odpadnutie** a ten človek hriechu, syn zatratenia." (2 Tesaloničanom 2:3)*

Letušku veľmi zaujímalo, čo ju učím. Vzhľadom na časovú tieseň som jej však vysvetlil Jednotu Boha, aby som jej v krátkom čase, ktorý som mal k dispozícii, plne porozumel.

> *Dajte si pozor, aby vás niekto nepokazil filozofiou a márnym klamstvom podľa ľudskej tradície, podľa základov sveta, a nie podľa Krista. Veď v ňom prebýva celá plnosť božstva telesne."*
> *(Kolosanom 2,8-9)*

Satanovo sídlo (známe aj ako Pergamos, Pergos alebo Pergemon):

Stevardke som tiež vysvetlil kľúčovú úlohu, ktorú zohráva Turecko v dnešnej dobe a na konci sveta. Pergamon alebo Pergamum bolo staroveké grécke mesto v dnešnom Turecku, ktoré sa stalo hlavným mestom Pergamonského kráľovstva počas helenistického obdobia za vlády dynastie Attalidovcov v rokoch 281 - 133 pred Kristom. Mesto stojí na kopci, kde sa nachádza chrám ich hlavného boha Asklépia. Nachádza sa tu socha sediaceho Asklépia, ktorý drží palicu a okolo nej sa krúti had. V knihe Zjavenie sa píše o Pergame, jednej zo siedmich cirkví. Ján z Patmosu ho vo svojej knihe Zjavenie označil ako "Satanovo sídlo".

*"A anjelovi cirkvi v Pergame napíš: Toto hovorí ten, ktorý má ostrý meč s dvoma ostriami: Poznám tvoje skutky a viem, kde bývaš, aj kde je **satanovo sídlo**, a ty sa pevne držíš môjho mena a nezaprel si moju vieru ani v tých dňoch, keď bol Antipas mojím verným mučeníkom, ktorý bol zabitý medzi vami, kde býva satan. Mám však proti tebe niekoľko vecí, lebo tam máš tých, čo sa držia Balámovho učenia, ktorý učil Baláka hádzať pred synov Izraela kameň úrazu, jesť veci obetované modlám a smilniť." (Zjavenie 2, 12-14)*

Prečo je toto mesto dnes také dôležité? Dôvodom je, že keď Kýros Veľký v roku 457 pred Kristom ovládol Babylon, kráľ Kýros prinútil pohanské babylonské kňazstvo utiecť na západ do PERGAMOSU v dnešnom Turecku.

{Poznámka: Musíme sa pozerať na Izrael a na naplnenie proroctva. Niet divu, že 6. júla 2010 v španielskom Madride sýrsky prezident Asad varoval, že Izrael a Turecko sú blízko vojny? Boží milovaný Izrael a Satanov (Sídlo) trón sa v dnešných správach stretávajú

Po diskusii o Pergame s hosteskou som začal učiť o novom narodení. Nikdy nepočula nikoho hovoriť jazykmi (Duchom Svätým). Dal som jej všetky informácie, texty z Písma a zoznam, kde môže nájsť cirkev veriacu v Bibliu. Bola taká nadšená touto pravdou a zjavením. Teraz som pochopil, prečo som si nevysvetliteľným spôsobom kúpil nepriamy let do Kalifornie. Boh vždy vie, čo robí, a naučil som sa, že nie vždy poznám jeho zámer, ale neskôr sa môžem pozrieť späť a vidieť, že mal celý čas plán. Hneď ako som priletela do Kalifornie, vystúpila som z lietadla bez bolesti a bez horúčky.

Otázka: Čo je apoštolské?

Letel som z Dallasu-Ft. Worth do Ontária v Kalifornii. Po krátkom zdriemnutí som si všimol, že pani vedľa mňa si číta. S istými ťažkosťami sa snažila pozerať von, tak som zdvihol roletu na okne a ona bola spokojná. Hľadal som príležitosť, aby som sa s ňou porozprával, takže týmto gestom sa začal náš rozhovor, ktorý trval takmer hodinu. Začal som jej rozprávať o svojom svedectve.

Povedala, že si ho pozrie, keď sa ubytuje v hotelovej izbe. Začali sme sa rozprávať o kostole, keď sa priznala, že tam chodí len raz za čas. Povedala mi tiež, že je vydatá a má dve dcéry. Potom som jej povedal, že chodím do apoštolskej letničnej cirkvi. Vtedy som si všimol, že sa jej oči otvorili dokorán. Povedala mi, že nedávno s manželom videli billboard o apoštolskej cirkvi. Nevedeli sme, čo to slovo (apoštolský) znamená, povedala. Vysvetlil som jej, že ide o učenie, ktoré ustanovil Ježiš v Jánovi 3,5 a ktoré sa uplatňuje v knihe Skutkov apoštolov opisujúcej ranú cirkev apoštolského veku. Pevne verím, že Boh ma postavil vedľa tejto pani, aby som odpovedal práve na túto otázku. Bola to príliš veľká náhoda na to, aby to bola náhoda.

Apoštolský vek:

Predpokladá sa, že Kristus sa narodil pred rokom 4 pred Kr. alebo po roku 6 po Kr. a bol ukrižovaný medzi rokmi 30 a 36 po Kr., vo veku 33 rokov. Založenie kresťanskej cirkvi sa teda odhaduje na sviatok Letníc v máji 30 n. l.

Apoštolský vek zahŕňa približne sedemdesiat rokov (30 - 100 n. l.), ktoré trvajú od Dňa Letníc do smrti apoštola Jána.

Od napísania Jánových listov sa prvé storočie vzďaľovalo od pravdy. Do cirkví v prvom storočí vstúpila temnota. Okrem toho vieme o tomto období cirkevných dejín len veľmi málo. V knihe Skutkov apoštolov (2, 41) sa píše o letničnom obrátení tritisíc ľudí v jeden deň v Jeruzaleme. História hovorí o masovom vraždení za vlády cisára Nera. Kresťanskí konvertiti pochádzali väčšinou z radov ľudí zo strednej a nižšej vrstvy, ako boli analfabeti, otroci, obchodníci atď. Odhaduje sa, že v čase Konštantínovej konverzie mohol počet kresťanov na základe tohto rímskeho nariadenia dosiahnuť viac ako jedenásť miliónov, teda desatinu celkového počtu obyvateľov Rímskej ríše, čo je pre kresťanstvo obrovský a rýchly úspech. To malo za následok kruté zaobchádzanie s kresťanmi žijúcimi v nepriateľskom svete.

Ježiš učil, že sa máme navzájom milovať ako seba samých a že v jeho mene príde spása a pokánie z hriechu.

A aby sa v jeho mene hlásalo pokánie a odpustenie hriechov všetkým národom, počnúc Jeruzalemom. (Lukáš 24,47)

Apoštoli prevzali Ježišovo učenie a použili ho v deň Letníc, potom išli hlásať Ježiša najprv Židom a potom pohanom.

"Dávajte teda pozor na seba a na celé stádo, nad ktorým vás Duch Svätý ustanovil za dozorcov, **aby ste pásli Božiu cirkev, ktorú si získal vlastnou krvou***. Lebo viem, že po mojom odchode vstúpia medzi vás zúriví vlci a nebudú šetriť stádo. Aj z vás samých povstanú ľudia, ktorí budú hovoriť prevrátené veci, aby za sebou strhli učeníkov. Preto bdejte a pamätajte, že som o tri roky neprestával so slzami vo dne v noci varovať každého." (Skutky 20, 28-31)*

Nie všetci sa podriadili Konštantínovmu dekrétu o Rímskej ríši.

Boli aj takí, ktorí nasledovali pôvodné učenie apoštolov a neprijali "obrátenie" stanovené v Konštantínovom dekréte. Dekrét obsahoval náboženské tradície, ktoré vznikli počas rímskych cirkevných koncilov spolu so zmenami, ktoré prekrútili pravdu prvotnej cirkvi. Títo ľudia, ktorí vytvorili koncily, ktoré navrhli Konštantínov dekrét, neboli praví znovuzrodení veriaci.

Preto sa dnes mnohé cirkvi nazývajú apoštolskými alebo letničnými a nasledujú učenie apoštolov.

"Nie mnoho múdrych podľa tela, nie mnoho mocných, nie mnoho vznešených bolo povolaných, ale Boh si vyvolil bláznovstvá sveta, aby zahanbil múdrych; a Boh si vyvolil slabé veci sveta, aby zahanbil silné; a nízke veci sveta a opovrhované veci si vyvolil Boh, ba aj to, čo nie je, aby zahanbil to, čo je; aby sa žiadne telo nemohlo chváliť pred Bohom." (1 Kor 1,26-29)

Medzináboženské

Dnes máme novú hrozbu proti Božím zásadám. Nazýva sa "medzináboženská". "Medzináboženstvo" tvrdí, že je dôležité vzdávať úctu **všetkým bohom**. Rozdelená lojalita a rozdelená úcta sú pre medzináboženskú vieru prijateľné. Môžeme mať jeden druhého v úcte ako jednotlivci a milovať sa navzájom, aj keď sa nezhodneme; Biblia však jasne ako krištáľ hovorí o "žiarlivosti na Boha", ktorá vyžaduje výlučnú oddanosť Bohu a vzdávanie úcty iným bohom je osídlom.

"Dávajte si pozor, aby ste neuzavreli zmluvu s obyvateľmi krajiny, do ktorej idete, aby sa nestala osídlom uprostred vás." Ale ich oltáre zničíte, ich obrazy rozbijete a ich háje vyrúbete: Nebudeš sa totiž klaňať inému bohu, lebo Hospodin, ktorého meno je Žiarlivý, je žiarlivý Boh: Aby si neuzavrel zmluvu s obyvateľmi krajiny a oni nechodili za svojimi bohmi a neobetovali svojim bohom a jeden z nich ťa nezavolal, a ty by si jedol z jeho obety."
(2 Moj 34,12-15)

Diabol prišiel s klamlivou vierou "medzi- viery", aby oklamal vyvolených. Vie, ako zmanipulovať moderného človeka svojím vlastným zariadením politickej korektnosti, keď sa v skutočnosti uzatvára zmluva uznaním alebo vzdaním úcty ich falošným bohom, modlám a obrazom.

Elizabeth Das

Kapitola 18

Služba v Bombaji, India "Muž veľkej viery"

Sniekedy pred rokom 1980 som išiel do indického Bombaja, aby som získal víza na vycestovanie z krajiny. Keď som cestoval vlakom cez Bombaj, všimol som si, že prechádzame cez chudobnú štvrť s veľmi chudobnými ľuďmi a chatrčami. Nikdy predtým som nevidel také žalostné životné podmienky s ľuďmi žijúcimi v strašnej chudobe.

Na začiatku som uviedol, že som vyrastal v prísne veriacej rodine. Môj otec bol lekár a matka zdravotná sestra. Hoci sme boli nábožensky založení a ja som čítal veľa z Biblie, nemal som v tom období svojho života Ducha Svätého. Moje srdce bolo zarmútené, keď na mňa prišlo Pánovo bremeno. Od toho dňa som niesol toto bremeno za týchto ľudí, ktorí boli v týchto slumoch bez nádeje. Nechcel som, aby niekto videl moje slzy, a tak som sklonil hlavu a skryl si tvár. Chcel som len zaspať, ale moje bremeno za týchto ľudí akoby bolo väčšie ako národ. Modlil som sa a pýtal som sa Boha: "Kto pôjde hlásať evanjelium týmto ľuďom?" Myslel som na to, že by som sa sám bál prísť do tejto oblasti.

Urobil som to "Jeho cesta"

Vtedy som nechápal, že Božia ruka je taká veľká, že môže zasiahnuť kohokoľvek a kdekoľvek. Vtedy som ešte netušil, že Boh ma na toto miesto v nasledujúcich rokoch opäť privedie. Po návrate do Ameriky a o 12 rokov neskôr som mal v srdci stále bremeno za ľudí žijúcich v bombajských slumoch.

Indiánsky zvyk a zvyk našej rodiny bol taký, že sme vždy prijali duchovných do nášho domu, nakŕmili ich, zabezpečili ich potreby a dali im dar. Kedysi som bol metodistom, ale teraz som dostal zjavenie pravdy a nebolo kompromisu. Moja rodina očakávala príchod indického kazateľa, ktorý bol na návšteve v Amerike. Čakali sme, ale neprišiel načas. Musel som ísť do práce a zmeškal som príležitosť stretnúť sa s ním, ale moja mama mi neskôr povedala, že bol veľmi úprimný. Nasledujúci rok 1993 prišiel ten istý minister do nášho domu v meste West Covina v Kalifornii druhýkrát. Tentoraz mu môj brat povedal, že sa musí stretnúť s jeho sestrou, pretože je verná Božiemu slovu a rodina si váži jej vieru a vieru v Boha. V ten deň som sa stretol s pastorom Chackom. Začali sme diskutovať o krste a jeho viere v Božie slovo. Pastor Chacko mi povedal, že krstí úplným ponorením v mene Ježiša a že by nerobil kompromisy so žiadnym iným druhom krstu. Veľmi ma potešilo a nadchlo, že tento Boží muž to robí biblickým spôsobom apoštolskej prvotnej cirkvi. Potom mi adresoval pozvanie na návštevu Bombaja v Indii, kde žije.

Povedal som svojmu pastorovi o silnom presvedčení pastora Chacka o Božom slove a o jeho návšteve u nás doma. V ten večer prišiel pastor Chacko na návštevu nášho zboru, môj pastor ho požiadal, aby pred zborom povedal niekoľko slov. O prácu, ktorú pastor Chacko v Bombaji vykonával, bol veľký záujem, takže ho môj zbor začal finančne podporovať a podporovať našimi modlitbami. Náš zbor bol zameraný na misiu. Vždy sme platili misiu tak, ako platíme desiatky. Bolo to úžasné, ako všetko začalo do seba zapadať a Bombaj mal teraz podporu od môjho miestneho zboru v Kalifornii.

Nasledujúci rok ma Boh poslal do Indie, a tak som prijal ponuku pastora Chaca navštíviť zbor a jeho rodinu v Bombaji. Keď som prvýkrát pricestoval, pastor Čako ma prišiel vyzdvihnúť z letiska. Odviezol ma do hotela. Bolo to tiež miesto, kde sa stretávali na cirkevných stretnutiach a v tom istom slume, cez ktorý som v roku 1980 prechádzal vlakom. Teraz sa písal rok 1996 a moja úprimná modlitba nádeje za tieto krásne duše bola vypočutá. Pastor Chacko bol veľmi pohostinný a podelil sa so mnou o svoje bremeno a túžbu vybudovať zbor. Mohol som navštíviť ďalšie zbory a bol som požiadaný, aby som pred odchodom do môjho cieľového mesta Ahmadábád prehovoril pred zborom. Veľmi ma zarmútili životné podmienky zboru v Bombaji. Jeden katolícky otec poskytol pastorovi Chackovi učebňu na nedeľnú bohoslužbu.

Ľudia boli veľmi chudobní, ale mal som radosť, že som mohol vidieť malé krásne deti, ktoré chválili Boha a slúžili mu. Jedli spolu len s malým kúskom chleba, ktorý im podávali, a vodou na pitie. Bol som pohnutý súcitom, aby som im kúpil jedlo a požiadal som ich, aby mi dali zoznam vecí, ktoré potrebujú. Urobil som všetko, čo som mohol, aby som uspokojil potreby z tohto zoznamu. Po dlhom lete do Indie ma poctili svojimi modlitbami. Jeden brat z cirkvi sa nado mnou modlil a ja som okamžite pocítil, ako na moje zoslabnuté a nevyspaté telo pôsobí sila Ducha Svätého ako elektrina. Cítil som sa osviežený, keď sa mi vrátila sila a bolesť v celom tele zmizla. Ich modlitby boli také mocné, že som bol požehnaný viac, než si viem vysvetliť. Dali mi viac, ako som im dal ja. Pred odletom späť do Ameriky som opustil Ahmadábád a vrátil sa do Bombaja, aby som ešte raz navštívil pastora Čačka. Dal som mu všetky rupie, ktoré mi zostali, ako dar pre neho a jeho rodinu.

Našťastie mi svedčil o svojej manželke, ktorá sa veľmi hanbila, keď prechádzala okolo obchodu, v ktorom dlhovali peniaze. Kráčala s hlavou zahanbene sklonenou, pretože neboli schopní tento dlh zaplatiť. Pastor Chacko mi rozprával aj o vzdelaní svojho syna. Dlžné poplatky v škole boli splatné a jeho syn by nemohol pokračovať v škole. Videl som, že situácia je pre rodinu zdrvujúca. Boh ma pohol, aby som daroval a dar, ktorý som poskytol, bol viac než dostatočný na to, aby sa postaral o obe záležitosti a ešte o veľa viac. Chvála Bohu!

"Chráňte chudobných a siroty, robte spravodlivosť trpiacim a núdznym. Vysloboďte chudobných a núdznych, vytrhnite ich z rúk bezbožníkov." (Žalmy 82, 3-4)

Keď som sa vrátil do Kalifornie, modlil som sa a plakal nad týmto malým kostolom a jeho ľuďmi. Bol som taký zdrvený, že som prosil Boha o súhlas dvoch alebo troch, aby sa dotkli všetkého, o čo požiadajú.

"Veru, hovorím vám: Čokoľvek zviažete na zemi, bude zviazané v nebi, a čokoľvek rozviažete na zemi, bude rozviazané v nebi. Opäť vám hovorím, že ak sa dvaja z vás dohodnú na zemi o čomkoľvek, o čo budú prosiť, stane sa im to od môjho Otca, ktorý je na nebesiach. Lebo kde sú dvaja alebo traja zhromaždení v mojom mene, tam som ja uprostred nich." (Matúš 18, 18-20)

Bolo mojím bremenom a starosťou pomôcť Božej cirkvi v Bombaji, ale potreboval som sa o svoje bremeno s niekým podeliť. Jedného dňa sa ma moja spolupracovníčka Karen spýtala, ako sa môžem tak dlho modliť? Spýtal som sa Karen, či by sa aj ona nechcela naučiť modliť dlhšie, budovať svoj modlitebný život a postiť sa so mnou. Milostivo súhlasila a stala sa mojou modlitebnou partnerkou. Karen tiež zdieľala moje bremeno za Bombaj. Keď sme sa začali modliť a postiť, začala túžiť po dlhších modlitbách a pôste. V tom čase nechodila do žiadnej cirkvi, ale to, čo robila duchovne, myslela veľmi vážne a úprimne. Modlili sme sa počas obednajšej prestávky a po práci sme sa stretávali a modlili sa hodinu a pol v aute. O niekoľko mesiacov neskôr mi Karen povedala, že prišla k nejakým peniazom z poistenia, pretože jej strýko zomrel. Karen je veľmi dobrosrdečná a darcovská a povedala, že z týchto peňazí chce zaplatiť desiatok tým, že ich dá na službu v Bombaji. Peniaze poslala pastorovi Chackovi na kúpu objektu, v ktorom môžu mať svoj vlastný kostol. Kúpili malú miestnosť, ktorá sa používala na satanistické bohoslužby. Vyčistili ju a obnovili na svoju cirkev. Nasledujúci rok sme s Karen išli do Bombaja na posviacku kostola. Bola to vyslyšaná modlitba, pretože Karen, ktorá teraz slúži Pánovi, je silná vo viere. Chvála Bohu!

Keďže cirkev v Bombaji rástla, pastor Chacko požiadal o pomoc s darom na kúpu malého pozemku vedľa kostola. Pastor Chacko mal veľkú vieru v rast zboru a v Božie dielo. Tento pozemok patril katolíckej cirkvi. Pastor Chacko a kňaz mali priateľský vzťah a kňaz bol ochotný tento pozemok predať pastorovi Chackovi. Pastor Chacko nedostal dar, o ktorom veril, že mu ho Boh poskytne. Boh vie všetko a robí veci po svojom a lepšie, ako si vôbec dokážeme predstaviť!

O niekoľko rokov neskôr došlo v celej Indii k nepokojom medzi hinduistami a kresťanmi. Hinduisti sa snažili zbaviť kresťanov z Indie. Výtržníci prišli do kostola počas dopoludnia s políciou, ktorá ich podporovala. Začali ničiť kostol, ale pastor Chacko a členovia cirkvi ich prosili, aby to nerobili kvôli nim samým, pretože to bolo pre nich nebezpečné ničiť dom všemohúceho Boha. Výtržníci pokračovali v ničení všetkého, čo im prišlo pod ruku, nedbajúc na varovania a prosby ľudí, až kým kostol nebol úplne zdemolovaný. Po zvyšok dňa sa členovia cirkvi báli tejto veľmi známej a zákernej skupiny, pretože vedeli, že ich vlastné životy sú v nebezpečenstve.

Pociťovali smútok z toho, že už nemajú svoj kostol, keď sa tak dlho modlili, aby mali vlastné miesto na uctievanie Boha. Bolo to miesto, kde videli Boha konať zázraky, vyháňať démonov a zvestovať spasenie hriešnikom. Ešte v tú noc, približne o polnoci, niekto zaklopal na dvere pastora Chacka. Zmocnil sa ho strach, keď videl, že je to vodca tejto povestnej skupiny, ktorá predtým zničila kostol. Pastor Chacko si myslel, že ho určite zabijú a že to bude jeho koniec. Modlil sa a prosil Boha, aby mu dal odvahu otvoriť dvere a o ochranu. Keď otvoril dvere, na svoje prekvapenie uvidel muža, ktorý so slzami v očiach prosil pastora Chacka, aby im odpustil za to, čo predtým v ten deň urobili jeho kostolu.

Muž pokračoval v rozprávaní pastora Chacka, že po zničení kostola zomrela manželka vedúceho. Jednému z výtržníkov odrezal stroj ruku. Veci sa chystali proti ľuďom, ktorí zničili kostol. Medzi výtržníkmi vládol strach za to, čo urobili proti pastorovi Chackovi a jeho Bohu! Boh povedal, že bude bojovať naše bitky, a tak aj urobil. Náboženskí hinduisti a kresťania v Indii sú bohabojní ľudia, ktorí urobia všetko, aby veci napravili. Kvôli tomu, čo sa dialo hinduistom za účasť na zničení kostola, sa tí istí výtržníci vrátili, aby zo strachu kostol znovu postavili. Taktiež sa zmocnili majetku, ktorý patril katolíckej cirkvi. Nikto proti nim nevystúpil ani sa nesťažoval. Výtržníci sami znovu postavili kostol, poskytli materiál a všetku prácu bez pomoci cirkvi. Keď bol kostol dokončený, bol väčší a mal namiesto jedného poschodia dve.

Boh odpovedal na modlitbu pastora Chacka a on hovorí: "Ježiš nikdy nesklame." Pokračovali sme v modlitbách za Bombaj. Dnes je tam 52 kostolov, sirotinec a dve denné opatrovateľské centrá vďaka viere a modlitbám mnohých, ktorí majú bremeno za Indiu. Začal som premýšľať o tom, ako sa moje srdce hlboko dotklo, keď som v roku 1980 cestoval tým vlakom. Netušil som, že Boh sa pozrel na túto časť mojej krajiny a priniesol lásku a nádej ľuďom v bombajských slumoch prostredníctvom neochvejných modlitieb a Boha, ktorý načúva srdcu. Na začiatku som povedal, že moje bremeno je veľké ako národ. Vážim si Boha za to, že mi dal toto bremeno. Boh je veľký stratég. Nestalo sa to okamžite, ale v priebehu šestnástich rokov sa diali veci, ktoré som nepoznal, pretože On kládol základy pre výsledky odpovedí na modlitby, a to všetko, kým som žil v Amerike.

Biblia hovorí, že sa modlite bez prestania. Dôsledne som sa modlil a postil za prebudenie v celej Indii. Moja krajina prechádzala duchovnou metamorfózou pre Pána Ježiša.

Webová stránka pastora Chacka je:
http://www.cjcindia.org/index.html

Kapitola 19

Ministerstvo v Gudžaráte!

Koncom 90. rokov som navštívil mesto Ahmedabad v štáte Gudžarát. Počas mojej poslednej návštevy Bombaja v Indii som pocítil naplnenie tamojšej práce. Neskôr som počas tejto cesty navštívil mesto Ahmedabad a bol som svedkom. Vedel som, že väčšina ľudí sú trinitári. Všetky moje kontakty boli trinitári. Mnoho rokov som sa modlil, aby som túto pravdu priniesol do krajiny India. Mojou prvou modlitbou bolo: Chcem získať niekoho ako Pavla alebo Petra, aby moja práca bola ľahšia a mohla pokračovať. Vždy som sa modlil s plánom a víziou. Predtým, ako navštívim akékoľvek miesto, modlím sa a postím, najmä keď idem do Indie. Vždy sa modlím a postím tri dni a noci bez jedla a vody alebo kým nie som naplnený Duchom. To je biblický spôsob pôstu.

Ester 4:16 Choďte, zhromaždite všetkých Židov, ktorí sú v Šúšane, a postite sa pre mňa a nejedzte ani nepite tri dni, vo dne ani v noci: Aj ja a moje slúžky sa budeme postiť rovnako, a tak vojdem ku kráľovi, čo nie je podľa zákona, a ak zahyniem, zahyniem.

Jonáš 3:5 A tak ľud Ninive uveril Bohu, vyhlásil pôst a obliekol sa do vrecoviny, od najväčšieho z nich až po najmenšieho. 6 Kráľovi Ninive sa totiž doniesla správa, vstal zo svojho trónu, zložil zo seba plášť, prikryl sa vrecovinou a sadol si na popol. 7 A dal to vyhlásiť a zverejniť po Ninive nariadením kráľa a jeho veľmožov: "Nech človek ani zviera, stádo ani dobytok nič neochutná, nech sa nenasýti ani nepije vodu:

Indiu pohltila duchovná temnota. Neodvážili by ste sa tam ísť, ak by ste neboli plní Božieho Ducha. Pred niekoľkými rokmi, v deväťdesiatych rokoch, ma zoznámili s br. Christianom na pôde nejakej trinitárskej bohosloveckej fakulty. Počas tejto návštevy ma napadla väčšina trinitárnych pastorov. Bolo to moje prvé stretnutie s bratom Christianom. Namiesto slov chváľte Pána! Spýtal som sa ho: "Čo kážeš?". "Krstíte v mene Ježiša"? Odpovedal: "Áno". Chcel som vedieť, ako sa dozvedel túto pravdu. Tak povedal: "Boh mi zjavil pravdu, keď som sa jedného skorého rána klaňal Bohu na mieste zvanom Malek Saben Stadium. Boh mi jasne hovoril o krste Ježišovým menom".

Počas tejto návštevy som vytlačil a rozdal viac ako niekoľko tisíc brožúr, v ktorých som vysvetľoval krst vodou v Ježišovi. To rozhnevalo náboženské cirkevné autority. Náboženskí vodcovia začali proti mne kázať. Povedali" :Rozhodne ju vyhoďte zo svojho domu. Nech by som prišla kamkoľvek, všetci by hovorili proti mne. Pravda rozčuľuje diabla, ale Božie slovo hovorí: 'A spoznáte pravdu a pravda vás oslobodí'. Stretnutie s br. Christianom mi pomohlo šíriť pravdu. Chvála Bohu za to, že poslal do Indie pastora jednoty, ktorý by učil a zvestoval pravé evanjelium.

Po tejto návšteve Indie v roku 1999 som sa stal invalidom a nemohol som sa do Indie vrátiť. Ale práca **sa rozbehla**. Čoskoro všetci tí ľudia, ktorí proti mne vystupovali, na mňa zabudli a teraz už zomreli. Počas tohto obdobia fyzického postihnutia som nahral všetky CD Hľadanie pravdy, jednoty a učenia a rozdával som ich zadarmo. Keďže som bol na vozíku a stratil som pamäť, rozšíril som svoju službu o nahrávanie kníh. Bolo ťažké sedieť, ale s Pánovou pomocou som robil to, čo som fyzicky nemohol. Závislosť na Pánovi vás zavedie na nové cesty a diaľnice. Čelíme všetkým výzvam. Božia moc je úžasná, že nič nemôže zastaviť pomazanie. Posolstvo, proti ktorému sa tak tvrdo bojovalo, teraz hralo v domácnostiach na nahratých CD. Chvála Bohu! Na moju radosť a údiv mnohí ľudia vedeli o biblickom učení a Božej jednote.

Dlhé roky som sa modlil a postil, aby India získala lásku k pravde. Tiež aby slobodne hlásala Ježišovo evanjelium v každom štáte Indie. Mal som silnú túžbu priniesť im poznanie pravdy prostredníctvom prekladov biblických štúdií z anglického jazyka do gudžarátčiny. Gudžarátčina je v tomto štáte hovoreným jazykom. V Indii som našiel prekladateľov, ktorí mi ochotne pomohli s prekladom týchto biblických štúdií. Jeden takýto prekladateľ, ktorý bol sám pastorom, chcel zmeniť Písmo z biblického krstu apoštolskej prvotnej cirkvi vynechaním mena JEŽIŠ na Otec, Syn a Duch Svätý. To je názov jediného pravého Boha. Bolo ťažké dôverovať svojmu prekladateľovi, že zachováva presnosť Božieho slova. Biblia nás jasne varuje, aby sme nepridávali ani neuberali zo Svätého písma. Od Starého zákona až po Nový zákon nesmieme meniť Božie slovo na základe ľudského výkladu. Musíme sa riadiť len Ježišovými príkladmi a učením apoštolov a prorokov.

Efezanom 2,20 A sú postavení na základ apoštolov a prorokov, pričom sám Ježiš Kristus je hlavným uholným kameňom;

Boli to učeníci, ktorí išli hlásať a učiť Ježišovo evanjelium. Musíme nasledovať apoštolské učenie a veriť, že Biblia je neomylné a autoritatívne Božie slovo.

Deuteronómium 4:1 Preto teraz počúvaj, Izraelu, ustanovenia a súdy, ktoré vás učím, aby ste ich plnili, aby ste žili a vošli a obsadili krajinu, ktorú vám dáva Pán, Boh vašich otcov. 2 K slovu, ktoré vám prikazujem, nič nepridáte ani z neho neuberiete, aby ste zachovávali príkazy Pána, svojho Boha, ktoré vám prikazujem.

Rozhodol som sa tu povedať, že je veľký rozdiel medzi tým, čo dnes považujeme za pravdu, a tým, čo učila prvotná cirkev. Už počas ranej cirkevnej histórie sa podľa Pavlových listov cirkvám niektorí odvracali od zdravého učenia. Mnohé verzie Biblie sa zmenili tak, aby vyhovovali diablovmu učeniu. Ja som uprednostnil KJV, pretože je to 99,98 % presný preklad blízky pôvodným zvitkom.

Urobil som to "Jeho cesta"

Pozorne si prečítajte a preskúmajte nasledujúce verše Písma:

2 Peter 2:1 Ale aj medzi ľuďmi boli falošní proroci, ako aj medzi vami budú falošní učitelia, ktorí budú súkromne zavádzať zatratiteľné kacírstva, zapierajúc Pána, ktorý ich kúpil, a privedú na seba rýchlu záhubu. 2 A mnohí budú nasledovať ich škodlivé cesty, pre ktoré sa bude zle hovoriť o ceste pravdy. 3 A z chamtivosti vás budú falošnými slovami obchytkávať, ktorých súd sa teraz dlho nezdrží a ich zatratenie sa nezníži.

Po zjavení Ježišovej totožnosti dal apoštolovi Petrovi kľúče od kráľovstva a v deň Letníc predniesol svoje prvé kázanie. Varoval nás pred zvodcami, ktorí majú podobu zbožnosti a neriadia sa učením apoštolov a prorokov. Jeden veriaci Boh nemôže byť Antikristom, pretože vedeli, že Jehova raz príde v tele.

2 Ján 1,7 Lebo na svet vošlo mnoho bludárov, ktorí nevyznávajú, že Ježiš Kristus prišiel v tele. To je zvodca a antikrist. 8 Pozorujte na seba, aby sme nestratili to, čo sme vykonali, ale aby sme dostali plnú odmenu. 9 Kto sa previní a nezostáva v Kristovom učení, nemá Boha. Kto však zotrváva v Kristovom učení, ten má Otca i Syna. 10 Ak k vám niekto príde a neprináša toto učenie, neprijímajte ho do svojho domu a neprajte mu, aby sa mu darilo, 11 lebo kto mu dáva, aby sa mu darilo, má účasť na jeho zlých skutkoch.

V Indii sa konalo mnoho konferencií, na ktoré chodili kazatelia zo Stocktonskej biblickej školy a iných štátov, aby predniesli posolstvo o znovuzrodení. Páter McCoy, ktorý mal povolanie kázať v Indii, odviedol skvelú prácu, keď kázal na mnohých miestach v Indii. Vďaka mnohým hodinám modlitieb a pôstu pokračovala úspešná indická služba od roku 2000. Spomenul som si, ako som volal jednému kazateľovi, pastorovi Millerovi, ktorého mi odporučil riaditeľ Zahraničnej misie Ázia. Keď som mu zavolal k nemu domov, povedal mi, že sa mi chystá zavolať, aby mi oznámil, že bol pred šiestimi mesiacmi v Kalkate a Západnom Bengálsku. Chcel ísť aj do Ahmedabádu, ale pre chorobu sa vrátil do Ameriky. Pastor Miller láskavo povedal, že sa chce vrátiť do Indie, ale musí sa o tom modliť a pýtať sa Boha, či je jeho povolanie určené pre túto krajinu. Do Indie sa vrátil druhýkrát a kázal na dvoch generálnych konferenciách. Ako Boh mocne hýbal s gudžarátskym ľudom tohto štátu.

Pastor Christian povedal, že je veľmi ťažké presadiť Božie dielo v tomto štáte. Prosím, modlite sa za kazateľov, ktorí čelia obrovskému boju. Pán koná v štáte Gudžarát veľké dielo. Diabol nebojuje proti neveriacim, pretože ich už získal! Útočí na tých, ktorí majú pravdu; na verných vyvolených Pána. Ježiš zaplatil cenu svojou krvou, aby sme mohli získať odpustenie alebo odpustenie svojich hriechov. Diabol bude ešte silnejšie bojovať proti službe (služobníkom) tým, že bude útočiť na mužov aj ženy. Diabol používa akékoľvek zvrátené prostriedky, aby ich priviedol do stavu padlého hriechu a odsúdenia.

Ján 15,16 Nie vy ste si vyvolili mňa, ale ja som si vyvolil vás a ustanovil som vás, aby ste išli a prinášali ovocie a aby vaše ovocie zostalo, aby vám Otec dal všetko, o čo budete prosiť v mojom mene.

Raz spasený, navždy spasený je tiež ďalšia diablova lož. V rokoch 1980 až 2015 som niekoľkokrát navštívil Indiu. V tomto národe sa udialo mnoho zmien. Keď začínate Božie dielo, pamätajte, že robíte Ježišových učeníkov, čo je pokračovaním diela, ktoré začal Ježiš a jeho učeníci. Keby sme pokračovali v nasledovaní evanjelia Ježiša Krista, už by sme získali celý svet.

V roku 2013 ma podľa Božieho plánu presunul do zboru v Dallase, Tax. Sedel som pod vedením pravého Božieho proroka. Mal deväť darov od Božieho Ducha. Vďaka Duchu Svätému získava presné vedomosti o vašom mene, adrese, telefónnom čísle atď. Bolo to pre mňa niečo nové. V roku 2015, v jedno nedeľné ráno, sa na mňa pozrel môj pastor v Dallase v Texase a povedal: Vidím anjela, ktorý otvára veľké dvere, ktoré nikto nemôže zavrieť. Zavolal si ma a spýtal sa ma: Idete na Filipíny? Povedal, že som tam nevidel ani čiernych, ani bielych ľudí. Ako dostával ďalšie informácie od Ducha Svätého, potom sa spýtal, či ideš do Indie? Duch Svätý k nemu prehovoril, že budem slúžiť hinduistom. V tom čase boli kresťania v Indii v nebezpečenstve.

Hinduisti útočili na kresťanov tým, že pálili ich svätyne a bili Ježišových pastorov a svätých.

Verím v proroctvo, a tak som poslúchol Boží hlas a odišiel do Indie. Keď som prišiel na vysokú školu v Badlapure, 98 % študentov boli hinduisti, ktorí konvertovali na kresťanstvo. Ohromilo ma, keď som počul ich svedectvá o tom, ako Boh vyvádza ľudí z temnoty na svetlo. Vďaka ich svedectvám som sa dozvedel veľa o hinduizme. Ohromilo ma, keď som počul, že veria v 33 miliónov a viac bohov a bohýň. Nedokázal som pochopiť, ako môže človek veriť, že existuje toľko bohov a bohýň.

V roku 2015 som sa po 23 rokoch vrátil do Badlapuru v Bombaji, aby som učil na biblickej škole. Slúžim tam prekladateľovi biblickej vysokej školy, bratovi Sunilovi. Brat Sunil bol v prechodnom období. Brat Sunil bol znechutený, nevedel, že Boh mení jeho smerovanie a bol znechutený. Počas práce s ním som vedel, že má pravdu a lásku k nej. Nikdy sa neodchyľoval od pravdy Biblie. Nechajte Ducha Svätého, aby vás viedol, usmerňoval, učil a posilňoval, aby ste boli svedkami zázrakov a uzdravení. India stále potrebuje mnoho robotníkov, pravých prorokov a učiteľov. Prosím, modlite sa, aby Boh poslal do Indie veľa robotníkov.

Počas tejto misijnej cesty som navštívil mesto Vyara v južnom Gudžaráte. Počul som, že v južnom Gudžaráte prebieha veľké prebudenie. Boh mi otvoril dvere, aby som tam zavítal. Bol som veľmi nadšený, že som tam mohol byť, a stretol som mnoho modloslužobníkov, ktorí sa teraz obracajú k jedinému pravému Bohu. Je to preto, že prijali uzdravenie, vyslobodenie a spasenie skrze Ježišovo meno. Aký veľký je náš Boh!

Mnoho ľudí sa modlí a postí za Indiu. Prosím, modlite sa za prebudenie. Počas návštevy vo Vyare ma pastor pozval k sebe domov. Modlil som sa nad ním a mnohí prekážajúci duchovia sa rozišli. Potom sa oslobodil od starostí, pochybností, ťažoby a strachu. Boh cezo mňa prorokoval, že postaví dom modlitby. Pastor povedal, že nemáme peniaze. Boh mi povedal, že sa postará. Do roka mali veľkú krásnu modlitebňu a my sme ju zaplatili. Božie slovo sa nevracia neplatné.

Elizabeth Das

Počas mojej poslednej návštevy Indie v roku 2015 som slúžil mnohým hinduistom, ktorí konvertovali na kresťanstvo v rôznych štátoch. Slúžil som aj mnohým nekresťanom, ktorí zažili znamenia a zázraky vykonané v mene Ježiša a žasli. Videl som mnoho rokov modlitieb s pôstnymi odpoveďami za Indiu. Chvála Bohu! Odkedy som dostal zjavenie tejto pravdy, nepretržite pracujem na tom, aby som tieto informácie poskytol prostredníctvom CD, audia, videa, kanálu YouTube a kníh pre krajinu India. Naša tvrdá práca nie je márna!

Neskôr som sa dozvedel, že brat Sunil prijal povolanie pastora pre Bombaj a okolité mestá. Teraz spolupracujem s pastorom Sunilom a ďalšími miestami, ktoré som navštívil v roku 2015. Založili sme mnoho svätyní v štáte Maháraštra a Gudžarát. Aj dnes pokračujem v disciplinovaní nových konvertitov v týchto štátoch. Podporujem ich prostredníctvom modlitieb a vyučovania. Finančne podporujem Božie dielo v Indii.

Mnohí z týchto ľudí chodia k šamanom, keď sú chorí, ale neuzdravujú sa. Preto mi každé ráno volajú a ja im slúžim, modlím sa a vyháňam démonov v Ježišovom mene. Sú uzdravovaní a vyslobodzovaní v Ježišovom mene. Máme veľa nových konvertitov v rôznych štátoch. Keď sú uzdravovaní a vyslobodzovaní, idú svedčiť svojim rodinám, priateľom a do svojich dedín, aby priviedli ďalších ku Kristovi. Mnohí z nich ma žiadajú, aby som im poslal obrázok Ježiša. Hovorili, že by sme chceli vidieť Boha, ktorý uzdravuje, vyslobodzuje oslobodzuje a dáva spasenie zadarmo. Božie dielo môže pokračovať, ak budeme mať robotníkov. Mnohí z nich pracujú na farme. Mnohí sú negramotní, preto počúvajú nahrávky Nového zákona a biblické štúdium. To im pomáha spoznávať a učiť sa o Ježišovi.

V poslednú sobotu v novembri 2015 som sa vrátil domov zo služby v Indii neskoro. Bol som rozhodnutý zostať doma v nedeľu a v pondelok, aby som sa zbalil a pripravil na ďalšiu cestu do SAE. Ako nado mnou prorokoval pastor v Dallase: "Videl som anjela, ktorý otvára obrovské dvere, ktoré nikto nemôže zavrieť .Ukázalo sa, že ani ja som tie dvere nedokázal zavrieť. V sobotu neskoro večer mi zavolali a pozvali ma na nedeľné bohoslužby, ale nezmestilo sa to do môjho rozvrhu, tak som sa im to snažil vysvetliť, ale oni nechceli prijať NIE ako odpoveď. Nezostalo mi nič iné, len ísť. Na druhý deň ráno ma vysadili pri svätyni o 9.00, ale bohoslužba sa začína o 10.00. Bol som sám a hudobník si nacvičoval piesne.

Keď som sa modlil, videl som vo svätyni mnoho duchov hinduistických bohov a bohýň. Rozmýšľal som, prečo ich je na tomto mieste toľko. Okolo desiatej hodiny začal prichádzať pastor a členovia. Pozdravili ma podaním ruky. Keď mi pastor podal ruku, okamžite som sa v srdci cítil smiešne. Mal som pocit, že sa zrútim. Neskôr mi Duch Svätý povedal, že na pastora útočia tí démoni, ktorých ste predtým videli. Začal som sa modliť a prosiť Boha, aby mi dovolil slúžiť tomuto pastorovi. Uprostred bohoslužby ma požiadali, aby som vystúpil a hovoril. Kým som kráčal ku kazateľnici, modlil som sa a prosil som Pána, aby hovoril cezo mňa. Keď som dostal mikrofón, vysvetlil som pastorovi, čo mi Boh ukázal a čo sa stalo. Keď si pastor kľakol, požiadal som zhromaždenie, aby k nemu vystrelo ruku a modlilo sa. Medzitým som na neho položil ruku a modlil som sa a všetci démoni odišli. Svedčil, že predchádzajúcu noc bol na pohotovosti. Postil sa a modlil za mladých ľudí. To bol dôvod, prečo bol pod týmto útokom. Sláva Bohu! Aké dôležité je byť v súlade s Božím Duchom! Jeho Duch k nám hovorí.

Odtiaľ som 1. decembra 2015 odišiel do SAE. V Dubaji a Abú Zabí som slúžil hinduistom a aj oni zažili Božiu moc. Po skončení svojej úlohy som sa vrátil do Dallasu v Texase.

Chváľte Boha!

Moje kanály na YouTube:Denná duchovná strava:

1. youtube.com/@dailyspiritualdietelizabet7777/videos
2. youtube.com/@newtestamentkjv9666/videá mp3
3. Webová stránka: https://waytoheavenministry.org

Elizabeth Das

Kapitola 20

Pastier našej duše: Zvuk trúby

Ja som dobrý pastier, poznám svoje ovce a moje ma poznajú.
(Ján 10,14)

Ježiš je pastierom našej duše. Sme telo a krv so živou dušou. Na tejto zemi sme len na chvíľu v Bož omčase. Za chvíľu, v okamihu, sa všetko skončí so zvukom "trúby", keď budeme premenení.

"Ale nechcem, bratia, aby ste nevedeli o tých, čo zaspali, aby ste sa nezarmucovali ako iní, ktorí nemajú nádej. Lebo ak veríme, že Ježiš zomrel a vstal z mŕtvych, tak aj tých, čo v Ježišovi spia, privedie Boh so sebou. Lebo to vám hovoríme slovom Pánovým, že my, ktorí sme živí a zostávame do Pánovho príchodu, nebudeme brániť tým, ktorí spia. Lebo sám Pán zostúpi z neba s krikom, s hlasom archanjela a s Božou trúbou a mŕtvi v Kristovi vstanú prví: Potom my, ktorí sme živí a zostaneme, budeme spolu s nimi uchvátení na oblakoch, aby sme sa stretli s Pánom v povetrí, a tak budeme s Pánom naveky. Preto sa navzájom potešujte týmito slovami." (1 Tesaloničanom 4, 13-18)

Iba tí, ktorí majú Božieho Ducha (Ducha Svätého), budú oživení a vzkriesení, aby boli s Pánom. Mŕtvi v Kristovi budú povolaní ako prví a potom tí, ktorí sú nažive, budú vznesení do vzduchu, aby sa stretli s naším Pánom Ježišom v oblakoch. Naše smrteľné telá budú premenené, aby boli s Pánom. Keď sa naplní čas pohanov, tí, ktorí nemajú Ducha Svätého, budú ponechaní a budú čeliť času veľkého smútku a súženia.

"Ale v tých dňoch, po tom súžení, sa zatmie slnko a mesiac nevydá svoje svetlo, hviezdy na nebi budú padať a mocnosti, ktoré sú na nebi, sa budú triasť. A vtedy uvidia Syna človeka prichádzať na oblakoch s veľkou mocou a slávou. Avtedy pošle svojich anjelov a zhromaždí svojich vyvolených od štyroch vetrov, od konca zeme až po kraj neba." (Marek 13,24-27)

Mnohí budú stratení, pretože nemali bázeň (úctu) pred Bohom, aby verili v Jeho slovo a mohli byť spasení. Bázeň pred Pánom je začiatkom múdrosti. Kráľ Dávid napísal" :Hospodin je moje svetlo a moja spása, koho sa mám báť? Hospodin je sila môjho života; koho sa mám báť? Dávid bol skutočne mužom podľa Božieho srdca. Keď Boh stvoril človeka z prachu zeme, vdýchol mu do nozdier dych života a človek sa stal živou dušou. Bojuje sa o dušu; duša človeka môže smerovať k Bohu alebo do pekla.

*"A nebojte sa tých, ktorí zabíjajú telo, ale **dušu** zabiť nemôžu, ale skôr sa bojte toho, ktorý môže zničiť dušu i telo v **pekle**." (Matúš 10, 28)*

Mnohí budú v ten deň vedieť, čo bolo pre nich dnes príliš ťažké prijať. Bude neskoro vrátiť stránky života späť, pretože mnohí budú stáť pred živým Bohom, aby mu vydali počet.

"A toto hovorím, bratia, že telo a krv nemôžu zdediť Božie kráľovstvo, ani porušenosť nezdedí porušenosť. Hľa, zvestujem vám tajomstvo: Nie všetci budeme spať, ale všetci budeme premenení, V okamihu, v mihu oka, pri poslednej poľnici: lebo zaznie trúba a mŕtvi vstanú z mŕtvych neporušiteľní a my budeme premenení. Lebo toto porušiteľné si musí obliecť neporušiteľnosť a toto smrteľné si musí obliecť

nesmrteľnosť. A keď si toto porušiteľné oblečie neporušiteľnosť a toto smrteľné si oblečie nesmrteľnosť, vtedy sa naplní výrok, ktorý je napísaný: Smrť je pohltená víťazstvom. Ó, smrť, kde je tvoj osteň? Ó, hrob, kde je tvoje víťazstvo? Žihadlom smrti je hriech a silou hriechu je zákon. Ale vďaka Bohu, ktorý nám dáva víťazstvo skrze nášho Pána Ježiša Krista." (I Korinťanom 15, 50-57)

Pred čím budeme "zachránení"? Od večného pekla v jazere, ktoré horí ohňom. Berieme duše z pazúrov diabla. Toto je duchovný boj, ktorý vedieme na tejto zemi. Budeme súdení Božím slovom (66 kníh Biblie) a bude otvorená Kniha života.

"A videl som veľký biely trón a toho, ktorý na ňom sedel, od ktorého tváre utekala zem i nebo a nenašlo sa pre nich miesto. A videl som mŕtvych, malých i veľkých, stáť pred Bohom, a otvorili sa knihy; otvorila sa aj iná kniha, kniha života, a mŕtvi boli súdení z toho, čo bolo napísané v knihách, podľa svojich skutkov. A more vydalo mŕtvych, ktorí boli v ňom, a smrť a peklo vydali mŕtvych, ktorí boli v nich, a boli súdení každý podľa svojich skutkov. A smrť a peklo boli uvrhnuté do ohnivého jazera. To je druhá smrť. A kto sa nenašiel zapísaný v knihe života, bol hodený do ohnivého jazera."
(Zjavenie 20,11-15)

Začal som premýšľať o mužoch ako Mojžiš, kráľ Dávid, Jozef, Jób a ich zoznam by mohol pokračovať. Nemal som radosť zo všetkej bolesti, ktorú som prežíval, a nechápem, prečo je v kresťanstve také utrpenie. Som ďaleko od toho, aby som bol ako títo muži, ktorí sú našimi vzormi a ktorí nám prinášajú inšpiráciu na ceste viery. Božie slovo víťazí aj uprostred utrpenia a bolesti. V čase skúšok, chorôb a utrpenia najviac vzývame Boha. Je to zvláštna, ale nádherná viera, o ktorej len Boh vie, prečo si vybral práve tento spôsob. Tak veľmi nás miluje, a predsa nám dal možnosť, aby sme si sami vybrali, či mu budeme slúžiť a milovať ho. On hľadá vášnivú nevestu. Vzali by ste si niekoho, kto by nebol vášnivý? Táto kapitola je napísaná ako povzbudenie, aby ste prekonali tie veci, ktoré vám budú brániť v dosiahnutí večného života. Boh lásky, milosrdenstva a milosti sa stane

Bohom súdu. Teraz je čas, aby ste si zabezpečili spasenie a unikli pekelným plameňom. Musíme sa rozhodnúť tak, ako sa rozhodol Jozue v knihe Jozue.

A ak sa vám zdá zlé slúžiť Hospodinovi, vyberte si dnes, komu chcete slúžiť, či bohom, ktorým slúžili vaši otcovia na druhej strane potopy, alebo bohom Amorejčanov, v ktorých krajine bývate, ale ja a môj dom budeme slúžiť Hospodinovi. (Jozue 24,15)

"A hľa, prichádzam rýchlo a moja odmena je so mnou, aby som dal každému podľa jeho práce. Ja som Alfa i Omega, začiatok i koniec, prvý i posledný. Blahoslavení, ktorí plnia jeho prikázania, aby mali právo na strom života a mohli vojsť bránami do mesta."
(Zjavenie 22, 12-14)

Každý chce prejsť bránou do mesta, ktoré pre nás Boh pripravil, ale aby sme mohli vstúpiť, musíme mať odev bez poškvrny a vady. Toto je duchovný boj, ktorý "vybojujeme a vyhráme" na kolenách v modlitbe. Máme len jeden život na tejto zemi a len jeden dobrý boj! Jediné, čo si môžeme vziať so sebou do toho Mesta, sú duše tých, ktorým sme svedčili, ktorí prijali evanjelium nášho Pána a Spasiteľa Ježiša Krista a ktorí poslúchli Kristovo učenie. Aby sme poznali Slovo, musíme ho čítať, čítať Slovo znamená zamilovať si autora našej Spásy. Ďakujem svojmu Pánovi a Spasiteľovi, že riadil moje kroky z Indie do Ameriky a ukázal mi svoje Cesty, lebo sú dokonalé.

Tvoje slovo je svetlom pre moje nohy a svetlom na mojej ceste.
(Žalm 119,105)

Kapitola 21

Služba v práci

Odkedy som prijal Ducha Svätého, v mojom živote nastali veľké zmeny.

Ale dostanete moc, keď na vás zostúpi Duch Svätý, a budete mi svedkami v Jeruzaleme, v celom Judsku, v Samárii a až po samý kraj zeme. (Skutky1,8)

V práci som sa snažil slúžiť spolupracovníkom; svedčil som im, a ak mali nejaký problém, modlil som sa za nich. Mnohokrát za mnou prišli a povedali mi svoju situáciu a ja som sa za nich modlil. Ak boli chorí, vkladal som na nich ruky a modlil sa za nich. Mnoho rokov som im svedčil. Môj vlastný život bol veľkým svedectvom a Boh so mnou pracoval, potvrdzoval ich uzdravením, vyslobodením, poradenstvom a utešoval ich.

A povedal im: "Choďte do celého sveta a hlásajte evanjelium všetkému stvoreniu. Kto uverí a dá sa pokrstiť, bude spasený, ale kto neuverí, bude zatratený. A tieto znamenia budú nasledovať tých, čo uveria: V mojom mene budú vyháňať démonov; budú hovoriť novými jazykmi; budú chytať hady; a ak vypijú niečo smrteľné, neublíži im to; budú vkladať ruky na chorých a tí uzdravnú. Keď im Pán prehovoril, bol vzatý do neba a posadil sa po pravici Boha. Potom vyšli a všade kázali, Pán pracoval s nimi a potvrdzoval slovo nasledujúcimi znameniami. Amen. (Marek 16,15-20)

Kdekoľvek som sa modlil, ak boli uzdravení alebo vyslobodení, hovoril som im o evanjeliu. Evanjelium je Ježišova smrť, pochovanie a vzkriesenie. To znamená, že musíme robiť pokánie zo všetkých hriechov alebo umierame svojmu telu tým, že robíme pokánie. Druhým krokom je, že sme pochovaní v Ježišovom mene vo vodách krstu, aby sme dostali odpustenie našich hriechov alebo odpustenie našich hriechov. Z vody vychádzame a hovoríme novými jazykmi tým, že prijímame jeho Ducha, čo sa nazýva aj krst Duchom alebo Duchom Svätým.

Mnohí ho počuli a poslúchli.

Chcel by som vás povzbudiť svojím svedectvom o tom, ako Ježiš mocne pôsobil na mojom pracovisku. Naše pracovisko, kde žijeme alebo kdekoľvek inde, je poľom, kde môžeme zasiať semeno Božieho slova.

Priateľka uzdravená z rakoviny a jej mama sa pri smrti obrátili k Pánovi.

V práci som mala vzácnu priateľku Lindu. V roku 2000 som bola veľmi chorá. Jedného dňa mi zavolala moja priateľka a povedala, že je tiež veľmi chorá a podstúpila nejakú operáciu. V prvom roku nášho priateľstva odmietla evanjelium a povedala mi, že nechcem tvoju Bibliu ani tvoje modlitby, mám svojho vlastného Boha. Nič sa ma nedotklo, ale vždy, keď sa sťažovala na chorobu, ponúkal som jej modlitbu, vždy povedala "nie". Jedného dňa však mala neznesiteľnú bolesť v chrbte a zrazu ju začalo bolieť aj koleno. Bola to ešte väčšia bolesť, ako mala v chrbte. Sťažovala sa a ja som ju poprosil, či by som sa za ňu mohol modliť. Povedala: "Urobte všetko, čo je potrebné". Využil som túto príležitosť a naučil som ju, ako túto bolesť v mene Pána Ježiša vystríhať. Jej bolesť bola neznesiteľná; hneď začala túto bolesť karhať v mene Pána Ježiša, bolesť okamžite odišla.

Toto uzdravenie však nezmenilo jej srdce. Boh používa trápenie a problémy, aby obmäkčil naše srdce. Je to palica nápravy, ktorú používa pre svoje deti. Jedného dňa mi Linda zavolala s plačom, že má veľkú ranu na krku a veľmi ju to bolí. Prosila ma, aby som sa modlil. S radosťou som sa za svoju dobrú priateľku pomodlil. Každú hodinu mi volala o útechu a pýtala sa: "Môžeš prísť ku mne domov a modliť sa?". V to popoludnie jej zavolali a oznámili jej, že jej diagnostikovali rakovinu štítnej žľazy. Veľmi plakala a keď sa jej mama dozvedela, že jej dcéra má rakovinu, jednoducho sa zrútila. Linda bola rozvedená a mala malého syna.

Trvala na tom, aby som sa nad ňou prišiel pomodliť. Aj mňa táto správa veľmi ranila. Horlivo som začal hľadať niekoho, kto by ma mohol odviezť k nej domov, aby som sa nad ňou mohol modliť. Chvála Bohu, ak je vôľa, tak je aj cesta.

Moja modlitebná partnerka prišla z práce a vzala ma k sebe domov. Linda, jej matka a syn sedeli a plakali. Začali sme sa modliť a ja som toho veľa necítil, veril som však, že Boh niečo urobí. Ponúkol som sa, že sa budem znova modliť. Ona povedala" :*Áno, modli sa celú noc*, nebude mi to vadiť." Pri druhej modlitbe som videl jasné svetlo vychádzajúce z dverí, hoci dvere boli zatvorené a oči som mal zavreté. Videl som, že cez tie dvere prišiel Ježiš, a chcel som otvoriť oči, ale On povedal: "*Modli sa ďalej*".

Keď sme skončili modlitbu, Linda sa usmievala. Nevedel som, čo sa stalo, že sa jej tvár zmenila. Spýtal som sa jej: "*Čo sa stalo?*" Povedala : "*Liz, Ježiš je pravý Boh.*" Povedal som: "*Áno, hovorím ti to už desať rokov, ale chcem vedieť, čo sa stalo.*" Povedala: "*Moja bolesť úplne zmizla.*" "*Prosím, dajte mi adresu kostola, chcem sa dať pokrstiť.*"

Linda súhlasila, že so mnou absolvuje biblické štúdium a potom sa dala pokrstiť. Ježiš použil toto trápenie, aby upútal jej pozornosť.

Pozri na moje trápenie a moju bolesť a odpusť mi všetky moje riechy. (Žalm 25,18).

Chvála Bohu!! Prosím, nevzdávajte sa svojej milovanej osoby. Pokračujte v modlitbách dňom i nocou, jedného dňa Ježiš odpovie, ak my neochabneme.

A neunavujme sa v dobrom konaní, lebo v pravý čas budeme žať, ak neochabneme. (Galaťanom 6,9)

Linda mi zavolala, aby som ju na smrteľnej posteli jej matky navštívil. Vtlačila ma na invalidnom vozíku do jej nemocničnej izby. Keď sme slúžili jej mame, robila pokánie a volala k Pánovi Ježišovi o odpustenie. Na druhý deň jej úplne odišiel hlas a na tretí deň zomrela.

Moja priateľka Linda je teraz dobrou kresťankou. Chváľme Pána!!

Môj spolupracovník z Vietnamu:

Bola to milá dáma a vždy mala veľmi krásneho ducha. Jedného dňa ochorela a ja som ju poprosila, či by som sa za ňu mohla pomodliť. Hneď moju ponuku prijala. Modlil som sa a ona bola uzdravená. Na druhý deň povedala" :Ak to nie je príliš veľký problém, modlite sa za môjho otca." Jej otec bol posledných niekoľko mesiacov neustále chorý. Povedal som jej, že sa za jej otca veľmi rád pomodlím. Ježiš sa ho vo svojom milosrdenstve dotkol a úplne ho uzdravil.

Neskôr som ju videl chorú a ponúkol som sa jej, aby sa znova modlila. Povedala" :*Nedávaj si námahu modliť sa za mňa.*" Jej priateľ, ktorý pracuje ako mechanik v inej zmene, však potrebuje modlitbu. Nemohol spať vo dne ani v noci; táto choroba sa nazýva fatálna nespavosť. Pokračovala v poskytovaní informácií a veľmi sa o tohto pána zaujímala. Lekár mu dával vysoké dávky liekov a nič nepomáhalo.

Povedal som: *"Veľmi rád sa budem modliť."* Každý večer po práci som sa takmer hodinu a pol modlil za všetky prosby a za seba. Keď som sa začal modliť za tohto muža, všimol som si, že nespím pokojne. Od chvíle, keď som sa zaňho začal modliť, som zrazu počul, ako mi niekto tlieskal do ucha, alebo hlasný zvuk, ktorý ma takmer každú noc budil.

O niekoľko dní neskôr, keď som sa postil, som prišiel domov z kostola a ľahol som si do postele. Potom zrazu na moje prekvapenie niečo prešlo cez stenu nad mojou hlavou a vošlo do mojej izby. Vďaka Bohu za Ducha Svätého. Duch Svätý okamžite prehovoril cez moje ústa: "Spútavam ťa v mene Ježiša." Vtom som sa rozplakala. V duchu som vedel, že niečo bolo zviazané a moc bola zlomená v mene Ježiša.

Veru, hovorím vám: Čokoľvek zviažete na zemi, bude zviazané v nebi, a čokoľvek rozviažete na zemi, bude rozviazané v nebi. (Matúš 18,18)

Nevedel som, čo to je, a neskôr, keď som pracoval, mi Duch Svätý začal zjavovať, čo sa stalo. Vtedy som vedel, že toho mechanika ovládajú démoni a nedajú mu spať. Požiadal som svoju kamarátku v práci, aby mi, prosím, zistila, ako je to so spánkom jej priateľa. Neskôr sa vrátila na moje pracovisko aj s tým mechanikom. Povedal mi, že spí dobre a chcel sa mi poďakovať. Povedal som: **"Prosím, poďakuj Ježišovi." "On je ten, ktorý ťa vyslobodil."** Neskôr som mu dal Bibliu a požiadal som ho, aby si ju každý deň čítal a modlil sa.

V mojej práci sa k Ježišovi obrátilo mnoho ľudí z ich rodiny. Bol to pre mňa skvelý čas, keď som mohol svedčiť mnohým ľuďom rôznych národností.

Budem ti ďakovať vo veľkom zhromaždení: Budem ťa chváliť medzi mnohými ľuďmi. (Žalm 35,18)

Budem ťa oslavovať, môj Bože, kráľu, a budem dobrorečiť tvojmu menu na veky vekov. (Žalm 145,1)

Kapitola 22

Učenie sa jeho cestám počúvaním jeho hlasu

I našiel túto krásnu pravdu v roku 1982. O pár rokov neskôr som sa rozhodol navštíviť Indiu. Počas pobytu sme sa s kamarátkou Dinah rozhodli ísť na prehliadku mesta Udaipur. Na konci dňa sme sa vrátili do našej hotelovej izby, ktorú sme zdieľali. V našej izbe bol na stene obraz falošného boha, ktorý sa tam v Indii uctieval. Ako viete, India má veľa bohov. Biblia hovorí o jedinom pravom Bohu a jeho meno je Ježiš.

Ježiš mu povedal: "Ja som cesta, pravda a život; nikto neprichádza k Otcovi, iba cezo mňa. (Ján 14,6)

Zrazu som počul hlas, ktorý mi povedal: "*Odstráň obraz zo steny.*" Keďže mám Ducha Svätého, pomyslel som si: "*Ničoho sa nebojím a nič mi nemôže ublížiť.*" Tak som tento hlas neposlúchol a obraz som neodstránil.

Keď sme spali, nečakane som sa ocitol v posteli; vedel som, že ma tam nastražil anjel. Boh otvoril moje duchovné oči a ja som uvidel obrovského čierneho pavúka, ktorý prechádzal cez dvere. Prišiel a plazil sa po mne, mojej priateľke a jej synovi. Potom sa vydal smerom k mojim šatám, ktoré viseli pri stene, a zmizol mi priamo pred očami. V tej chvíli mi Pán pripomenul Písmo, ktoré hovorí, aby som nikdy nedala miesto diablovi.

Neustupujte ani diablovi. (Efezanom 4,27)

Hneď som vstal, zložil obraz a otočil ho. Od toho dňa som si uvedomil, že Boh je svätý Boh. Jeho prikázania, ktoré nám dal, nás ochránia a požehnajú, ak ich budeme vždy poslúchať a dodržiavať.

V čase, keď som pracoval, som sa vždy vracal domov s pocitom duchovného vyčerpania. Jedného dňa ku mne prehovoril Ježiš a povedal mi: "*Pol hodiny hovor v jazykoch, pol hodiny chváľ a uctievaj, pol hodiny daj ruku nad hlavu a pol hodiny hovor v jazykoch.*" Toto bol môj každodenný modlitebný život.

Jedného dňa som sa vrátil z práce po polnoci. Začal som chodiť po dome a modliť sa. Prišiel som do istého rohu svojho domu a duchovným zrakom som uvidel démona. Rozsvietil som svetlo a nasadil si okuliare, aby som zistil, prečo by tu tento démon mal byť? Zrazu som si spomenul, že som predtým v ten deň zakryl odtlačky a mená bohov, ktoré boli na škatuli s kukuričným olejom. Akosi som prehliadol odtlačok tohto falošného boha. Okamžite som vzal permanentný fix a zakryl som ho.

Biblia hovorí, že Ježiš nám dal moc zväzovať a vyháňať zlých duchov. V tú noc som použil túto autoritu, otvoril som dvere a povedal som tomu démonovi" :*V mene Ježiša ti prikazujem, aby si odišiel z môjho domu a už sa nikdy nevrátil!*" Démon okamžite odišiel.

Chvála Bohu! Ak nepoznáme Božie slovo, môžeme dovoliť démonom, aby prišli do nášho domu prostredníctvom časopisov, novín, televízie, dokonca aj hračiek. Je veľmi dôležité vedieť, čo si prinášame do svojich domovov.

Ďalším príkladom je, že som bola veľmi chorá a nemohla som chodiť, musela som sa spoliehať na rodinu a priateľov, aby mi doniesli potraviny a uložili ich. Jedného rána som sa zobudila a cítila som, že mi niekto zakrýva ústa, bola som spútaná.

Pýtal som sa Boha, prečo to tak cítim. Ukázal mi symbol hákového kríža. Premýšľal som, kde tento symbol nájdem. Išiel som k chladničke a hneď ako som otvoril dvere, uvidel som symbol svastiky na potravinách, ktoré deň predtým priniesla moja sestra. Poďakoval som Bohu za jeho vedenie a okamžite som ho odstránil.

Dôveruj Hospodinovi celým svojím srdcom a nespoliehaj sa na svoj rozum. Na všetkých svojich cestách ho uznávaj a on bude riadiť tvoje chodníky. (Príslovia 3,5-6)

Chcel by som sa podeliť o ďalšiu skúsenosť, ktorú som zažil počas návštevy môjho rodného mesta v Indii. Strávil som noc so svojím priateľom, ktorý bol uctievačom modiel.

Dlhé roky som jej svedčil o Ježišovi a moci. Poznala aj Moc modlitby a mnohé zázraky, ktoré sa udiali v jej dome. Svedčila o zázrakoch, keď som sa modlil v mene Ježiša.

Keď som spal, zobudil ma hluk. Na druhej strane izby som uvidel postavu, ktorá vyzerala ako môj priateľ. Postava na mňa ukazovala zlým výrazom v tvári. Jej ruka začala rásť smerom ku mne, priblížila sa ku mne na vzdialenosť jedného metra a potom zmizla. Táto postava sa znovu objavila, ale tentoraz to bola tvár jej malého chlapca. Opäť začala rásť jej ruka a ukazovala na mňa. Priblížila sa na jeden meter odo mňa a zmizla. Spomenul som si, že v Biblii sa píše, že anjeli sú okolo nás.

*Kto býva v skrytosti Najvyššieho, zostane v tieni Všemohúceho.
Poviem o Hospodinovi: On je moje útočište a moja pevnosť, môj Boh,
v neho budem dúfať. Iste ťa vytrhne z osídla vtáka a z hlučného mora.
On ťa prikryje svojím perím a pod jeho krídla budeš dúfať; jeho
pravda bude tvojím štítom a oporou. Nebudeš sa báť strachu v noci
ani šípu, ktorý letí vo dne, ani moru, ktorý chodí v tme, ani skazy,
ktorá pustne na poludnie. Tisíc padne po tvojom boku a desaťtisíc po
tvojej pravici, ale k tebe sa nepriblíži. Len svojimi očami uvidíš a
uzrieš odmenu bezbožných. Pretože si si urobil za svoj príbytok
Hospodina, ktorý je mojím útočiskom, Najvyššieho, nepostihne ťa
nijaké zlo a nijaká pohroma sa nepriblíži k tvojmu príbytku. Lebo on
dá svojim anjelom dozor nad tebou, aby ťa strážili na všetkých tvojich
cestách. (Žalmy 91,1-11)*

Keď som sa ráno zobudila, videla som svoju priateľku a jej syna, ako sa klaňajú modlám. A ja som si spomenula na to, čo mi Boh v noci ukázal. Tak som priateľke povedala, že som mala videnie z predchádzajúcej noci. Ona mi povedala, že to tiež videla a cítila vo svojom dome. Spýtala sa ma, ako vyzeral démon, ktorého som videla. Povedala som jej, že jedna podoba vyzerala ako ona a druhá ako jej syn. Povedala mi, že ona a jej syn spolu nemôžu vychádzať. Spýtala sa ma, čo treba urobiť, aby sa zbavila týchto démonov, ktorí trápia ju a jej rodinu. Vysvetlil som jej tento verš z Písma.

*Zlodej neprichádza, ale aby kradol, zabíjal a ničil. Ja som prišiel, aby
mali život a aby ho mali hojnejšie. (Ján 10,10)*

Dal som jej Bibliu a požiadal ju, aby si každý deň v jej dome nahlas čítala najmä Ján 3,20 a 21.

*Lebo každý, kto pácha zlo, nenávidí svetlo a neprichádza na svetlo,
aby mu nebolo vytknuté jeho konanie. Ale ten, kto koná pravdu,
prichádza na svetlo, aby sa ukázalo, že jeho skutky sú vykonané v
Bohu. (Ján 3,20-21)*

Naučil som ju tiež modlitbu duchovného boja, v ktorej zväzujete všetkých zlých duchov a uvoľňujete Ducha Svätého alebo anjelov v mene Ježiša. Tiež som ju požiadal, aby neustále vyslovovala Ježišovo meno a prosila o Ježišovu krv v jej dome.

Niekoľko mesiacov po tejto ceste som dostala list, v ktorom mi svedčila, že démoni opustili jej dom, ona a jej syn spolu vychádzajú a v ich dome vládne úplný pokoj.

Potom zvolal svojich dvanásť učeníkov a dal im moc a moc nad všetkými démonmi a liečiť choroby. Poslal ich hlásať Božie kráľovstvo a uzdravovať chorých. (Lukáš 9,1.2)

Keď svedčila ostatným príbuzným, začali sa veľmi zaujímať o Bibliu a chceli sa dozvedieť viac o Pánovi Ježišovi.

Pri mojej ďalšej návšteve Indie som sa stretol s celou rodinou a odpovedal som na ich otázky. Naučil som ich modliť sa a dal som im Bibliu. Za tieto výsledky vzdávam Bohu všetku slávu.

Prajem si, aby sa ľudia naučili používať Ježišovo meno a Božie slovo ako meč proti nepriateľovi. Tým, že sa staneme "znovuzrodenými kresťanmi", budeme mať moc.

Duch Pána, Hospodina, je nado mnou, lebo ma Pán pomazal, aby som hlásal radostnú zvesť pokorným, poslal ma obviazať skrúšené srdce, vyhlásiť zajatcom prepustenie a väzňom otvorenie väzenia."
(Iz 61, 1)

Kapitola 23

Presun na médiá

In 1999 som mal úraz v práci a neskôr sa to zhoršilo. Tento úraz bol taký vážny, že som kvôli bolesti stratil pamäť. Nemohol som čítať a pamätať si, čo som čítal. Nemohol som spať 48 hodín. Ak som aj spal, budil som sa po niekoľkých hodinách kvôli necitlivosti rúk, bolesti chrbta, krku a nôh. Toto bola ohnivá skúška mojej viery. Nemal som ani potuchy o tom, čo som si myslel. Mnohokrát som omdlieval a zaspával. To bol jediný spôsob, ako som väčšinu času spala. Nechcel som strácať čas, a tak som premýšľal, čo mám robiť? Napadlo mi, že si urobím CD so všetkými svojimi knihami, ktoré už boli preložené. Pomyslel som si, že keby som dal celé tieto knihy na audio, bolo by to skvelé pre túto dobu a vek.

aby skúška vašej viery, ktorá je oveľa vzácnejšia ako zlato, ktoré sa kazí, hoci sa skúša ohňom, bola nájdená na chválu, česť a slávu pri zjavení Ježiša Krista (1Pt 1,7).

Pre šírenie tejto pravdy som bol ochotný urobiť čokoľvek. Žiadna cena nie je väčšia ako tá, ktorú zaplatil Ježiš. Boh mi vo svojom milosrdenstve pomohol dosiahnuť môj cieľ.

Urobil som to "Jeho cesta"

Nepochybne to trvalo viac ako rok. Nemal som dostatok peňazí na kúpu všetkého vybavenia, ani dostatok vedomostí, aby som vedel, ako nahrávať. Začal som používať svoju kreditnú kartu, aby som nakúpil, čo som potreboval na tento nový projekt. Pomyslel som si, že keďže neviem čítať a pamätať si, môžem knihu len nahlas prečítať a nahrať zvukové CD, takto nebudem potrebovať pamäť na čítanie.

Keďže som chodil do anglického kostola, takmer som zabudol, ako správne čítať guajarati, a nechcel som sa vzdať svojho jazyka. Mnohokrát, ako viete, som kvôli zdraviu nemohol sedieť celé dni alebo dokonca týždne. Zabúdala som, ako sa nahráva a používa moje nahrávacie zariadenie. Videl by som svoje poznámky a začal by som znova, ale nechcel som to nechať tak.

Musíme si zapamätať jednu vec: diabol sa nikdy nevzdáva! Musíme sa z toho poučiť a nikdy sa nevzdávať!

Prišiel deň, keď som dokončil svoju šesťstranovú brožúru. Na moje prekvapenie trvalo dokončenie jeden rok. Bola som taká šťastná, že som si pustila CD na prehrávanie a pomaly som obrátila svoju kolieskovú stoličku, aby som počula svoje CD.

Ako som sa zrazu pozrel, moje oči nemali žiaden výhľad. Veľmi som sa zľakol a povedal som si: "Tak tvrdo som pracoval pri svojom zlom zdraví. Škoda, že som sa o svoje zdravie nestaral lepšie, teraz nevidím." Nevidel som svoju kuchyňu, stereo, stenu ani nábytok. Nebolo tam nič okrem hustého bieleho mraku. Povedal som si: "Bol som na seba tvrdý, teraz som slepý." Zrazu som v tom hustom bielom oblaku vo svojej izbe uvidel stáť Pána Ježiša v bielom rúchu a usmievať sa na mňa. V krátkom čase zmizol a ja som si uvedomil, že to bolo videnie. Vedel som, že zostúpila Jeho šekinská sláva. Bol som taký šťastný a uvedomil som si, že Pán Ježiš je spokojný s mojím úsilím.

Vždy chcem hľadať Božie vedenie, aby som svoj čas využila čo najlepšie a priniesla mu slávu. Žiadna situácia nás nemôže zastaviť, aby sme vykonávali Jeho službu. Toto CD som zadarmo rozdával ľuďom a tiež som ho nahral na svoj http://www.gujubible.org/web_site.htm. a https://waytoheavenministry.org.

Kto nás odlúči od Kristovej lásky: či súženie, alebo súženie, alebo prenasledovanie, alebo hlad, alebo nahota, alebo nebezpečenstvo, alebo meč? Ako je napísané" :Kvôli tebe nás zabíjajú po celý deň, počítajú nás ako ovce na zabitie. Nie, vo všetkom tomto sme viac ako víťazi skrze toho, ktorý si nás zamiloval. Som totiž presvedčený, že ani smrť, ani život, ani anjeli, ani kniežatstvá, ani mocnosti, ani prítomné, ani budúce veci, ani výška, ani hĺbka, ani nijaké iné stvorenie nás nebude môcť odlúčiť od Božej lásky, ktorá je v Kristovi Ježišovi, našom Pánovi." (Rim 8, 35-39)

Kapitola 24

Štúdia, ktorá skúma

Mniekedy som mal možnosť prednášať biblické štúdie v iných jazykoch ako v angličtine. Keď som ich učil Božie slovo, nevedeli nájsť správny text Písma. Vždy som používal verziu Kráľa Jakuba. Niektorí z nich však mali iné verzie a jazyky Biblie.

Jedného večera som učil o jednom Bohu, monoteizme (mono pochádza z gréckeho slova Monos a theos znamená Boh) a čítal som 1 Ján 5,7. Keď hľadali tento verš vo svojej Biblii, nemohli ho nájsť. Bolo už po polnoci, takže som si myslel, že nerozumejú, čo čítajú, a keď sme to preložili z angličtiny do ich jazyka, povedali, že toto nie je v našej Biblii.

*Lebo traja sú tí, čo svedčia v nebi: Otec, Slovo a Duch Svätý, a **títo traja sú jedno**. (1 Ján 5,7)*

Bol som šokovaný. Tak sme hľadali iné písmo.

*(EKU) 1. Timoteovi 3:16, "**Boh** sa zjavil v tele"*

V ich Biblii sa píše: *"Zjavil sa v tele"* (všetky Biblie preložené z poškodeného alexandrijského rukopisu obsahujú túto lož. Rímskokatolícka Vulgáta, Guajarati Biblia, Biblia NIV, španielska a iné moderné verzie Biblie)

{ΘC=Boh} v gréckom jazyku, ale odstránením malej čiarky z ΘC sa "Boh" mení {OC = "kto" alebo "on"} na kto, čo má v gréckom jazyku iný význam. Sú to dve rôzne slová, pretože "on" môže znamenať kohokoľvek, ale Boh hovorí o Ježišovi Kristovi v tele.

Ako ľahké je odobrať božstvo Ježiša Krista?!?!

Zjavenie 1:8

KJV: Ja som Alfa a Omega, <u>začiatok a koniec</u>, hovorí Pán, ktorý je, ktorý bol a ktorý má prísť, Všemohúci.

Preklad NIV: Zjavenie Jána 1:8 "Ja som Alfa a Omega," hovorí Pán Boh, "ktorý je, ktorý bol a ktorý má prísť, Všemohúci."

(Gudžarátska Biblia, NIV a iné preklady odstránili "<u>začiatok a koniec</u>")

Zjavenie 1:11

KJV: a povedal: "<u>Ja som Alfa a Omega, prvý a posledný</u>." A to, čo vidíš, napíš do knihy a pošli siedmim cirkvám, ktoré sú v Ázii: Efezu, Smyrne, Pergamu, Tyatire, Sardám, Filadelfii a Laodicei (Zj 1,11).

NIV: "Napíš na zvitok, čo vidíš, a pošli to siedmim cirkvám: Efezu, Smyrne, Pergamu, Tyatire, Sardám, Filadelfii a Laodicei."

(Moderné verzie Biblie, Guajarati a NIV Biblia majú odstránené <u>Ja som Alfa a Omega, prvý a posledný</u>)

Z ich Biblie som nemohol dokázať, že existuje "jeden Boh".

Moje vyučovanie trvalo dlho a s ich prekvapením som im nemohol poskytnúť biblické dôkazy, že existuje jeden Boh z ich Biblie. To ma podnietilo k hlbšiemu štúdiu.

Pamätám si, že Pavol povedal: *Viem totiž, že po mojom odchode medzi vás vstúpia zúriví vlci, ktorí nebudú šetriť stádo. (Skutky 20,29)*

Apoštol Ján, ktorý bol posledným žijúcim Kristovým učeníkom, nás v jednom zo svojich listov varoval:

Milovaní, neverte každému duchu, ale skúmajte duchov, či sú z Boha, lebo do sveta vyšlo mnoho falošných prorokov. Podľa toho poznáte Božieho Ducha: Každý duch, ktorý vyznáva, že Ježiš Kristus prišiel v tele, je z Boha: A každý duch, ktorý nevyznáva, že Ježiš Kristus prišiel v tele, nie je z Boha; a to je ten duch antikrista, o ktorom ste počuli, že má prísť, a už teraz je na svete. (1 Ján 4,1-3)

Chcel by som sa podeliť o túto skutočnosť, ktorú som našiel pri hľadaní pravdy o poškodzovaní "Božieho slova".

Alexandrijský rukopis bol poškodenou verziou pôvodného pravého rukopisu Biblie. Z pôvodného rukopisu odstránili mnohé slová ako Sodoma, peklo, krv, stvorený Ježišom Kristom, Pán Ježiš, Kristus, Aleluja a Jehova, ako aj mnohé ďalšie slová a verše.

V alexandrijskom Egypte nemali zákonníci, ktorí boli antikristom, zjavenie jediného pravého Boha, pretože Biblia bola zmenená oproti pôvodnému rukopisu. Táto korupcia sa začala v prvom storočí.

Grécke a hebrejské Biblie boli najprv napísané na papyrusových zvitkoch, ktoré podliehali skaze. Preto sa každých 200 rokov ručne napísalo 50 kópií v rôznych krajinách, aby sa zachovali ďalších 200 rokov. Toto praktizovali naši predkovia, ktorí mali pravú kópiu pôvodného rukopisu. Rovnaký systém prijali aj Alexandrijci, aby zachovali poškodený rukopis.

Začiatkom nášho letopočtu sa postavili na čelo biskupi, ktorí od roku 130 do roku 444 postupne zaviedli korupciu. Pridávali a uberali z pôvodného odpisu gréckeho a hebrejského rukopisu. Všetci nasledujúci biskupi by potvrdili, že dostali posolstvá priamo od Ježiša a nemali by venovať pozornosť apoštolom, učeníkom, prorokom a učiteľom. A všetci biskupi tiež tvrdili, že sú jediní osvietení.

Alexandrijský biskup Origenes (185-254 n. l.): Tertulián bol skorumpovaný biskup, ktorý pridal viac temnoty. Zomrel okolo roku 216 n. l. Klement ho vystriedal a bol alexandrijským biskupom. Cyril, jeruzalemský biskup, sa narodil v roku 315 a zomrel v roku 386 n. l. Augustín, biskup z Hippo, zakladateľ katolicizmu, sa narodil v roku 347 a zomrel v roku 430 n. l. Odstránil ľudí, ktorí skutočne verili v Božie slovo. Chryzostom bol ďalší biskup z Konštantínopolu, kde vznikla poškodená verzia. Narodil sa v roku 354 a zomrel v roku 417 n. l. Svätý Cyril Alexandrijský sa stal biskupom v roku 412 a zomrel v roku 444 n. l.

Títo biskupi poškodili pravý rukopis a naši predkovia, ktorí poznali fakty o tom, kde a ako bol pôvodný rukopis poškodený, ich odmietli.

Táto korupcia sa začala, keď Pavol a Ján ešte žili. Alexandrijci ignorovali Božie slovo a v Nicei v roku 325 n. l. zaviedli učenie o Trojici. Nicea je dnešné Turecko a v Biblii je známa ako Pergamum.

*A anjelovi cirkvi v **Pergame** napíš: Toto hovorí ten, ktorý má ostrý meč s dvoma ostriami: Poznám tvoje skutky a viem, kde bývaš, aj **kde je** satanovo **sídlo**, a ty sa držíš môjho mena a nezaprel si moju vieru ani v tých dňoch, keď bol Antipas mojím verným mučeníkom, ktorý bol zabitý medzi vami, kde býva satan. (Zj 2,12-13).*

Nicaea

V roku 325 n. l. satan odstránil Božiu jednotu, pridal Trojicu a Boha rozdelil. Z krstnej formuly odstránili meno "Ježiš" a pridali Otca, Syna a Ducha Svätého.

Zlodej neprichádza, ale aby kradol, zabíjal a ničil; ja som prišiel, aby mali život a aby ho mali viac hojne (Ján 10,10).

Pergamum (neskôr nazývané Nikaia a dnes Turecko) je mesto postavené 1000 stôp nad morom. V okolí tohto miesta sa uctievali štyria rôzni bohovia. Hlavným bohom bol Asklépios, ktorého symbolom je had.

Zjavenie hovorí:

*A bol vyhnaný veľký **drak**, ten starý **had**, zvaný diabol a satan, ktorý zvádza celý svet; bol vyhnaný na zem a jeho anjeli boli vyhnaní s ním (Zj 12,9).*

*A chytil draka, toho starého **hada**, ktorý je diabol a satan, a zviazal ho na tisíc rokov (Zjavenie 20,2).*

V tomto chráme bolo veľa veľkých hadov a v okolí boli tisíce hadov. Ľudia prichádzali do chrámu v Pergame, aby hľadali uzdravenie. Asklépius sa nazýval bohom uzdravovania a bol hlavným bohom spomedzi štyroch bohov. Keďže ho nazývali bohom uzdravovania, na tomto mieste zaviedli bylinky a lieky na liečenie. Aby mohol odstrániť rany a Ježišovo meno na uzdravenie. Jeho plánom je zaujať Ježišovo miesto a odstrániť Krista ako Spasiteľa, pretože aj on sa vyhlasoval za Spasiteľa. Súčasná lekárska veda prevzala symbol hada od Asklépia (Hada).

Biblia hovorí:

*Vy ste moji svedkovia, hovorí Hospodin, a môj služobník, ktorého som si vyvolil, aby ste poznali a uverili mi a pochopili, že **ja som**: Predo mnou nebol utvorený Boh a nebude ani po mne. Ja, ja som Hospodin a okrem mňa nieto **spasiteľa**. (Izaiáš 43,10-11)*

Na tomto mieste satan založil trojicu.

Dnes našli originálnu kópiu alexandrijského rukopisu, podčiarkli slovo a písmo, aby odstránili z pôvodného pravého hebrejského a gréckeho rukopisu. To dokazuje, že to boli práve oni, ktorí pravé Božie slovo poškodili.

Temná éra nastúpila jednoducho tým, že odstránila pravdu a zmenila pravdivý dokument Biblie.

Božie slovo je meč, svetlo a pravda. Božie slovo je pevné na veky vekov.

Biblia NIV, moderná Biblia a mnohé ďalšie jazyky Biblie boli preložené z poškodeného starého alexandrijského odpisu. V súčasnosti väčšina ostatných výtlačkov Biblie pochádza z verzie NIV a je preložená do iných jazykov. Právo na kopírovanie Satanovej Biblie a Biblie NIV vlastní muž menom Rupert Murdoch.

Keď sa kráľ Jakub v roku 1603 ujal vlády po panenskej kráľovnej Alžbete, ujal sa projektu prekladu Biblie z pôvodného pravého hebrejského a gréckeho rukopisu. Na tomto projekte sa podieľali mnohí hebrejskí, grécki a latinskí teológovia, učenci a ľudia, ktorí boli v očiach ostatných veľmi uznávaní. Archeológovia našli staré pravé pôvodné hebrejské a grécke rukopisy, ktoré sa na 99 % zhodujú s Bibliou KJV. Jedno percento tvoria drobné chyby, ako napríklad interpunkcia.

Chvála Bohu! KJV je verejným vlastníctvom a každý môže použiť Bibliu KJV a preložiť ju do svojho rodného jazyka. Môj návrh je, že musíme prekladať z Biblie KJV, pretože je verejným vlastníctvom a je najpresnejšou Bibliou.

Odstránením pravdy z pôvodnej Biblie zmizlo meno "Ježiš Kristus", ktoré je silou oslobodzujúcou ľudí.

To spôsobilo vznik mnohých denominácií. Teraz pochopíte, prečo Biblia hovorí, aby ste nepridávali ani neodoberali.

Útok je vedený na vteleného Jediného Boha.

Biblia hovorí.

> *A Hospodin bude kráľom nad celou zemou; v ten deň bude jeden Hospodin a jeho meno jedno. (Zachariáš 14,9)*

Jeho meno je JEŽIŠ!!!

Kapitola 25

Osobné svedectvá, ktoré menia život

Pozdravujem vás v Ježišovom mene:

Tieto osobné svedectvá, ktoré "menia život", sú uvedené ako povzbudenie o moci všemohúceho Boha. Úprimne dúfam, že sa vaša viera pri čítaní týchto inšpiratívnych svedectiev pokorných veriacich a služobníkov, ktorí majú povolanie a vášeň pre Boha, posilní. "Spoznajte Ho v intimite Jeho lásky prostredníctvom viery, modlitby a Božieho slova." Veda a medicína nedokážu vysvetliť tieto zázraky, ani tí, ktorí sa vyhlasujú za múdrych, nedokážu pochopiť Božie veci.

*A dám ti **poklady** tmy a skryté bohatstvá tajných miest, aby si poznal, že ja, Hospodin, ktorý ťa volám tvojím menom, som Boh Izraela. (Izaiáš 45,3)*

"Toto je cesta viery, ktorá sa nedá rozobrať a nedá sa predstaviť."

"Mudrci sa hanbia, sú zhrození a uchvátení; hľa, zavrhli slovo Hospodinovo a aká je v nich múdrosť?" (Jeremiáš 8,9)

"Beda tým, ktorí sú múdri vo vlastných očiach a rozumní vo vlastných očiach!" (Izaiáš 5,21)

"Veď vidíte, bratia, svoje povolanie, že nie je mnoho múdrych podľa tela, nie je mnoho mocných, nie je mnoho vznešených: Ale Boh si vyvolil bláznovstvá sveta, aby zahanbil múdrych, a Boh si vyvolil slabé veci sveta, aby zahanbil mocné." (1 Kor 1, 26-27)

Zavolaj ma a ja ti odpoviem a ukážem ti veľké a mocné veci, o ktorých nevieš. (Jeremiáš 33,3)

Úprimne ďakujem tým, ktorí prispeli svojimi osobnými svedectvami a časom do tejto knihy na Božiu slávu.

Nech vás Boh žehná
Elizabeth Das, Texas

Elizabeth Das

Svedectvá ľudí

Všetky svedectvá sa vydávajú dobrovoľne, aby sa vzdala Bohu sláva, sláva patrí len Bohu

Terry Baughman, pastor
Gilbert, Arizona, USA

Elizabeth Dasová je vplyvná žena. Apoštola Pavla a jeho misionárskeho spoločníka Sílasa pritiahla k sebe modlitebná skupina žien, ktorá sa nachádzala neďaleko Tyatier na brehu rieky. Práve na tomto modlitebnom stretnutí si Lýdia vypočula Pavlovo a Sílasovo učenie a potom trvala na tom, aby počas svojej služby v regióne prišli k nej domov. (Pozri Sk 16,13-15.) Pohostinnosť a... služba tejto ženy je zaznamenaná v Písme, aby sa na ňu pamätalo po všetky časy.

Elizabeth Das je takouto Božou ženou, podobne ako vplyvná žena Lýdia v knihe Skutkov apoštolov. Svojou usilovnosťou a vášňou viedla ostatných k poznaniu pravdy, koordinovala modlitebné skupiny a bola nástrojom vysielania služobníkov evanjelia do svojej vlasti v indickom Gudžaráte. Keď som prvýkrát počul o Elizabeth Dasovej, bol som inštruktorom a akademickým dekanom na Christian Life College v Stocktone v Kalifornii. Daryl Rash, náš riaditeľ pre misie, mi povedal o jej dobrej práci pri získavaní služobníkov, ktorí by išli do Ahmadabadu v Indii vyučovať a kázať na konferenciách sponzorovaných pastormi Jaiprakash Christian and Faith Church, skupiny viac ako 60 zborov v štáte Gudžarát v Indii. Zavolala na Christian Life College a požiadala o prednášateľov na nadchádzajúcej konferencii pre zbory v Indii. Poslali sme dvoch našich inštruktorov, aby zabezpečili vyučovanie a kázanie na konferencii. Nabudúce volala Elizabeth Dasová; Daryl Rash sa ma spýtal, či by som nechcel ísť vyučovať na jednu z konferencií. Rád som išiel a hneď som sa začal pripravovať na cestu. Ďalší inštruktor, Brian Henry, ma sprevádzal a kázal na nočných bohoslužbách na konferencii. V tom čase som bol výkonným viceprezidentom Christian Life College a inštruktorom na plný úväzok, takže sme si dohodli náhradníkov za naše hodiny a iné povinnosti a leteli sme cez pol sveta, aby sme sa podelili o naše služby s úžasnými ľuďmi v Gudžaráte v západnej Indii. Pri mojej druhej ceste do Gudžarátu v roku 2008 ma sprevádzal môj syn, ktorý na konferencii Duch a pravda v Anande zažil udalosť, ktorá mu zmenila život. Letieť okolo sveta a zúčastňovať sa na týchto konferenciách a služobných cestách je finančne náročné, ale odmena sa nedá merať peňažnou hodnotou. Môj syn počas tejto cesty do Indie prijal nový záväzok voči Pánovi, ktorý zmenil smer jeho života. Teraz vedie bohoslužby a je hudobným riaditeľom v zbore, kde teraz slúžim ako pastor v Gilbert v Arizone. Nielen ľudia sú požehnaní službou v Indii, ale aj tí, ktorí tam idú, sú rovnako požehnaní, niekedy prekvapivým spôsobom.

Vplyv Elizabeth Dasovej je doslova cítiť po celom svete. Nielenže sa podieľa na vysielaní kazateľov zo Spojených štátov do Indie, ale s nadšením prekladá materiály do gudžarátčiny, jazyka svojho domova. Kedykoľvek som s ňou telefonoval, neustále hľadala nové spôsoby, ako sa podeliť o pravdu evanjelia. Je aktívna v modlitebnej službe a aktívne hľadá spôsoby, ako slúžiť prostredníctvom biblických lekcií v tlači a na internete prostredníctvom svojich nahrávok na YouTube. Elizabeth Dasová je živou ukážkou toho, čo môže urobiť jeden človek, aby zmenil svet vďaka vášni, vytrvalosti a modlitbe.

Veneda Ing
Milan, Tennesee, USA

Žijem v malom mestečku v západnom Tennessee a patrím do miestnej letničnej cirkvi. Pred niekoľkými rokmi som sa zúčastnil na modlitebnej konferencii v St. Louis v štáte MO, kde som stretol pani menom Tammy a okamžite sme sa spriatelili. Keď sme sa lepšie spoznali, povedala mi o modlitebnej skupine, do ktorej patrí a ktorú vedie sestra Elizabeth Das z jej domova v Texase. Do tejto malej skupiny patrili ľudia z rôznych častí Spojených štátov, ktorí sa k nej pripájali prostredníctvom telefonickej konferencie.

Keď som sa vrátil domov, začal som volať do modlitebnej skupiny a Boh ma okamžite požehnal. Keď som sa pripojil k tejto skupine, bol som v cirkvi približne 13 rokov, takže modlitba nebola ničím novým, avšak sila "dohodnutej modlitby" bola ohromujúca! Okamžite som začal dostávať výsledky svojich modlitebných prosieb a každý deň som počúval správy o chválach. Nielenže rástol môj modlitebný život, ale rástla aj moja služba vo väzení spolu s ďalšími darmi Ducha, ktorými ma Boh požehnal. Nikdy predtým som sa so sestrou Das nestretol. Jej veľká túžba modliť sa a pomáhať druhým využívať dary, ktoré majú v sebe, ma vždy nútila vracať sa späť. Je veľmi povzbudivá a veľmi odvážna, nebojí sa spochybňovať veci a rozhodne sa nebojí povedať, ak cíti od Boha, že niečo nie je v poriadku. Ježiš je vždy jej odpoveďou. Keď sa mi naskytla príležitosť prísť do Texasu a zúčastniť sa na špeciálnom modlitebnom stretnutí u sestry Das, veľmi som sa tešila, že pôjdem.

Nastúpil som do lietadla a o niekoľko hodín som bol na letisku Dallas-Ft. Worth, kde sme sa po prvý raz stretli po viac ako roku spoločných modlitieb.

Známy hlas, ale vyzeralo to, akoby sme sa poznali už roky. Na toto stretnutie prišli aj ďalší z iných štátov.

Domáce modlitebné stretnutie bolo niečo, čo som nikdy predtým nezažil. Bola som taká nadšená, že Boh mi dovolil, aby som bola použitá v prospech iných. Počas tohto stretnutia sme videli mnohých uzdravených z problémov s chrbticou a krkom. Videli a zažili sme rast nôh a rúk a boli sme svedkami toho, ako bol niekto uzdravený z cukrovky spolu s mnohými ďalšími zázrakmi a udalosťami, ktoré menili život, ako napríklad vyháňanie démonov. To vo mne zanechalo ešte väčšiu túžbu po Božích veciach a po tom, aby som ho poznal na vyššom mieste. Dovoľte mi, aby som sa tu na chvíľu zastavil a povedal, že Boh vykonal tieto zázraky v mene Ježiša a iba v Jeho mene. Boh používa sestru Das, pretože je ochotná pomáhať a učiť iných, aby sa naučili, ako dovoliť Bohu, aby ich tiež používal. Je to moja drahá priateľka a mentorka, ktorá ma naučila byť zodpovednejšou voči Bohu. Ďakujem Bohu, že sa naše životné cesty skrížili a stali sme sa modlitebnými partnermi. Za 13 rokov života pre Boha som nikdy nepoznala skutočnú silu modlitby. Povzbudzujem vás, aby ste vytvorili jednotnú modlitebnú skupinu a len sledovali, čo Boh urobí. On je úžasný Boh.

Elizabeth Das

Diana Guevara
Kalifornia El Monte

Keď som sa narodil, bol som vychovávaný v katolíckom náboženstve mojej rodiny. Keď som bol starší, nepraktizoval som svoje náboženstvo. Volám sa Diana Guevara a ako malé dievča som vždy vedela, že by som mala niečo cítiť, keď som chodila do kostola, ale nikdy som to necítila. Mojou rutinou bolo modliť sa Otče náš a Zdravas Mária, ako ma to učili ako malé dieťa. Pravdou je, že som Boha naozaj nepoznala. Vo februári 2007 som zistila, že môj 15-ročný priateľ má pomer a že je na rôznych internetových zoznamkách. Bola som taká zranená a zničená, že som upadla do depresívneho stavu, ležala som na gauči a stále plakala. Bola som taká zdrvená, že som za 21 dní schudla 25 kíl, pretože som mala pocit, že sa môj svet skončil. Jedného dňa mi zavolala sestra Elizabeth Das, pani, ktorú som nikdy nevidela. Povzbudzovala ma, modlila sa nado mnou a citovala mi úryvky z Biblie. Dva mesiace sme sa rozprávali a ona sa nado mnou naďalej modlila a zakaždým som pocítila Boží pokoj a lásku. V apríli 2007 mi niečo povedalo, že musím ísť do Texasu do domu sestry Elizabeth. Rezervoval som si miesto a bol som na ceste do Texasu na 5 dní. Počas tohto času sa mi sestrička Elizabeth a ja sme sa modlili a mali biblické štúdium. Ukázala mi verše z Písma o krste v mene Ježiša. Kládla som si veľa otázok o Bohu a vedela som, že sa musím čo najskôr dať pokrstiť v mene Ježiša. Keď som bol pokrstený, vedel som vtedy, že to bol dôvod, prečo som cítil naliehavosť ísť do Texasu. Konečne som našiel to, čo mi ako dieťaťu chýbalo, prítomnosť Všemohúceho Boha! Keď som sa vrátil do Kalifornie, začal som navštevovať Cirkev života.

Tu som dostal dar Ducha Svätého s dôkazom hovorenia jazykmi. Môžem skutočne povedať, že je rozdiel medzi pravdou a náboženstvom. Bolo to skrze Božiu lásku, že si použil sestru Alžbetu, aby ma učila biblické štúdie a ukázala mi plán spasenia podľa Božieho slova. Narodil som sa do náboženstva a to bolo všetko, čo som poznal bez toho, aby som sám skúmal Bibliu. Po tom, čo ma naučila opakovať modlitby, moje modlitby teraz nikdy nie sú rutinné alebo nudné. Rád sa rozprávam s Pánom. Vždy som vedel, že Boh existuje, ale vtedy som nevedel, že môžem cítiť aj jeho prítomnosť a jeho lásku, ako to cítim teraz. Nielenže je prítomný v mojom živote, ale dal mi Pokoj a napravil moje srdce, keď som si myslela, že môj svet skončil. Pán Ježiš mi dal Lásku, ktorá mi v živote vždy chýbala. Bez Ježiša si už svoj život neviem predstaviť, pretože bez neho som ničím. Pretože On zaplnil prázdne miesta v mojom srdci svojou láskou, žijem len a len pre Neho. Ježiš je všetko a môže uzdraviť aj vaše srdce. Všetku česť a slávu vzdávam len nášmu Pánovi Ježišovi Kristovi.

Jairo Pina Moje svedectvo

Volám sa Jairo Pina a v súčasnosti mám 24 rokov a žijem v Dallase, TX. Keď som vyrastal, moja rodina a ja sme chodili do kostola len raz za rok a verili sme v katolícku vieru. Vedel som o Bohu, ale nepoznal som ho. Keď som mal 16 rokov, diagnostikovali mi zhubný nádor na pravej lýtkovej kosti známy ako osteosarkóm (rakovina kostí). V boji proti nemu som absolvoval rok chemoterapie a operácií. Práve v tomto období mám prvú spomienku na to, ako sa mi Boh zjavil. Ťahalo ma to do jednej malej budovy v Garlande v Texase spolu s priateľom a jeho matkou. Matka môjho priateľ asa priatelila s kresťanským párom, ktorý nás vzal k pastorovi afrického pôvodu. Neskôr som zistil, že tento pastor mal dar proroctva.

Pastor prorokoval nad jednotlivcami, ktorí s nami išli do tejto malej budovy, ale to, čo prorokoval nado mnou, mi utkvelo v pamäti navždy. Vyhlásil" :Páni! Budeš mať veľké svedectvo a privedieš ním veľa ľudí k Bohu!". Bol som skeptický a len som pokrčil plecami, pretože som naozaj nevedel, čo sa stane neskôr v mojom živote. Rýchlo, asi 2 roky po skončení môjho prvého boja s rakovinou, sa mi obnovila choroba približne na tom istom mieste, ako bolo uvedené vyššie. Nesmierne ma to zničilo, pretože som mal naplánované ďalšie chemoterapie a potreboval som amputovať pravú nohu. V tomto období som si vyhradil veľa času na to, aby som bol sám, v nádeji, že sa psychicky pripravím. Jedného dňa som zaparkoval pri jazere a začal som sa zo srdca modliť k Bohu. Nevedel som, čo to naozaj znamená modliť sa, a tak som sa mu začal prihovárať z toho, čo som mal v mysli a v srdci. Povedal som" :Bože, ak si naozaj úprimný, ukáž mi & ak ti na mne záleží, ukáž mi to".

Asi o 15 minút neskôr som išla zrušiť členstvo v posilňovni LA Fitness, kde som videla pracovať jedného zo svojich priateľov. Vysvetlil som mu, prečo rušim členstvo, a on sa spýtal, prečo ho chcem zrušiť. Potom povedal: "Človeče! Mal by si ísť do môjho kostola. Videl som tam veľa zázrakov a ľudí, ktorí boli uzdravení". Nemal som čo stratiť, a tak som začal chodiť. Začal mi ukazovať verše z knihy Skutkov apoštolov o krste a naplnení Duchom Svätým. Povedal mi o celom tom hovorení jazykmi, čo sa mi zdalo čudné, ale nasmeroval ma na biblické dôkazy. Ďalšia vec, ktorú som vedel, bola, že som bol v jeho zbore, keď sa pýtali, kto chce odovzdať svoj život Kristovi a dať sa pokrstiť. Priblížil som sa ku kazateľnici, keď mi pastor položil ruku na hlavu. Začal sa za mňa modliť a ja som začal hovoriť jazykmi v ten istý deň, keď ma pokrstili. Toto pristálo na znamení mojej skúsenosti znovuzrodenia, pričom som nevedel, že teraz som v duchovnej vojne.

Aj po tejto skúsenosti som začal byť napádaný a odvádzaný od Boha. Chcel by som tiež spomenúť, že ešte predtým, ako som bol pokrstený, na mňa duchovne útočili démoni, a dokonca som ich niekoľko počul aj počuteľne. Počul som, ako sa jeden smiechal detský mhlasom za mojím oknom o tretej hodine ráno, jeden sa smial, keď sa ma sexuálne dotýkal, a jeden mi hovoril, že ma vezme do pekla. Je ešte niekoľko ďalších útokov, ktoré som zažil, ale tieto vystupujú do popredia najviac. Teraz sa vráťme k tomu, kde som skončil, že ma to ťahá preč od Boha. Mal som vzťah s dievčaťom, ktoré ma nakoniec podviedlo a rozbilo mi srdce na kúsky. Boli sme spolu asi rok a skončilo sa to tragicky. Keď som sa snažil vyrovnať s prázdnotou, začal som piť a fajčiť. Potom som v slzách začal prosiť Boha, aby mi pomohol a znovu ma k nemu priviedol. Myslel som to naozaj vážne a začal som zakúšať Božie milosrdenstvo, pričom som nevedel, čo to vlastne je.

Opäť som začal chodiť do kostola s priateľom a jeho mamou, kde som bol pokrstený v letničnej cirkvi. Vtedy sa moje vedomosti o Biblii začali nesmierne rozširovať. Prešiel som základnými kurzami a veľa som sa naučil čítaním Božieho slova. Mama môjho priateľa mi nakoniec dala knihu Elizabeth Dasovej "Urobila som to jeho cestou" a povedala mi, že je to vplyvná kniha o jej putovaní s Bohom. Keď som knihu dočítala, všimla som si, že je na nej jej e-mail. Oslovila som Elizabeth a mama mojej kamarátky jej o mne tiež povedala. Začala som s ňou telefonovať a nakoniec som sa s ňou stretla osobne. Odkedy som sa s ňou stretla, všimla som si, že naozaj miluje a aplikuje Božie slovo do svojho života. Vkladá ruky na chorých a modlí sa za mnohých ľudí vo svojom voľnom čase. Považujem ju za svoju duchovnú mentorku, pretože ma naučila veľa o Bohu a jeho slove, za čo som jej nesmierne vďačná. Povedal by som, že sme sa dokonca stali priateľmi a dodnes sa navzájom kontrolujeme.

V januári 2017 som mal v prenájme byt, ktorý patril univerzite, ktorú som navštevoval. V skutočnosti som sa snažil, aby niekto prevzal môj nájom kvôli finančným problémom. Nepracoval som a nemal som peniaze na to, aby som naďalej platil nájom za byt. Žiaľ, nepodarilo sa mi nájsť niekoho, kto by prevzal moju nájomnú zmluvu, čím by som zostal zodpovedný za ďalšie platenie nájomného. Zavolal som Elizabeth Dasovej, ako to robím často, aby sa za mňa modlila v súvislosti s touto otázkou prerušenia čistej zmluvy. V januári toho istého roku som absolvoval CT vyšetrenie hrudníka, ktoré odhalilo, že mám škvrnu na pravom dolnom laloku pľúc. Musel som podstúpiť operáciu na odstránenie škvrny, ktorá sa ukázala na snímke a ktorá sa ukázala ako zhubná. Hoci to bolo na nič, mohol som kvôli tomu v tom istom mesiaci vypovedať nájomnú zmluvu na byt. Hovorí sa, že Boh koná záhadným spôsobom, takže som mu dôveroval v tom, čo sa dialo. Počas tohto obdobia som si robila prípravné kurzy a dúfala som, že ich dokončím a budem prijatá na zdravotnú školu. Elizabeth sa za mňa modlila, aby som si našla dobrú prácu a dostala sa na zdravotnícku školu podľa Božej vôle pre môj život.

Asi o tri mesiace neskôr som mal ísť na ďalšie CT hrudníka, aby sa zistilo, či som v poriadku. Sken však ukázal ďalšie miesto na pľúcach, blízko toho istého, ktoré tam bolo v januári 2017. Onkológ povedal, že podľa neho ide o rakovinu, ktorá sa opäť vracia, a musíme ju odstrániť operáciou. Nemohol som uveriť, že sa to deje. Myslela som si, že to je pre mňa koniec. Povedal som o tom Elizabeth a v tom čase sa za mňa začalo modliť veľa ďalších ľudí. Aj keď sa to dialo, stále som mal trochu viery, že všetko bude v poriadku a že Boh sa o mňa postará. Spomínam si, ako som raz v noci šoféroval a prosil Boha: "Ak ma dostaneš z tejto šlamastiky, sľubujem, že sa s ostatnými podelím o to, čo si pre mňa urobil."

O niekoľko týždňov neskôr som išiel na operáciu a odstránili mi väčší priemer pravého dolného laloku pľúc. Elizabeth a jej priateľka dokonca prišli do nemocnice, aby na mňa položili ruky a modlili sa, aby mi Boh priniesol uzdravenie. Asi o dva týždne po operácii som sa vrátil do nemocnice po výsledky. Nehovoriac o tom, že som si v tom čase stále hľadala prácu v nemocnici, aby som mala väčšie šance dostať sa na školu pre zdravotné sestry. Keď som sa v ten istý deň priblížila k registračnému pultu, aby som si vyzdvihla výsledky operácie, spýtala som sa, či prijímajú zamestnancov. Jedna manažérka tam bola vpredu, keď som sa registroval, a dala mi svoje údaje, aby som jej dal vedieť, keď podám žiadosť online. Vzápätí som čakala v miestnosti, kým sa objaví onkológ s mojimi výsledkami. Bola som nesmierne nervózna a bála som sa, čo mi povie.

Onkológ vošiel do miestnosti a prvé, čo povedal, bolo: "Už vám niekto povedal vaše výsledky?". Povedal som mu, že nie, a chcel som, aby mi len vyložil na stôl možnosti, čo musím urobiť ďalej. Potom mi povedal: "Takže vaše výsledky ukázali, že ide len o nahromadenie vápnika, nie je to rakovina." "A čo? Bol som úplne v šoku, pretože som vedel, že to bol Boh, kto to pre mňa urobil. Išiel som do auta a začal som plakať slzy radosti! Zavolal som Elizabeth a oznámil jej tú dobrú správu. Obaja sme to spolu oslávili. O niekoľko dní neskôr som sa zúčastnil na pohovore o prácu v nemocnici a už o týždeň neskôr mi ponúkli prácu. Niekoľko týždňov po tom, ako som dostala prácu, ma prijali na školu pre zdravotné sestry. Sláva Bohu za to, že to všetko dal dokopy, pretože mi stále prináša radosť, keď o tom hovorím.

Momentálne som v poslednom semestri ošetrovateľskej školy a končím v máji 2019. Zažila som toho veľa a som vďačná za všetky dvere, ktoré mi Boh otvoril a zavrel. Dokonca som sa ocitla vo vzťahu s inou osobou a ona bola pre mňa úžasná tým, že mi bola nablízku od januára 2017, keď mi rakovina metastázovala do pľúc, až do dnešného okamihu. Elizabeth ma toho veľa naučila a veľakrát sa za mňa modlila, čo mi ukazuje silu modlitby a vkladania rúk na chorých. Čitateľ, nie som v ničom výnimočnejší ako ty. Boh ťa miluje rovnako a Ježiš Kristus zomrel za tvoje i moje hriechy. Ak ho budeš hľadať celým srdcom, nájdeš ho.

"Lebo ja poznám myšlienky, ktoré mám voči vám, hovorí Pán, myšlienky pokoja, a nie zlého, aby som vám dal očakávaný koniec. Vtedy ma budete vzývať, pôjdete a budete sa ku mne modliť a ja vás vypočujem. Budete ma hľadať a nájdete ma, keď ma budete hľadať celým srdcom." Jeremiáš 29,11-13 KJV.

Madalyn Ascencio
El Monte, Kalifornia, USA

Kedysi som verila, že muž ma doplní. Keď som sa zamilovala do Ježiša, zistila som, že je to On a len On, kto ma napĺňa. Bola som stvorená, aby som Ho uctievala a zbožňovala! Volám sa Madalyn Ascencio a toto je moje svedectvo.

V marci 2005 som začala trpieť úzkosťou a záchvatmi paniky, ktoré trvali 3 roky. Niekoľkokrát som bola v nemocnici a jediné, čo mi ponúkli, boli antidepresíva a valium, ale odmietla som byť závislá od liekov, aby som sa cítila normálne. Modlila som sa, aby mi Boh pomohol. V jedno sobotné ráno v polovici októbra 2008 som dostala veľmi silný záchvat paniky, a tak som zavolala sestre Elizabeth. Spýtala sa ma, čo sa deje, a modlila sa za mňa. Keď som sa cítila lepšie, dala mi prečítať niekoľko úryvkov z Písma. Modlila som sa a prosila Boha, aby mi dal múdrosť a porozumenie. Keď som čítala Písmo,

*Ján 3,5-7: Ježiš odpovedal: "Veru, veru, hovorím ti: **Ak sa niekto nenarodí z vody a z Ducha, nemôže vojsť do Božieho kráľovstva.** Čo sa narodilo z tela, je telo, a čo sa narodilo z Ducha, je duch. Nečuduj sa, že som ti povedal: Musíte sa znovu narodiť.*

Ján 8,32: A poznáte pravdu a pravda vás oslobodí.

Ján 10,10: Zlodej neprichádza, ale aby kradol, zabíjal a ničil. Ja som prišiel, aby mali život a aby ho mali hojnejšie.

Vedel som, že ku mne hovorí Boh. Čím viac som sa modlil a rozprával so sestrou Alžbetou, tým viac som vedel, že sa musím dať znovu pokrstiť. Toľko som sa modlil, aby ma Boh priblížil. Od roku 2001 do roku 2008 som navštevoval kresťanskú nedenominačnú cirkev a v apríli 2007 som bol pokrstený. Sestra Elizabeth sa ma spýtala, čo som cítila, keď som sa dala pokrstiť, a ja som jej povedala" :Cítila som sa dobre". Jej odpoveď bola "to je všetko"? Spýtala sa, či som bol pokrstený v mene Ježiša, a ja som jej povedal, že som bol pokrstený v mene Otca, Syna a Ducha Svätého. Povedala mi, aby som čítal a študoval.

*Skutky 2,38: Peter im povedal: "Robte pokánie a dajte sa pokrstiť **v mene Ježiša Krista na odpustenie hriechov** a dostanete dar Ducha Svätého.*

*Skutky 8,12-17: A keď uverili Filipovi, ktorý kázal o Božom kráľovstve a o mene Ježiša Krista, dali sa pokrstiť, muži aj ženy. Potom uveril aj sám Šimon a keď bol pokrstený, zostal s Filipom a žasol, keď videl zázraky a znamenia, ktoré sa diali. A keď sa apoštoli, ktorí boli v Jeruzaleme, dopočuli, že Samária prijala Božie slovo, poslali k nim Petra a Jána, ktorí, keď prišli dolu, modlili sa za nich, aby prijali Ducha Svätého, (lebo ešte na nikoho z nich nepadol, len oni boli **pokrstení v mene Pána Ježiša**). Potom na nich vložili ruky a oni prijali Ducha Svätého.*

*Skutky 10,43-48: O ňom svedčia všetci proroci, že skrze jeho meno dostane odpustenie hriechov každý, kto v neho verí. Ešte kým Peter hovoril tieto slová, Duch Svätý zostúpil na všetkých, ktorí počúvali toto slovo. A tí z obriezky, ktorí uverili, žasli, všetci, čo prišli s Petrom, lebo aj na pohanov sa vylial dar Ducha Svätého. Počuli ich totiž hovoriť jazykmi a velebiť Boha. Vtedy Peter odpovedal: Či môže niekto zakázať vodu, aby neboli pokrstení títo, ktorí prijali Ducha Svätého rovnako ako my? A **prikázal im, aby sa dali pokrstiť v Pánovom mene.***

*Skutky 19,1-6: Keď bol Apollo v Korinte, prišiel Pavol cez horné končiny do Efezu a našiel niektorých učeníkov a povedal im: "Prijali ste Ducha Svätého, odkedy ste uverili? A oni mu povedali: Ani sme nepočuli, či je nejaký Duch Svätý. A on im povedal: Na čo ste teda pokrstení? A oni povedali: Na Jánov krst. Vtedy Pavol povedal: Ján naozaj krstil krstom pokánia a povedal ľuďom, aby uverili v toho, ktorý má prísť po ňom, to jest v Ježiša Krista. Keď to počuli, **dali sa pokrstiť v mene Pána Ježiša**. Keď na nich Pavol vložil ruky, zostúpil na nich Duch Svätý a oni hovorili jazykmi a prorokovali.*

*Skutky 22:16 A teraz, prečo sa zdržuješ, vstaň, daj sa **pokrstiť a zmy svoje hriechy a vzývaj meno Pánovo.***

Pán mi zjavil, že Duch Svätý je dostupný aj pre mňa, a ak sa dám **pokrstiť v Ježišovom mene,** budem uzdravený a oslobodený od tohto hrozného utrpenia. V dňoch, keď to bolo naozaj zlé, som volala sestre Alžbete a ona sa nado mnou modlila. Uvedomovala som si, že na mňa útočí nepriateľ, veď jeho poslaním je kradnúť, zabíjať a ničiť, ako sa píše v Jánovi 10,10. Pred mnohými rokmi som si prečítal Efezanom 6,10-18 a uvedomil som si, že potrebujem denne nosiť celú Božiu výzbroj. Zakaždým, keď som začal cítiť, že ma prepadá úzkosť, začal som bojovať a nie sa báť. Dňa 2. novembra 2008 som bol pokrstený v mene Ježiša v cirkvi Life Church v Pasadene v Kalifornii. Cítil som ten najúžasnejší Pokoj, aký som nikdy predtým nepoznal, a to ešte predtým, ako som vstúpil do vody, aby som bol pokrstený. Keď som vyšiel z vody, cítil som sa ľahký ako pierko, akoby som kráčal po oblakoch a nemohol som sa prestať usmievať. Cítil som Božiu prítomnosť, pokoj a lásku ako nikdy predtým. Dňa 16. novembra 2008 som dostal dar Ducha Svätého na základe dôkazu hovorenia inými jazykmi. Prázdnota, ktorú som vždy cítil od detstva, bola teraz naplnená. Vedel som, že Boh ma miluje a má pre môj život veľký zámer, a čím viac ho hľadám a modlím sa, tým viac sa mi zjavuje. Boh mi ukázal, že sa mám deliť o svoju vieru, dávať nádej a lásku. Od môjho nového apoštolského narodenia a oslobodenia od úzkosti Ježiš priviedol do môjho života mnoho ľudí, ktorí tiež trpia úzkosťou. Teraz mám vo svojom svedectve službu, o ktorú sa s nimi môžem podeliť.

Som veľmi vďačná Ježišovi za sestru Elizabeth Das. Vďaka jej modlitbám a učeniu teraz aj ja pracujem pre Ježiša. Svojimi modlitbami a službou priviedla k Pánovi aj moju mamu, dcéru, tetu a niekoľko priateľov. Bola som stvorená na to, aby som vzdávala Ježišovi všetku slávu! Nech je požehnané Jeho sväté meno.

Martin Razo
Santa Ana, Kalifornia, USA

Ako dieťa som žil v smútku. Hoci ma obklopovali ľudia, mal som pocit hlbokej samoty. Volám sa Martin Razo a takto vyzeralo moje detstvo, keď som vyrastal. Na strednej škole všetci vedeli, kto som, aj keď nepatrili do okruhu tých, ktorých som považoval za "cool ľudí". Mal som pár kamarátok, bral som drogy a žil som, akoby to bolo niečo normálne, pretože to robili takmer všetci ostatní. V piatok a v sobotu večer som sa s kamarátmi zhúlil a chodil som do klubov baliť dievčatá. Otec mi vždy kryl chrbát a sledoval, čo a kde robím.

Rodinná priateľka sestra Elizabeth sa so mnou podelila o svoje svedectvo. Nebolo to nudné, vlastne to bolo veľmi zaujímavé, čo hovorila. Myslela som si, že skutočne verí tomu, čo hovorí. Potom sa zrazu doma všetko pokazilo. Zdalo sa, akoby ma Pán varoval a volal ma cez strach. Mala som tri veľmi desivé zážitky, ktoré ma presvedčili o tom, že to tak je. Najprv ma chytili s drogami a utiekol som z domu,

Urobil som to "Jeho cesta"

ale nie na dlho. Teta ma prinútila zavolať mame a po tom, čo som sa dozvedel, že mama má cukrovku, som sa vrátil domov. Po druhé, o druhej hodine ráno som sa vracal z nočného klubu a mal som autonehodu, pri ktorej auto vybuchlo a vyletelo do vzduchu. V tom čase som sa zúčastňoval na biblickom štúdiu so sestrou Das. Po tretie, požiadal som priateľa o odvoz a keď sme sa začali rozprávať, povedal mi, že zapredal svoju dušu diablovi a ako má moc zapínať a vypínať svetlá. Pomocou pouličných lámp mi to demonštroval tak, že ich zapínal a vypínal mihaním očí. Videl som jeho tvár, ako sa mení na démona. Vyskočil som z auta a utekal domov, ako najrýchlejšie som mohol. O niekoľko hodín neskôr som sa zamyslel nad tým, čo povedala sestra Elizabeth, a pomyslel som si, že to musí byť aj skutočné. Sestra Das mi po telefóne poskytla biblické štúdium o krste v mene Ježiša, ako sa o ňom hovorí v Skutkoch apoštolov a v prvotnej cirkvi. Vtedy ešte nevedela o mojich samovražedných sklonoch, ale niečo jej hovorilo, že to potrebujem počuť hneď, lebo ma už nemusí vidieť. Dal som sa pokrstiť, keď som navštevoval cirkev, ktorá verila, že Boh je svätá trojica troch osôb. Z tejto cirkvi som prechádzal na učenie apoštolov. Boh je jeden! Boh je Duch, Ježiš bol Boh, ktorý prišiel v tele, aby prebýval medzi ľuďmi, a Duch Svätý je Boh v nás. Toto bolo a je učenie apoštolov. Prijímal som za pravdu len to, čo ma učili. Nevedel som, kedy a odkiaľ sa toto presvedčenie vzalo.

O týždeň neskôr ma sestra Alžbeta požiadala, aby som išiel k strýkovi na biblické štúdium. Brat James Min, ktorý má dar uzdravovania a vyslobodzovania, prišiel s ňou. V ten večer sa diali zázraky a po biblickom štúdiu sa nás spýtali, či chceme prijať Ducha Svätého. Väčšina z nás povedala áno. Stále som si myslel, že je to šialené a nie je to možné, ale aj tak som vystúpil.

Keď sa za mňa brat James a sestra Elizabeth modlili, zmocnila sa ma sila. Nevedel som, ako mám na tento silný pocit radosti reagovať. Najprv som pocit tejto sily potlačil. Potom druhýkrát prišiel silnejší ako prvýkrát, zosilnel, keď som sa ho opäť pokúsil potlačiť.

Tretíkrát som nedokázal potlačiť Ducha a začal som hovoriť iným jazykom alebo jazykom, ktorý som nepoznal. Myslel som si, že hovoriť jazykmi je lož, a tak keď na mňa prvýkrát prišla radosť z Ducha Svätého; snažil som sa hovoriť, ale pokúšal som sa to zastaviť, pretože som sa bál. V ten deň ma Ježiš uzdravil zo všetkých depresií a samovražedných myšlienok.

Teraz mám 28 rokov a Pán skutočne zmenil môj život k lepšiemu. Dokončil som biblickú školu a Pán mi požehnal krásnu manželku. V našom zbore máme mládežnícky zbor a ja sa tiež usilujem o službu Božieho služobníka. Sestra Das sa nikdy nevzdala rodiny Razo ani mňa. Vďaka jej mnohým modlitbám a zdieľaniu svedectiev o Božej moci prišlo dobro pre celú rodinu Razo. Mnohí naši príbuzní a susedia sa tiež obrátili k Pánovi Ježišovi Kristovi. Teraz mám svedectvo aj ja. Dovoľte mi povedať, že sa nikdy nesmiete prestať modliť za svojich blízkych a ľudí všeobecne. Možno nikdy nebudete vedieť, čo Boh robí a ako taktizuje, aby to dosiahol svojou cestou!!!

Tammy Alford
Hora. Herman, Louisiana, USA.

V podstate som celý život chodil do kostola. Mojím bremenom sú ľudia, ktorí trpia, a chcem ich osloviť slovom pravdy, aby vedeli, že Ježiš je ich nádej. Keď mi Pán dal toto bremeno, napísal som "Ľudia" na modlitebnú látku a podelil som sa o ňu so svojím zborom. Začali sme sa modliť a prihovárať a výsledkom bolo, že každý dostal modlitebnú utierku, ktorú si mohol vziať domov a modliť sa nad ňou.

Prostredníctvom nášho bývalého pastora a jeho rodiny (ktorí boli teraz povolaní do Indie ako misionári) som sa prvýkrát stretol so sestrou. Elizabeth Das. Náš vidiecky zbor vo Franklintone v Louisiane ju privítal, keď sa podelila o svoje silné svedectvo. Všetci boli požehnaní. O niekoľko mesiacov neskôr sme sa so sestrou Elizabeth stali modlitebnými partnermi. Žiarivá dáma, ktorá nielen miluje modlitbu, ale ňou aj žije! Úžasne pravdivo žije" :V čase i mimo času". Náš čas modlitby bol v skorých ranných hodinách telefonicky, Texas sa spája s Louisianou. Mali sme Pánovo požehnanie. On dal vzrast a čoskoro sme mali modlitebnú skupinu z rôznych štátov.

Prostredníctvom spoločnej linky konferencie sme sa začali modliť a postiť, potom začali prichádzať správy o chválach. Náš Boh je taký úžasný! Sestra Alžbeta je tá žiarivá žena, ktorá má takú horiacu túžbu vidieť spasené duše. Jej horiaci plameň zažal a zapálil mnohých ďalších, aby sa modlili a mali víziu. Neexistuje žiadna choroba, bolesť ani diabol v pekle, ktorý by ju zastavil. Už mnoho rokov oslovuje a modlí sa za stratených a umierajúcich; to ukáže až večnosť. Ďakujem Bohu za jej buldočie odhodlanie a lásku k "Ľudu". Videl som, ako Boh prostredníctvom nej koná úžasné skutky, zázraky a odpovedá na modlitby. Moji priatelia tu a ľudia, s ktorými sa poznám, všetci môžu dosvedčiť, že keď zavoláme sestričku. Elizabeth, modlí sa modlitba viery. Veci sa dejú! Napríklad jedna pani, ktorá z času na čas navštevuje náš zbor, mala podstúpiť vážnu operáciu. Hoci bývala mimo mesta, povedal som jej, že zavolám sestre Alžbete a budeme sa za jej chorobu modliť cez telefón. Pomodlili sme sa a jej bolesti zmizli.

Sestra Alžbeta jej povedala" :Nemusíte na operáciu, ste uzdravená." Zostala objednaná na operáciu, až kým jej nezavolali z nemocnice, aby operáciu zrušili, a ona vyšla a preplánovala si ju. Nemocnica už nerobila žiadne predoperačné vyšetrenia a pokračovala v operácii. Po operácii jej oznámili, že u nej nenašli nič zlé, dokonca ani stopu po vážnej chorobe.

Ďalší zázrak sa stal v prípade mojej kamarátky, ktorá má malého chlapca. Mal horúčku a zaspal. Zavolali sme sestričku. Elizabeth a modlili sme sa cez hlasitý odposluch. Malý chlapec sa zrazu zobudil, normálne vstal, pobehoval a bol uzdravený. Mnohokrát sme sa modlili nad domami s démonickými duchmi a skutočne sme cítili, že sa niečo stalo. Tešili sme sa zo správy, keď nám povedali, že pocítili náhly pokoj alebo že sa mohli dobre vyspať bez toho, aby ich niekto trápil.

Viem, že moja viera vzrástla, odkedy som sa stal súčasťou tejto modlitebnej skupiny. Sestra Elizabeth bola pre mňa učiteľkou v mnohých smeroch. Dala mi duchovné vedenie prostredníctvom Božieho slova. Jej život je tým krásnym príkladom, ktorý zobrazuje metafory v Biblii, kde sa hovorí o "svetle na kopci, ktoré nemožno skryť", a tiež o "strome zasadenom pri riekach vody". Jej korene sú hlboko zakorenené v Ježišovi a ona dokáže druhým dodávať silu a múdrosť, ktorú potrebujú. Cez temné skúšky, ktorými som prešla, viem, že sestra. Elizabeth modlila za mňa a som jej vďačná za jej službu. Ona je naozaj tým oslnivým klenotom, ktorý si vyvolil Kristus a ktorý je mocne používaný pre Jeho kráľovstvo. Každé skoré ráno prináša tie prázdne nádoby pred Ježiša a On ich znova a znova plní. Ďakujem sestre Alžbete za to, že sa skutočne, ale čisto oddáva Ježišovi a Jeho kráľovstvu. Bohu buď sláva!

Rhonda Callahanová
Fort Worth, Texas
20. mája 2011

Niekedy v roku 2007 som prechádzal mestom Dallas po nadjazde a všimol som si pár bezdomovcov, ktorí spali pod mostom. Bol som pohnutý súcitom a povedal som Pánovi" :Pane, keby si bol dnes na tejto zemi, dotkol by si sa týchto mužov, uzdravil by si ich myseľ a urobil ich zdravými! Stali by sa z nich produktívni muži spoločnosti, ktorí by žili normálnym životom.".... Ježiš okamžite prehovoril k môjmu srdcu a povedal: "Vy ste moje ruky a vy ste moje nohy." V tej chvíli som vedel, čo mi Boh hovorí. Začal som plakať a chváliť Ho. Vlastnil som moc dotknúť sa tých ľudí a urobiť ich zdravými. Nie z mojej vlastnej moci, ale z Jeho moci.

Podľa Skutkov 1,8 "Ale dostanete moc, keď na vás zostúpi Duch Svätý, a budete mi svedkami v Jeruzaleme, v celom Judsku, v Samárii a až po samý kraj zeme.

Okrem toho nám Efezanom 1:13-14 hovorí;

"V ktorého ste aj uverili, keď ste počuli slovo pravdy, evanjelium o vašej spáse, v ktorého ste aj uverili, keď ste uverili, boli ste zapečatení tým svätým Duchom zasľúbenia, ktorý je závdavkom nášho dedičstva až do vykúpenia nadobudnutého vlastníctva na chválu jeho slávy."

Prijal som moc a bol som zapečatený v roku 1986, keď ma Boh slávne pokrstil Duchom Svätým. Toľkokrát máme zmýšľanie, že keby tu bol Boh dnes, diali by sa medzi nami zázraky. Musíme pochopiť, že keď vás naplní svojím Svätým Duchom. Dal vám moc robiť zázraky. Stávame sa Jeho rukami a nohami, sme povolaní hlásať toto úžasné posolstvo všetkým, ktorí to potrebujú.

Elizabeth Das

Lukáš 4:18

"Duch Pánov je nado mnou, lebo ma pomazal, aby som hlásal evanjelium chudobným; poslal ma uzdravovať skrúšených srdcom, hlásať zajatým oslobodenie a slepým navrátenie zraku, oslobodiť zbitých, hlásať príjemný Pánov rok."

Hoci som bol od roku 1986 naplnený Duchom Svätým, v posledných rokoch som dostal niekoľko tvrdých rán. Verne som navštevoval cirkev, bol som učiteľom v nedeľnej škole a práve som dokončil 4 roky biblickej vysokej školy. Dobrovoľne som robil všetko, čo sa odo mňa v cirkvi žiadalo.

Napriek tomu som bol veľmi utláčaný. Stále som veril, že Boh je schopný urobiť všetko, čo sľúbil, ale bol som zlomená nádoba. Kedysi som sa pred Pánom usilovne modlil a prihováral, každý deň som čítal Bibliu, svedčil som pri každej príležitosti, ale teraz som zistil, že sa vôbec nemodlím. Bol som znechutený a deprimovaný, preťažený neustálymi duševnými mukami. Moja dcéra nedávno opustila manžela a podala žiadosť o rozvod. Môj vnuk mal v tom čase 4 roky a ja som videla, akou bolesťou trpí z rozpadnutého domova. Stále viac ma trápili myšlienky na to, aký život bude žiť, keď bude vyrastať v rozvrátenej rodine. Obávala som sa možnosti, že ho bude zneužívať nevlastný rodič, ktorý ho nemal rád, alebo možnosti, že bude vyrastať bez pocitu, že ho otec alebo matka milujú, pretože sa rozviedol. Hlavou sa mi preháňali hrozné myšlienky a denne som plakala. Tieto myšlienky som vyjadrila niekoľkým blízkym priateľom. Vždy odpovedali rovnako... Dôverujte Bohu! Vedela som, že Boh je schopný, ale stratila som vieru v seba. Keď som sa modlila, pristihla som sa pri tom, že prosím, plačem a želám si, aby ho Boh ochránil. Vedela som, že to dokáže, ale či to dokáže pre mňa?

Bojovala som s jedlom a neustále som sa potrebovala napchávať. Moje telo sa stalo vládcom môjho života. Už som nechodil v duchu, ale chodil som viac v tele a neustále som napĺňal telesné žiadosti, alebo som to aspoň tak cítil.

27. marca 2011 sme mali po kostole spoločný obed pre dámy. Požiadali ma, aby som prehovoril. Pamätajte si, že som stále normálne pracovala v cirkvi, ale bola som zlomená a málokto, ak vôbec niekto, chápal hĺbku môjho zlomeného života. Po obede ku mne s milým úsmevom pristúpila sestra Elizabeth Das a dala mi svoje telefónne číslo. Povedala: "Zavolajte mi, keby ste niekedy potrebovali ísť po skončení cirkvi niekam, môžete zostať u mňa doma." Dôvod, prečo mi povedala, že môžem u nej zostať, je ten, že do kostola je to pre mňa 65 kilometrov jedným smerom a je veľmi ťažké ísť domov a vrátiť sa späť na večernú bohoslužbu, takže som sa snažila zdržať sa až do večernej bohoslužby namiesto toho, aby som sa medzi bohoslužbami vrátila domov.

Prešli asi dva týždne a ja som sa cítil, akoby som mal ešte väčšiu depresiu. Jedného rána som cestou do práce prehrabala kabelku a našla som číslo sestry Elizabeth. Zavolala som jej a poprosila ju, aby sa za mňa modlila.

Očakával som, že povie ok a ukončí telefonát. Ale na moje prekvapenie povedala, že sa teraz za teba budem modliť. Zastavil som auto na krajnici a ona sa za mňa modlila.

Nasledujúci týždeň po kostole som s ňou išiel domov. Po chvíli rozhovoru ma požiadala, aby sa za mňa pomodlila. Položila mi ruky na hlavu a začala sa modliť. So silou a autoritou v hlase sa modlila, aby ma Boh vyslobodil. Vyčítala mi temnotu, ktorá ma obklopovala; prejedanie, duševné trápenie, depresie a útlak.

Viem, že v ten deň si Boh použil tieto ruky, aby ma vyslobodil z hrozného útlaku, ktorým som trpel. Vo chvíli, keď sa sestra Alžbeta odovzdala Bohu, On ma oslobodil!

Marek 16,17-18 nám hovorí: "A tieto znamenia budú sprevádzať tých, čo uveria: V mojom mene budú vyháňať démonov, budú hovoriť novými jazykmi, budú chytať hady, a ak vypijú niečo smrteľné, neublíži im to; budú klásť ruky na chorých a tí uzdravnú."

Izaiáš 61,1 "Duch Pána, Hospodina, je nado mnou, lebo ma Pán pomazal, aby som hlásal dobrú zvesť pokorným; poslal ma, aby som obviazal skrúšené srdce, aby som vyhlásil zajatcom prepustenie a väzňom otvorenie väzenia."

Ježiš nás potrebuje, aby sme boli jeho rukami a nohami. Sestra. Elizabeth je skutočnou Božou služobníčkou. Je naplnená Jeho mocou a je poslušná Jeho hlasu. Som veľmi vďačná, že existujú ženy ako sestra. Elizabeth chodia medzi nami, ktoré stále veria v oslobodzujúcu moc Ježišovej drahocennej krvi, ktoré boli pomazané Jeho Duchom a plnia to úžasné povolanie, ku ktorému ju povolal. V ten deň Boh premenil moju bolesť na krásu a odstránil ducha ťažoby, ktorý nahradil olejom radosti.

Izaiáš 61,3 "aby určil smútiacim na Sione, aby im dal krásu namiesto popola, olej radosti namiesto smútku, rúcho chvály namiesto ducha ťažoby, aby sa nazývali stromami spravodlivosti, výsadbou Hospodinovou, aby bol oslávený."

Dnes vás vyzývam: hľadajte Boha celým svojím srdcom, aby ste mohli kráčať v plnosti jeho moci. On vás potrebuje, aby ste sa delili o Ježiša s ostatnými a boli jeho rukami a nohami. Amen!

Vicky Franzen Josephine
Texas

Volám sa Vicki Franzen, väčšinu svojho dospelého života som chodila do katolíckej cirkvi, ale vždy som mala pocit, že mi niečo chýba. Pred niekoľkými rokmi som začala počúvať rozhlasovú reláciu, ktorá učila o konci sveta. Odpovedalo mi to na mnohé otázky, ktoré som mala celý život. To ma priviedlo k apoštolskej cirkvi, aby som pokračoval v hľadaní pravdy. Tam som bol pokrstený v mene Ježiša a prijal som krst Duchom Svätým s dôkazom hovorenia jazykmi, ako je to opísané v knihe Skutky apoštolov.

Nasledujúce štyri roky sa mi zdalo, že schopnosť hovoriť jazykmi mi už nie je dostupná, hoci som pravidelne navštevoval kostol, modlil sa, študoval a zapájal sa do rôznych služieb. Cítil som sa veľmi "suchý" a bez Ducha Svätého. Iná členka môjho zboru mi povedala, že keď na ňu sestra Liz položila ruky a modlila sa, "niečo" z nej vyšlo; vďaka tomu sa cítila úplne slobodná od útlaku, depresie atď.

Niekoľko žien z nášho zboru sa stretlo na obede, čo mi umožnilo spoznať sestru Elizabeth. Začal sa rozhovor o démonoch a duchovnom svete. Táto téma ma vždy veľmi zaujímala, ale nikdy som o nej nepočula žiadne učenie. Vymenili sme si telefónne čísla a začali sme študovať Bibliu v jej dome. Pýtal som sa, ako môže mať človek, ktorý bol pokrstený v Ježišovom mene a pokrstený Duchom Svätým, démona. Povedala mi, že treba žiť spravodlivý svätý život modlitbou, pôstom, čítaním Božieho slova a zostať plný Ducha Svätého tým, že každý deň hovoríme jazykmi. Vtedy som sa podelil o svoju skúsenosť, že sa cítim vyprahnutý a nemôžem hovoriť jazykmi. Vložila na mňa ruky a modlila sa. Cítil som sa dobre, ale veľmi unavený. Liz mi vysvetlila, že keď zlý duch vyjde z tela, zanechá pocit únavy a vyčerpania. Pokračovala v modlitbe nado mnou a ja som začal hovoriť jazykmi. Bol som taký vzrušený a plný radosti. To, že som mohol hovoriť jazykmi, mi dávalo najavo, že stále mám Ducha Svätého.

S Liz sme sa stali dobrými priateľkami a spoločne sme sa modlili. Sestra Elizabeth má takého milého a jemného ducha, ale keď sa modlí, Boh ju pomazáva zbožnou odvahou uzdravovať chorých a vyháňať démonov. Modlí sa s autoritou a takmer vždy okamžite vidí odpoveď. Boh ju obdaril talentom vyučovať Písmo, vďaka ktorému je jeho význam, pre mňa veľmi jasný.

Rozprávala som Liz o dcére mojej kamarátky Valerie, Mary. Diagnostikovali jej ADD a CHOCHP. Mala tiež prasknuté platničky, ktoré sa snažili liečiť bez operácie. Neustále bola v nemocnici s rôznymi fyzickými problémami. Brala veľa rôznych liekov bez dobrých výsledkov. Mary bola taká postihnutá, že nemohla pracovať;

a mala štyri deti, o ktoré sa musela starať bez akejkoľvek podpory od svojho bývalého manžela.

Sestra Liz mi začala hovoriť, že niektoré z týchto vecí sú démoni a môžu byť vyhnaní v mene Ježiša. Mala som o tom isté pochybnosti jednoducho preto, že som nikdy nepočula, aby sa o tejto konkrétnej chorobe hovorilo ako o chorobe spôsobenej démonmi. Keď sme si s mojou priateľkou, jej svokrou nedávno sadli na kávu, začali mi rozprávať, ako sa im Mária viskózne prihovárala. Kričala, hulákala a nadávala im. Vedeli, že zažívala veľké bolesti pri problémoch s chrbticou a silné bolesti hlavy, ktoré lieky zrejme nezmierňovali; toto však bolo iné. Hovorili o tom, aké nenávistné boli niekedy jej oči a ako veľmi ich to desilo.

O niekoľko dní neskôr mi zavolala kamarátka, že už to nevydrží! Opisy toho, ako sa jej dcéra správala, začali potvrdzovať veci, ktoré sestra. Liz rozprávala o démonoch. Všetko, čo mi povedala, Boh potvrdil prostredníctvom iných. Máriin stav sa zhoršoval a ona začala hovoriť o ukončení svojho života. Začali sme sa svorne modliť za vyhnanie démonov z Mary a jej domu. Boh zobudil sestru Liz dve noci po sebe, aby sa prihovárala za Mary. Liz výslovne prosila Boha, aby Márii ukázal, čo sa tam deje.

Keď sa Mária v noci modlila, mala videnie, že jej manžel (ktorý ju opustil a žil s inou ženou) je v jej dome. Myslela si, že toto videnie je Božou odpoveďou na jej modlitbu, že sa k nim na Vianoce vráti domov. Sestra Liz mi povedala, že má podozrenie, že proti Márii boli použité čarodejnícke triky. Pravdepodobne zo strany jej bývalého manžela alebo ženy, s ktorou žil. Naozaj som nechápala, ako to mohla vedieť. O nič z toho, čo mi Liz povedala, som sa s nikým nepodelila. O pár dní mi Valerie povedala, že jej dcéra Mary dostáva čudné škaredé textové správy od ženy, ktorá žije s jej bývalým manželom. Mary vedela, že ten jazyk sa určite používa na čarodejnícke účely. To bolo potvrdenie toho, čo mi povedala sestra Liz.

Počas posledných mesiacov, keď sme vedeli o Máriinom stave, sme sa snažili ísť za ňu modliť. Nikdy to však nevyšlo. Sestra Liz povedala : "Aj keď sa nám nepodarí prísť k nej domov, Boh pôjde a postará sa o túto situáciu."

Keď Ježiš vošiel do Kafarnauma, prišiel k nemu stotník a prosil ho: "Pane, môj sluha leží doma chorý na ochrnutie a ťažko sa trápi. A Ježiš mu povedal: Ja prídem a uzdravím ho. Stotník odpovedal: Pane, nie som hoden, aby si vošiel pod moju strechu, ale povedz len slovo, a môj sluha bude uzdravený. Lebo ja som človek pod mocou a mám pod sebou vojakov; a tomuto poviem: Choď, a ide, a inému: Poď, a príde, a môjmu sluhovi: Urob to, a urobí to. Keď to Ježiš počul, začudoval sa a povedal tým, čo išli za ním: Veru, hovorím vám: Takú veľkú vieru som nenašiel ani v Izraeli. (Matúš 8, 5-10)

Do dvoch dní od našej modlitby za vyhnanie démonov z Márie a jej domu oznámila svojej matke, že spí lepšie a už nemá žiadne sny. To je jedna z mnohých vecí, ktoré sestra. Liz povedala, že keď máte veľa snov a nočných kobyliek, môže to byť znamenie zlých duchov vo vašom dome. Nasledujúci deň jej Valeriina spolupracovníčka povedala o sne, ktorý mala predchádzajúcu noc. Z Maryinho domu sa plazil plochý čierny had. V ten deň Mária zavolala svojej matke, že sa cíti veľmi šťastná a radostná. Bola na nákupoch so svojimi pätnásťmesačnými dvojčatami; čo už dlho nerobila. Bolo to ďalšie potvrdenie toho, že ADD, ADHD, bipolárna porucha a schizofrénia sú útoky nepriateľa. Máme moc nad škorpiónmi a hadmi (To sú všetko zlí duchovia, ktorí sa spomínajú v Biblii.), ktorých môžeme vyhnať len, v mene Ježiša.

Hľa, dávam vám moc šliapať po hadoch a škorpiónoch a po všetkej moci nepriateľa a nič vám neublíži. Lukáš 10,19

Sestra Liz mi tiež povedala, že musíme denne pomazávať svoju rodinu, svoje domovy a seba požehnaným olivovým olejom pred útokmi nepriateľa. Mali by sme tiež nechať preniknúť Božie slovo do nášho domova.

Táto skúsenosť mi pomohla vidieť niektoré situácie, ktoré sú určite ovládané démonmi, ako sa o tom hovorí v Biblii.

Veď nebojujeme proti krvi a telu, ale proti kniežatstvám, proti mocnostiam, proti vládcom tmy tohto sveta, proti duchovnej zlobe na výsostiach. (Efezanom 6,12)

Môžem hovoriť len za seba. Vyrastal som v presvedčení, že zázraky, hovorenie jazykmi, uzdravovanie chorých a vyháňanie démonov sa diali len v biblických časoch, keď bol na zemi Ježiš a jeho apoštoli. O posadnutosti démonmi v dnešnej dobe som nikdy veľmi neuvažoval. Teraz viem a chápem, že sme stále v biblických časoch! Jeho slovo bolo vždy určené pre súčasnosť. "Súčasnosť" bola včera, "súčasnosť" je teraz a "súčasnosť" bude pre zajtrajšok!

Ježiš Kristus ten istý včera i dnes i naveky. (Žid 13,8)

Satanovi sa podarilo oklamať nás a odviesť od moci, ktorú dal Boh svojej Cirkvi. Bož iaCirkev sú tí, ktorí činia pokánie, sú pokrstení v Ježišovom mene a prijímajú dar Ducha Svätého s dôkazom hovorenia jazykmi. Potom dostanú moc z výsosti.

Ale dostanete moc, keď na vás zostúpi Duch Svätý, a budete mi svedkami v Jeruzaleme, v celom Judsku, v Samárii a až po samý kraj zeme. (Skutky 1,8)

A moja reč a moje kázanie neboli lákavými slovami ľudskej múdrosti, ale prejavom Ducha a moci. (1 Korinťanom 2,4)

Veď naše evanjelium k vám neprišlo len v slove, ale aj v moci, v Duchu Svätom a v mnohých istotách, lebo viete, akí sme boli medzi vami kvôli vám. (1 Tesaloničanom 1,5)

Božie slovo je pre nás TERAZ!

Oddiel II

Nikdy som nepomyslel na to, že by som túto druhú časť zaradil do svojej knihy. Urobil som si však čas a túto časť som pridal, pretože si túto informáciu vyžiadalo veľa ľudí. Odkedy som začal viesť biblické hodiny pre rôzne národnosti, narazili sme na zmeny v moderných Bibliách. Začal som pátrať hlboko v histórii a našiel som niektoré veľmi šokujúce informácie. Keďže mám tieto informácie, verím, že je mojou povinnosťou dať svojim spolubratom a sestrám vedieť túto pravdu a zastaviť nepriateľa v jeho snahe, aby už viac nezavádzal ľudí.

Urobil som to "Jeho cesta"

A.

Jazyky, ktoré Boh použil

O Biblia sa v priebehu storočí vystriedala v rôznych podobách a najmä v rôznych jazykoch. V priebehu dejín vidíme štyri hlavné jazyky, do ktorých bola Biblia preložená: najprv hebrejčina, potom gréčtina, po nej latinčina a nakoniec angličtina. Nasledujúce odseky stručne predstavia tieto jednotlivé etapy.

Približne od roku 2000 pred Kristom, teda od Abraháma, až do roku 70 po Kristovi, teda do zničenia druhého chrámu v Jeruzaleme, sa Boh rozhodol hovoriť so svojím ľudom prostredníctvom semitských jazykov, najmä hebrejčiny. Práve prostredníctvom tohto jazyka svojmu vyvolenému ľudu ukázal cestu a tiež to, že skutočne potrebuje Spasiteľa, ktorý ho napraví, keď zhreší.

Ako svet napredoval, vznikla veľmoc, ktorá komunikovala najmä prostredníctvom gréckeho jazyka. Gréčtina bola významným jazykom počas troch storočí a bola logickou voľbou Boha. Boh sa rozhodol sprostredkovať Nový zákon práve prostredníctvom gréčtiny; a ako dokazujú dejiny, šíril sa ako lesný požiar. Satan si uvedomoval, akú hrozbu by predstavoval text napísaný v jazyku más, a preto sa rozhodol zničiť dôveryhodnosť Biblie. Táto "falošná" Biblia bola napísaná v gréčtine, ale vznikla v egyptskej Alexandrii; Starý zákon sa označoval " akoSeptuaginta" a Nový zákon sa nazýval "Alexandrijský text". Informácie boli prekrútené ľudský minápadmi a vymazané mnohé Božie slová. Je tiež zrejmé, že dnes tieto apokryfy (grécky znamená "skryté", nikdy neboli považované za Božie slovo) prenikli do našej modernej Biblie.

Do roku 120 n. l. sa latinčina stala bežným jazykom a Biblia bola znovu preložená v roku 1500. Keďže latinčina bola v tom čase veľmi rozšíreným jazykom, Biblia sa dala ľahko čítať v celej Európe. Latinčina sa v tom čase považovala za "medzinárodný" jazyk. To umožnilo, aby Biblia putovala po krajinách a bola ďalej prekladaná do regionálnych dialektov. Táto raná verzia sa nazývala Vulgáta, čo znamená "obyčajná Biblia". Diabol na túto hrozbu reagoval vytvorením sesterskej knihy v Ríme. Rimania tvrdili, že ich Biblia, ktorá bola plná "vyhodených kníh" apokryfov a textov, ktoré sa mali podobať skutočnej Biblii, je v skutočnosti pravá Biblia. V tomto bode máme dve Biblie, ktoré sa od seba dramaticky líšili; aby diabol ochránil svoju falošnú Bibliu, musel sa vydať na cestu a zničiť pravé texty. Rímski katolíci poslali žoldnierov, aby zničili a umučili tých, ktorí vlastnili pravú latinskú Vulgátu. Žoldnieri boli väčšinou úspešní, ale nakoniec ju nedokázali úplne zlikvidovať a Božie slovo sa zachovalo.

V rokoch 600-700 n. l. sa vyvinul nový svetový jazyk, angličtina. Boh začal pripravovať pôdu, ktorá potom spustila masívne misionárske hnutie. Najprv William Tyndale v roku 1500 začal prekladať pôvodné hebrejské a grécke texty do nového jazyka. Mnohí po ňom sa pokúšali o to isté a snažili sa čo najlepšie prispôsobiť predchádzajúcim hebrejským a gréckym textom. Medzi týmito ľuďmi bol aj kráľ Jakub VI, ktorý v roku 1604 poveril radu, aby vytvorila čo najpresnejšiu anglickú verziu textov. Do roku 1611 bola v obehu autorizovaná verzia, všeobecne známa ako Biblia kráľa Jakuba. Z tejto Biblie začali prekladať misionári po celom svete.

Satanov neustály útok na Božie slovo:

Teraz čelíme ďalšiemu diablovmu útoku. Do Biblie vydanej v roku 2011, ktorá tvrdí, že je to KJV z roku 1611, boli vložené apokryfy, ktoré nikdy neboli považované za Božie slovo. Apokryfy boli z KJV odstránené autorizovanými učencami s vedomím skutočnosti, že to nie je Božie slovo.

Satan sa nikdy nevzdáva!

B.

Ako Boh zachoval svoje slovo?

Boh kladie najvyšší dôraz na svoje písané slovo, čo je úplne jasné.

Hospodinove slová sú čisté slová, ako striebro skúšané v hlinenej peci, sedemkrát prečistené. Zachováš ich, Hospodine, zachováš ich pred týmto pokolením naveky (Ž 12,6-7).

Božie slovo je nad všetky mená:

*"Budem sa klaňať tvojmu svätému chrámu a chváliť tvoje meno za tvoju milosrdenstvo a za tvoju pravdu, **<u>lebo ty si svoje slovo vyvýšil nad všetko svoje meno</u>**." (Žalmy 138, 2)*

Pán nás tiež upozornil na svoj pohľad na svoje slovo. Dával vážne varovania tým, ktorí by chceli Písmo poškodiť. Boh varoval pred pridávaním k jeho slovu:

<u>Každé Božie slovo je čisté,</u> *on je štítom pre tých, ktorí v neho vkladajú svoju dôveru. Nepridávaj sa k jeho slovám, aby ťa nepokarhal a nenašiel ťa ako klamára. (Príslovie 30,5-6)*

Boh zachováva svoje slová pre všetky generácie bez výnimky!

Mnohí zbožní ľudia sa hrdinsky snažili zadržať narastajúci príliv odpadlíctva a nevery, čo bolo čiastočne spôsobené oslabením autority Božieho slova. Počas temného stredoveku katolícka cirkev kontrolovala ľudí tým, že nechala Bibliu napísať len v latinčine. Bežní ľudia nevedeli čítať ani hovoriť po latinsky.

Do roku 400 n. l. bola Biblia preložená do 500 jazykov z pôvodných pravých rukopisov. Katolícka cirkev v snahe kontrolovať ľudí vydala prísny zákon, podľa ktorého sa Biblia mohla písať a čítať len v latinčine. Táto latinská verzia nebola preložená z pôvodných rukopisov.

John Wycliffe:

John Wycliffe bol známy ako pastor, učenec, oxfordský profesor a teológ. V roku 1371 začal J. W. s pomocou mnohých verných pisárov a nasledovníkov ručne prepisovať rukopisy do angličtiny. Viklefov prvý rukopis Biblie v anglickom jazyku bol preložený z latinskej Vulgáty. To malo pomôcť zastaviť falošné učenie rímskokatolíckej cirkvi. Napísanie a distribúcia len jedného výtlačku Biblie trvala desať mesiacov a stála štyridsať libier. Bož iaruka bola nad Viklefom. Rímskokatolícka cirkev zúrila od hnevu proti pánovi Viklefovi. Jeho mnohí významní priatelia mu pomohli, aby mu neublížili. Hoci katolícka cirkev urobila všetko, čo bolo v jej silách, aby zhromaždila a spálila každý výtlačok, Viklefa to nezastavilo. Nikdy sa nevzdal, pretože vedel, že jeho práca nie je márna. Katolíckej cirkvi sa nepodarilo získať všetky kópie. Zostalo sto sedemdesiat kópií. Bohu buď sláva!

Rímskokatolícka cirkev pokračovala vo svojom hneve. Štyridsaťštyri rokov po smrti Jána Viklefa pápež nariadil vykopať jeho kosti, rozdrviť ich a hodiť do rieky. Približne sto rokov po smrti J. Viklefa sa Európa začala učiť gréčtinu.

Ján Hus:

Jeden z Viklefových nasledovníkov, Ján Hus, pokračoval v diele, ktoré Viklef začal; aj on sa postavil proti falošným učeniam. Katolícka cirkev bola odhodlaná zastaviť akékoľvek iné zmeny ako svoje vlastné a hrozila popravou každému, kto čítal inú ako latinskú Bibliu. Viklefova myšlienka, že Biblia by mala byť preložená do vlastného jazyka, by pomohla. Ján Hus bol v roku 1415 upálený na hranici spolu s Viklefový mrukopisom, ktorý bol použitý na zapálenie ohňa. Jeho posledné slová boli: "O sto rokov Boh vzbudí muža, ktorého výzvy na reformu nemožno potlačiť!". V roku 1517 sa jeho proroctvo naplnilo, keď Martin Luther vo Wittenbergu zverejnil svoju slávnu Tézu o spore s katolíckou cirkvou. V tom istom roku sa vo Foxovej knihe Mučeníci píše, že rímskokatolícka cirkev upálila na hranici 7 ľudí za zločin, že "učili svoje deti modliť sa Modlitbu Pána v angličtine namiesto latinčiny".

Johannes Guttenberg:

Prvou knihou vytlačenou v tlačiarni bola Biblia v latinskom jazyku, ktorú vynašiel Johannes Guttenberg v roku 1440.

Tento vynález umožnil vytlačiť veľké množstvo kníh vo veľmi krátkom čase. Ukázalo sa, že to bol dôležitý nástroj na presadzovanie protestantskej reformácie.

Dr. Thomas Linacre:

Doktor Thomas Linacre, oxfordský profesor, sa v 90. rokoch 14. storočia rozhodol naučiť gréčtinu. Prečítal a dokončil Bibliu v pôvodnom gréckom jazyku. Po skončení štúdia vyhlásil" :Buď to nie je evanjelium, alebo nie sme kresťania".

Rímskokatolícka latinská verzia Vulgáty bola taká skazená, že pravda zostala skrytá. Katolícka cirkev sa naďalej snažila presadiť svoj prísny zákon, podľa ktorého ľudia museli čítať Bibliu len v latinčine.

John Colet:

V roku 1496 začal John Colet, ďalší oxfordský profesor, prekladať Bibliu z gréčtiny do angličtiny pre svojich študentov a neskôr pre verejnosť v Katedrále svätého Pavla v Londýne. V priebehu šiestich mesiacov vypuklo prebudenie a na jeho bohoslužbe sa zúčastnilo viac ako 40 000 ľudí. Povzbudzoval ľudí, aby bojovali za Krista a nezapájali sa do náboženských vojen. Keďže mal veľa priateľov na vysokých miestach, unikol poprave.

Desiderius Erasmus, 1466-1536:

Pán Desiderius Erazmus, veľký učenec, si všimol udalosti pána Koleta a pána Linacra. Zapôsobilo to naňho, aby latinskú Vulgátu previedol späť na pravdu. Podarilo sa mu to s pomocou pána J. Frobena, ktorý rukopis vytlačil a vydal v roku 1516.

Erazmus chcel, aby všetci vedeli, ako veľmi sa latinská Vulgáta pokazila. Povzbudzoval ich, aby sa zamerali na pravdu. Zdôrazňoval skutočnosť, že používanie pôvodných rukopisov, ktoré boli v gréčtine a hebrejčine, udrží človeka na správnej ceste pokračovania vo vernosti a slobode.

Jeden z najznámejších a najzábavnejších citátov známeho učenca a prekladateľa Erazma bol,

> *"Keď dostanem trochu peňazí, kúpim si knihy, a keď mi nejaké ostanú, kúpim si jedlo a oblečenie."*

Katolícka cirkev naďalej útočila na každého, kto sa podieľal na inom ako latinskom preklade Biblie.

Elizabeth Das

William Tyndale (1494-1536):

William Tyndale sa narodil v roku 1494 a zomrel vo veku 42 rokov. Pán Tyndale bol nielen kapitánom armády reformátorov, ale bol známy aj ako ich duchovný vodca. Bol to veľký čestný a vážený muž. Pán Tyndale navštevoval Oxfordskú univerzitu, kde študoval a vyrastal. Po získaní magisterského titulu vo veku dvadsaťjeden rokov odišiel do Londýna.

Mal nadanie hovoriť mnohými jazykmi: Hovoril hebrejsky, grécky, španielsky, nemecky, latinsky, francúzsky, taliansky a anglicky. Jeden zo spolupracovníkov pána Tyndala povedal, že keď ho niekto počul hovoriť jedným z týchto jazykov, myslel si, že hovorí svojím rodným jazykom. Tieto jazyky používal na to, aby požehnával iných. Preložil grécky Nový zákon do angličtiny. Je úžasné, že bol prvým človekom, ktorý vytlačil Bibliu v angličtine. Tento dar mu bezpochyby umožnil úspešné úteky pred úradmi počas rokov vyhnanstva z Anglicka. Nakoniec pána Tyndala chytili a zatkli za zločin kacírstva a vlastizrady. V októbri 1536, po nespravodlivom procese a päťsto dňoch vo väzení s mizernými podmienkami, bol pán Tyndale upálený na hranici. Je zaznamenané, že vydavateľstvo Tyndale House je moderná spoločnosť pomenovaná po tomto úžasnom hrdinovi.

Martin Luther:

Rímskokatolícka cirkev vládla príliš dlho a Martin Luther netoleroval korupciu v cirkvi. Mal už dosť falošného učenia, ktoré sa vnucovalo ľuďom. Na Halloween v roku 1517, keď na kostole vo Wittenbergu zverejnil svojich 95 téz sporu, nemal žiadne pochybnosti. Wormský snem, ktorý vytvorila cirkev, plánoval Martina Luthera umučiť. Katolícka cirkev sa obávala prípadnej straty moci a príjmov. Už by nemohla predávať odpustky za hriechy alebo prepustenie blízkych z "očistca", čo je učenie vymyslené katolíckou cirkvou.

Martin Luther mal pred Tyndaleom náskok a v septembri 1522 vydal svoj prvý preklad Erazmovho grécko-latinského Nového zákona do nemčiny. Tyndale chcel použiť rovnaký pôvodný text. Začal s týmto procesom a bol terorizovaný úradmi. V roku 1525 odišiel z Anglicka do Nemecka, kde pracoval po boku Martina Luthera. Do konca roka bol Nový zákon preložený do angličtiny. V roku 1526 sa Tyndaleov Nový zákon stal prvým vydaním Písma, ktoré bolo vytlačené v anglickom jazyku. To bolo dobré! Ak by ľudia mali prístup k čítaniu Biblie vo svojom vlastnom jazyku, katolícka cirkev by už nad nimi nemala moc ani nadvládu. Temnota strachu, ktorá ovládala ľudí, už nebola hrozbou. Verejnosť by sa dostala k možnosti spochybniť cirkevnú autoritu pre akúkoľvek zjavenú lož.

Konečne prišla sloboda; spasenie bolo pre všetkých zadarmo skrze vieru, a nie skrze skutky. Vždy bude pravdivé Božie slovo, nie ľudské. Božie slovo je pravdivé a pravda vás oslobodí.

Kráľ Jakub VI:

V roku 1603, keď sa Jakub VI. stal kráľom, sa pripravoval návrh nového prekladu Biblie. Dôvodom nového prekladu bolo, že Veľká Biblia, Matúšova Biblia, Biskupská Biblia, Ženevská Biblia a Coverdaleova Biblia, ktoré sa používali, boli poškodené. Na konferencii v Hampton Courte kráľ Jakub schválil preklad Biblie. Na toto veľké prekladateľské dielo bolo starostlivo vybraných štyridsaťsedem biblistov, teológov a jazykovedcov. Prekladatelia boli rozdelení do šiestich skupín a pracovali na univerzitách vo Westminsteri, Cambridgei a Oxforde. Jednotlivé knihy Biblie boli pridelené týmto hebrejským, gréckym, latinským a anglickým učencom. Aby sa tento preklad mohol uskutočniť, museli sa dodržiavať určité usmernenia. Preklad Biblie z pôvodných jazykov bol dokončený v roku 1611 a rozšíril sa po celom svete.

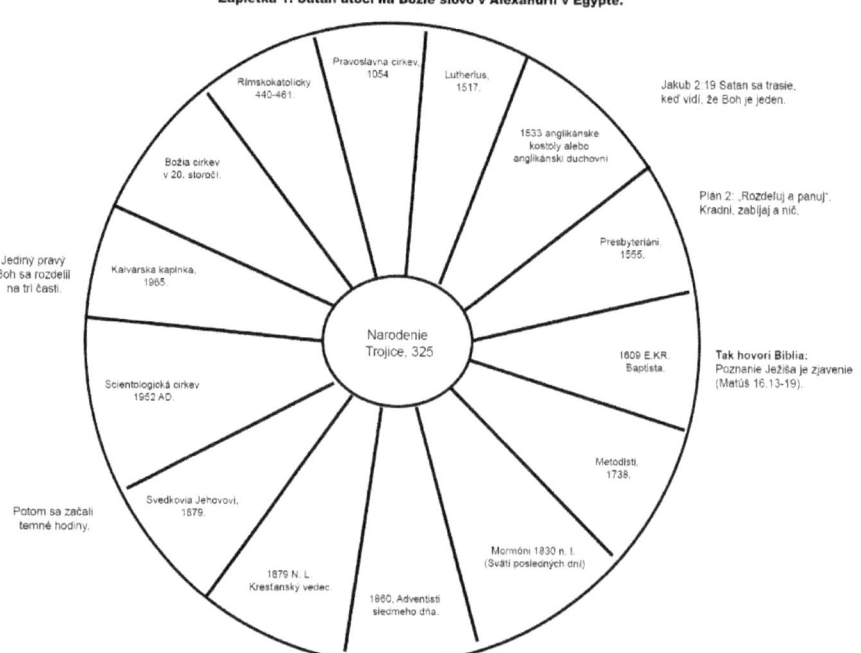

Zápletka 1: Satan útočí na Božie slovo v Alexandrii v Egypte.

Potom sa začali temné hodiny.

Urobil som to "Jeho cesta"

C.

Biblické preklady našej doby:

T Pravda o rôznych verziách Biblie: Slovo Božie je konečnou autoritou pre náš život.

V súčasnosti existuje okrem verzie kráľa Jakuba (KJV) mnoho rôznych prekladov Biblie. Skutoční nasledovníci Krista by radi vedeli, či sú všetky verzie Biblie správne alebo nie. Hľadajme pravdu vo všetkých týchto rôznych verziách Biblie. Máme NIV, NKJV, Katolícku Bibliu, Latinskú Bibliu, American Standard Version, Revised Standard Version, English Standard Version, New American Standard Version, International Standard Version, grécku a hebrejskú Bibliu a Bibliu v Preklade nového sveta (svedkovia Jehovovi) atď. Existuje aj mnoho ďalších Biblií, ktoré v rôznych obdobiach a epochách preložili rôzni učenci. Ako môžeme vedieť, že všetky tieto rôzne verzie sú správne alebo boli poškodené? Ak boli poškodené, tak ako a kedy sa to stalo?

Začnime našu cestu cez tieto mnohé varianty, aby sme našli pravdu:

To, čo potrebujeme vedieť, je, aby sme mohli určiť, ktorá z nich je pravá verzia:

Nedávny objav Alexandrijského originálneho písma má nad slovami a písmenami čiary, čiary alebo pomlčky. To znamenalo vynechanie týchto konkrétnych slov a veršov z ich prekladu. Tieto čiary našli nad slovami, ako napr: Svätý, Kristus a Duch spolu s mnohými ďalšími slovami a veršami. Pisári, ktorí mali za úlohu upravovať tieto rukopisy, neverili v Pána Ježiša Krista ako Mesiáša (Spasiteľa). Ten, kto robil úpravy, odstránil a zmenil mnohé slová a verše Písma. Tento rukopis bol nedávno objavený v Alexandrii v Egypte.

Toto je nádherný dôkaz, že Biblia bola v Alexandrii zmenená a poškodená ich skorumpovanými náboženskými a politickými vodcami.

Biblia vo verzii kráľa Jakuba hovorí:

Celé Písmo je dané z Božieho vnuknutia a je užitočné na učenie, na pokarhanie, na nápravu, na výchovu k spravodlivosti: (2 Tim 3,16)

Predovšetkým vedzte, že žiadne proroctvo Písma nemá súkromný výklad. Lebo proroctvo neprišlo v dávnych časoch z ľudskej vôle, ale svätí Boží muži hovorili, ako ich poháňal Duch Svätý.
(2 Petra 1, 20-21)

Toto pravé Božie slovo napísal jediný Boh.

Božie slovo je večné:

Veru, hovorím vám, že kým nepominie nebo a zem, nepominie zo Zákona ani jediná čiarka, kým sa všetko nenaplní.
(Matúš 5:18)

A ľahšie je, aby prešlo nebo a zem, než aby sa porušil čo len jeden článok zákona. (Lukáš 16,17)

Nepridávajte ani neuberajte z Božieho slova:

Božie slovo sa nedá odobrať, pridať ani prekrútiť:

Lebo dosvedčujem každému, kto počuje slová proroctva tejto knihy: Ak niekto pridá k týmto veciam, Boh mu pridá rany, ktoré sú napísané v tejto knihe: A ak niekto uberie zo slov knihy tohto proroctva, Boh odníme jeho podiel z knihy života a zo svätého mesta a z toho, čo je napísané v tejto knihe. (Zjavenie 22,18-19)

K slovu, ktoré vám prikazujem, nič nepridáte ani z neho neuberiete, aby ste zachovávali prikázania Hospodina, svojho Boha, ktoré vám prikazujem. (Deuteronómium 4,2)

Božie slovo je živé a ostrejšie ako dvojsečný meč:

*Každé Božie slovo je **čisté**, on je štítom pre tých, ktorí v neho vkladajú svoju dôveru. (Príslovie 30,5)*

Žalm 119 nám hovorí, že Božie slovo nám pomáha zostať čistými a rásť vo viere. Božie slovo je jediným sprievodcom čistého života.

*Tvoje slovo je **svetlom** pre moje nohy a **svetlom na** mojej ceste. (Žalmy 119,105)*

*Znovuzrodení nie z porušiteľného semena, ale z neporušiteľného, skrze **Božie slovo,** ktoré je živé a trvá naveky. (1 Petrova 1,23)*

Spomedzi mnohých dnes dostupných anglických verzií sa iba verzia kráľa Jakuba (1611) bezpodmienečne riadi lepším tradičným masoretským hebrejským textom. Túto dôkladnú metódu používali masoreti pri tvorbe kópií Starého zákona. Dôveryhodný dôkaz Božieho prísľubu, že zachová svoje slovo, nikdy nesklamal.

Boh bude chrániť svoje slovo:

*Hospodinove slová sú **čisté slová**, ako striebro skúšané v hlinenej peci, sedemkrát prečistené. Zachováš ich, Hospodine, **zachováš ich pred týmto pokolením naveky**. (Žalmy 12,6.7)*

Dnešná technológia dokázala, že Biblia kráľa Jakuba je presná a pravdivá.

Časopis Kráľovskej štatistickej spoločnosti a štatistickej vedy je nová výskumná agentúra:

Hebrejskí vedci, dvaja harvardskí a dvaja yalskí matematici, využili tieto dve štatistické vedecké techniky a boli ohromení presnosťou Biblie KJV. Vykonali počítačovú informačnú štúdiu s použitím ekvidištančného poradia písmen. Zadali meno z prvých piatich kníh (Tóry) Biblie KJV a po zadaní tohto mena dokázal test ekvidistantnej postupnosti písmen automaticky vyplniť dátum narodenia, úmrtia a mesto, kde sa daná osoba narodila a zomrela. Zistili, že táto správa je najpresnejšia. Ľahko a s presnými výsledkami zaznamenal osoby, ktoré žili na začiatku storočia. Išlo o jednoduché testy, ale zistenia plynuli s veľkou presnosťou.

Tá istá technika zlyhala, keď do nej vložili mená používané v NIV, New American Standard Version, The Living Bible a iných jazykoch a prekladoch z týchto verzií. Táto metóda dokazuje nepresnosť poškodených kópií Biblie.

Rovnakú matematickú analýzu skúšali aj pre Samaritánsky Pentateuch, ako aj pre Alexandrijskú verziu, a ani to nefungovalo.

Kniha Zjavenia nám hovorí, že:

A ak sa niekto odchýli od slov knihy tohto proroctva, Boh odníme jeho podiel z knihy života, zo svätého mesta a z toho, čo je napísané v tejto knihe. (Zjavenie 22,19)

Na základe tejto štúdie dospeli k záveru, že Biblia KJV je najpravdivejšia Biblia, akú dnes máme.

Grécky text založený na masoretskom texte a Textus Receptus: (jednoducho znamená texty prijaté všetkými), ktorý bol pôvodne napísaný, je základom Biblie KJV. Viac ako päťtisíc rukopisov sa na 99 % zhoduje s Bibliou KJV.

Biblia KJV je verejným vlastníctvom a nepotrebuje žiadne povolenie na použitie na preklad.

Moderné verzie Biblie nepoužívajú hebrejský masoretský text. Používajú Leningradský rukopis, upravený podľa Septuaginty, poškodenej gréckej verzie Starého zákona. Oba tieto falošné hebrejské texty Biblia Hebraica ponúkajú vo vlastných poznámkach pod čiarou navrhované zmeny. Falošné hebrejské texty, BHK alebo BHS, sa pre Starý zákon používajú vo všetkých moderných verziách na preklady.

Tradičný masoretský hebrejský text, ktorý je základom KJV, je presne rovnaký ako pôvodný rukopis. Archeológovia dnes našli všetky knihy Biblie, čo dokazuje, že Biblia KJV je presným prekladom pôvodnej knihy.

Božie slovo sa zmenilo:

Biblia hovorí, že Božie slovo je náš meč a používa sa ako jediná útočná zbraň proti nepriateľovi; v moderných prekladoch sa však Božie slovo nemôže používať ako útočná zbraň alebo meč proti nepriateľovi. V Božom slove došlo k toľkým zmenám, že keď vidíme človeka, ktorý používa moderné preklady, je labilný, depresívny, úzkostlivý a má emocionálne problémy.

Preto do cirkvi vstúpila psychológia a medicína; za to sú zodpovedné nové preklady.

Elizabeth Das

Pozrime sa na niekoľko zmien a ich jemný dôvod:

Zmeny uvidíme v nasledujúcich verziách Biblie. Uvádzam niekoľko verzií, ale existuje mnoho ďalších verzií a prekladov urobených na základe tejto Biblie, ktoré si môžete preskúmať aj sami. New Living Translation, English Standard Version, New American Standard Bible, International Standard Version, American Standard Version, Jehovah's Witness Bible a NIV Bible a ďalšie preklady.

*KJV: Lukáš 4:18 Duch Pánov je nado mnou, lebo ma pomazal, aby som hlásal evanjelium chudobným; poslal ma **uzdravovať skrúšených srdcom**, hlásať zajatým oslobodenie a slepým navrátenie zraku, oslobodiť zbitých,*

Tento verš hovorí, že On uzdravuje ľudí so zlomeným srdcom.

V NIV čítame Lukáša 4,18: "Duch Pánov je na mne, lebo ma pomazal, aby som hlásal dobrú zvesť chudobným. Poslal ma ohlasovať väzňom slobodu a slepým navrátenie zraku, utláčaných oslobodiť;

(V NIV a iných verziách je vynechaný text Uzdrav srdce zlomené. Moderné preklady nemôžu uzdraviť zlomené srdce.)

*KJV: Marek 3:15: A aby mal **moc uzdravovať choroby** a vyháňať démonov:*

NIV: Mk 3,15: A mať moc vyháňať démonov.

(**"A mať moc uzdravovať choroby"** je v NIV a iných prekladoch vynechané. Nemáte moc uzdravovať chorých.)

*KJV: Keď **sa uzdravený chromý** držal Petra a Jána, všetok ľud sa k nim zbehol do predsiene, ktorá sa volá Šalamúnova, a veľmi sa čudoval.*

NIV: Všetci ľudia sa divili a pribehli k nim na miesto, ktoré sa volá Šalamúnova kolonáda.

Biblia NIV odstránila: "**Chromý človek, ktorý bol uzdravený**", čo je kľúčový verš.

Okrem toho NIV odstránil " slovozľutovnica" päťdesiattrikrát. Božie milosrdenstvo je vynechané. Slovo Krv bolo vynechané štyridsaťjedenkrát.

Efezanom 6,4 hovorí o výchove cirkvi... Slovo výchova pochádza zo slova starať sa. Podobne ako chová a stará sa o dieťa, Boh nás vychováva a pokoruje, ale niektoré moderné verzie hovoria o "disciplíne" a "trestaní".

*V knihe Daniel 3,25b sa píše: A podoba štvrtého je ako **Boží Syn**.*

*NIV Daniel 3,25b: zmenil slová a štvrtý vyzerá ako **syn bohov**."*

Syn Boží nie je synom bohov... to podporuje polyteizmus.

Zmenou "The" na "A" podporíte iné náboženstvá. Príklad: Ježiš nie je jediným spasiteľom?!?!?

Biblia hovorí:

Ježiš mu povedal: "Ja som cesta, pravda a život; nikto neprichádza k Otcovi, iba cezo mňa. (Jn 14,6)

*KJV: Matúš 25,31: Keď príde Syn človeka vo svojej sláve a s ním všetci **svätí anjeli**, vtedy zasadne na trón svojej slávy.*

*NIV: Matúš 25,31: Keď príde Syn človeka vo svojej sláve a s ním všetci **anjeli**, zasadne na svoj trón v nebeskej sláve*

(NIV odstránil slovo "Svätý". Vieme, že Biblia hovorí aj o zlých a nesvätých anjeloch)

Boh je svätý:

NIV tiež z niektorých miest odstránil Svätý Duch alebo Duch Svätý. Toto je len niekoľko príkladov mnohých zmien NIV, NKJV, Katolíckej Biblie, Latinskej Biblie, American Standard Version, Revised Standard Version, Gréckej a Hebrejskej Biblie a tiež ďalších verzií Biblie, ktoré boli preložené zo starého, poškodeného alexandrijského písma a NIV.

Nasledujúci dôkaz, že Biblia NIV je antikristom:

Mnohé slová ako Ježiš Kristus, Mesiáš, Pán atď. boli z NIV a iných prekladov Biblie odstránené. Biblia hovorí, kto je Antikrist.

Antikrist:

> *Kto je lhár, ak nie ten, kto popiera, že Ježiš je Kristus? Antikrist je ten, kto popiera Otca i Syna. (1 Ján 2,22)*

> *Milosť nášho Pána **Ježiša Krista** nech je s vami všetkými. Amen. (Zjavenie 22:21)*

> *Milosť Pána Ježiša nech je s Boží mľudom. Amen. (NIV: Zjavenie 22:21 odstránilo **Krista.**)*

KJV Ján 4,29: Poďte, pozrite sa na človeka, ktorý mi povedal všetko, čo som kedy robil: nie je to Kristus?

NIV hovorí Ján 4,29: "Poďte, pozrite sa na človeka, ktorý mi povedal všetko, čo som kedy urobil. Môže to byť Kristus?"

(Kristovo božstvo je spochybnené) Odstránením slov sa zmení význam.

Antikrist popiera Otca a Syna...

> *KJV: Ján 9:35: "Ty veríš **v Syna Božieho"**.*

*NIV: Veríte v **Syna človeka**".*

Skutky apoštolov 8,37 Filip povedal: "Ak veríš celým svojím srdcom, môžeš. A on odpovedal: Verím, že Ježiš Kristus je Boží Syn."

Skutky 8:37; celý verš je z NIV odstránený

*KJV: Galatským 4:7 preto už nie si sluha, ale syn, a ak syn, tak **Boží** dedič **skrze Krista***

NIV: A keďže si syn, Boh ťa urobil aj dedičom.

NIV vynechal Božieho dediča skrze Krista.

*KJV: Efezanom 3:9 a aby všetci [ľudia] videli, aké je spoločenstvo tajomstva, ktoré bolo od počiatku sveta skryté v Bohu, ktorý všetko stvoril **skrze Ježiša Krista**:*

NIV: Efezanom 3:9 a aby všetkým objasnil správu tohto tajomstva, ktoré bolo od vekov skryté v Bohu, ktorý všetko stvoril.

NIV odstránil "**Ježišom Kristom**". Ježiš je Stvoriteľom všetkých vecí.

Ježiš Kristus prichádza v tele:

*1 Ján 4,3...A každý duch, ktorý nevyznáva, že **Ježiš Kristus prišiel v tele**, nie je z Boha.*

NIV hovorí: Ale každý duch, ktorý neuznáva Ježiša, nie je od Boha.

("Ježiš Kristus prišiel v tele" bolo odstránené)

Kniha Skutkov 3:13, 26 hovorí, že je Boží Syn. NKJV odstránil Syna Božieho a povedal Boží služobník.

Nové verzie Biblie nechcú, aby bol Ježiš "Boží Syn". Syn Boží znamená Boh v tele.

Ján 5,17-18 Ježiš im odpovedal: **Môj Otec** *pracuje doteraz a ja pracujem. Preto sa ho Židia usilovali tým viac zabiť, lebo nielenže porušil sobotu, ale povedal aj to, že* **Boh je jeho Otec***, a tým sa postavil* **na roveň Bohu**

Biblia KJV definuje Ježiša alebo Ježiša Krista alebo Pána Ježiša. Nové moderné preklady však namiesto toho hovoria "on alebo on".

KJV: A spievajú pieseň Božieho služobníka Mojžiša a pieseň Baránka a hovoria: Veľké a obdivuhodné sú tvoje skutky, Pane, Bože všemohúci, spravodlivé a pravdivé sú tvoje cesty, **Kráľ svätých**. *(Zjavenie 15,3)*

NIV: a spievali pieseň Mojžiša, Božieho služobníka, a pieseň Baránka: "Veľké a obdivuhodné sú tvoje skutky, Pane, všemohúci Bože. Spravodlivé a pravdivé sú tvoje cesty, **Kráľ vekov**. *(Zjavenie 15,3)*

(On je Kráľ svätých, ktorí sa znovuzrodili. ktorí sú pokrstení v Ježišovom mene a prijali jeho Ducha.)

KJV: A **Boh** *zotrie všetky slzy z ich očí; (Zjavenie 21,4)*

NIV: Zotrie im každú slzu z očí. (Zjavenie 21,4)

"**Boh**" sa mení na "On". Kto je "On"? (To podporí iné náboženstvá.)

KJV: A hľa, Baránok stál na vrchu Sion a s ním sto štyridsať [a] štyri tisíce, ktorí mali na čele napísané **meno** *jeho* Otca. *(Zjavenie 14,1)*

NIV: Vtedy som videl, že predo mnou stojí Baránok na vrchu Sion a s ním 144 000 ľudí, ktorí majú na čele napísané **jeho meno a meno jeho** Otca. *(Zj 14, 1)*

NIV doplnil "Jeho meno" o "meno Jeho Otca", ktoré je teraz dvojmenné.

Ján 5,43b: Ja som prišiel v mene svojho Otca.

Takže meno Otca je Ježiš. Ježiš v hebrejčine znamená Jehova Spasiteľ

*Zachariáš 14:9 A Hospodin bude kráľom nad celou zemou; v ten deň bude jeden Hospodin a jeho **meno jedno***

*KJV Izaiáš 44,5 Jeden povie: "Ja som Pánov", iný sa bude volať Jakubom a ďalší sa rukou upíše Pánovi **a dá si meno** Izrael.*

NIV: iný sa bude volať Jakub, iný si napíše na ruku: "Hospodinov" a prijme meno Izrael.

(NIV odstránil slovo **priezvisko**)

Teraz sa dozvedáme, že kniha Pastier Hermasov bude zaradená do modernej verzie Biblie. V knihe Hermas sa píše" :Prijmite meno, odovzdajte sa šelme, vytvorte jednu svetovú vládu a zabíjajte tých, ktorí neprijímajú Meno. (Ježiš nie je meno, o ktorom sa tu hovorí).

KJV Zjavenie 13,17: A aby nikto nemohol kupovať ani predávať, iba ten, kto má znamenie alebo meno šelmy, alebo číslo jej mena.

A nebuďte prekvapení, ak kniha Zjavenia zmizne z Biblie. V knihe Zjavenia je zaznamenaná minulosť, prítomnosť a veci, ktoré prídu. Hermov pastier sa nachádza v rukopise Sinaiticus, ktorý je základom Biblie NIV.

Symboly:

Aký je význam symbolu a kto tento symbol používa:

Elizabeth Das

Symbol je niečo ako konkrétna značka, ktorá predstavuje určitú informáciu, napríklad červený osemuholník môže byť symbolom pre "STOP". Na mape môže obrázok stanu predstavovať kemp.

666 =

Kniha proroctiev hovorí:

Tu je múdrosť. Kto má rozum, nech spočíta číslo šelmy, lebo je to číslo človeka, a jeho číslo je šesťsto šesťdesiatšesť. (Zjavenie 13,18)

Tento symbol alebo logo prepletenej 666 (staroveký symbol trojice) používajú ľudia, ktorí veria v trojičné učenie.

Boh nie je trojica ani tri rôzne osoby. Jeden Boh Jehova prišiel v tele a teraz jeho Duch pôsobí v Cirkvi. Boh je jeden a vždy bude jeden.

Ale Skutky 17:29 hovoria: Keďže sme teda Božie potomstvo, nemali by sme si myslieť, že Božstvo je podobné zlatu, striebru alebo kameňu, vyrytému umením a ľudským výmyslom.

(Urobiť symbol, ktorý by predstavoval božstvo, je proti Božiemu slovu) New Agers pripúšťajú, že tri prepletené šestky alebo "666" sú znakom šelmy.

Biblia nás varuje, že satan je falošný:

"A niet divu, veď sám satan sa premenil na anjela svetla. Preto nie je veľká vec, ak sa aj jeho služobníci premenia na služobníkov spravodlivosti." (2 Korinťanom 11,14-15)

Satan je napokon falošný:

Vystúpim nad výšiny oblakov, budem ako Najvyšší. (Izaiáš 14,14)

Budem ako Najvyšší Boh. Je zrejmé, že satan sa pokúsil vziať identitu Ježiša Krista tým, že zmenil Božie slovo. Pamätajte, že satan je rafinovaný a jeho útok je zameraný na "Slovo Božie".

Nová verzia kráľa Jakuba:

Pozrime sa na túto verziu Biblie s názvom NKJV. Nová verzia kráľa Jakuba **nie je** verzia kráľa Jakuba. Bibliu vo verzii kráľa Jakuba preložilo 54 učencov z hebrejčiny, gréčtiny a latinčiny v roku 1611.

Nová verzia kráľa Jakuba bola prvýkrát vydaná v roku 1979. Štúdiom Novej verzie KJV zistíme, že táto verzia je nielen najsmrteľnejšia, ale aj veľmi klamlivá pre Kristovo telo.

Prečo??????

Vydavateľ NKJV uvádza:

.... Že je to Biblia kráľa Jakuba, čo nie je pravda. KJV nemá žiadne právo na kopírovanie, môžete ju preložiť do akéhokoľvek jazyka bez toho, aby ste dostali povolenie. NKJV má právo na kopírovanie, ktoré vlastní vydavateľstvo Thomas Nelson.

.... Že je založený na Textus Receptus, ktorý je len čiastočnou pravdou. Toto je ďalší rafinovaný útok. Dávajte si pozor na tento Nový KJV. O chvíľu zistíte, prečo.

Nová Biblia kráľa Jakuba tvrdí, že je Bibliou kráľa Jakuba, len lepšou. NKJV vynechala a zmenila mnoho veršov.

Dvadsaťdva krát sa " slovopeklo" mení na "Hádes" a "Šeol". Satanistické hnutie New Age hovorí, že "Hádes" je stredný stav očisty!

Gréci veria, že "Hádes" a "Šeol" je podzemný príbytok mŕtvych.

Je tu veľa vynechaných slov: pokánie, Boh, Pán, nebo a krv. Z NKJV sú odstránené slová Jehova, diabli a zatratenie a Nový zákon.

Nedorozumenia o spasení:

KJV	NKJV
1. Korinťanom 1:18	
"Sú zachránené"	Byť spasený.
Žid 10:14	
"Sú posvätení"	sú posvätené.
II Korinťanom 10:5	
"Odvrhnutie predstavivosti"	Odvrhnutie argumentov.
Matúš 7:14	
"Úzka cesta" II Korinťanom 2:15	Náročný spôsob
"Sú zachránené"	Byť zachránený

"Sodomiti" sa mení na "zvrátení ľudia". NKJV je antikristovsky skreslená verzia

<u>Satan najviac útočí na Ježiša ako Boha.</u>

NIV: Izaiáš 14,12 je rafinovaným útokom na Pána Ježiša, ktorý je známy ako **Jitřenka**.

Ako si spadol z neba, ó, ranná hviezda, syn úsvitu! Bol si zvrhnutý na zem, ty, ktorý si kedysi položil národy!

(NIV má k tomuto veršu poznámky pod čiarou *2 Petra 1,19* "A máme slovo prorokov, ktoré je istejšie, a dobre urobíte, keď mu budete venovať pozornosť ako svetlu, ktoré svieti na tmavom mieste, kým sa nerozblíka deň a nevzišla ranná hviezda vo vašich srdciach."

Pridaním **_Jitřenky_** a uvedením ďalšieho odkazu v Zjavení 2,28 zavádza čitateľa, že Ježiš je Jitřenka, ktorá padla.)

Ale Izaiáš 14,12 hovorí: "Ako si spadol z neba, Lucifer, syn rána! [Ako] si bol zrazený na zem, ktorý si oslabil národy!"

(Biblia NIV odstránila Luciferovo meno a nahradila " slovosyn rána" slovom "**ranná hviezda**". V knihe Zjavenie sa o Ježišovi hovorí ako o "rannej hviezde".

Ja, Ježiš, som poslal svojho anjela, aby vám to dosvedčil v cirkvách. Ja som koreň a potomok Dávidov a jasná a ranná hviezda
(ROH 22,16).

NIV verzia Izaiáša 14,12 teda nesprávne chápe biblický význam, keď hovorí, že Ježiš padol z neba a položil národy.) Biblia KJV hovorí, že Ježiš je jasná a ranná hviezda.

*"Ja, Ježiš, som poslal svojho anjela, aby vám to dosvedčil v cirkvách. Ja som koreň a potomok Dávidov a **jasná a ranná hviezda**."*
(Zjavenie 22,16)

KJV:

Máme aj istejšie slovo proroctva, na ktoré si dobre dávajte pozor ako na svetlo, ktoré svieti v temnom mieste, kým sa nerozbliká deň a nevzišla denná hviezda vo vašich srdciach.

*A bude nad nimi vládnuť železnou palicou; ako hrnčiarske nádoby sa budú rozbíjať, ako som to dostal od svojho Otca. A dám mu **rannú hviezdu**. (Zj 2,27-28)*

Moderné preklady sa prispôsobujú všetkým náboženstvám tým, že namiesto slov Ježiš, Kristus alebo Mesiáš používajú "on" alebo "ho" a odstraňujú mnohé slová a verše o Ježišovi. Tieto preklady dokazujú, že

Pán Ježiš nie je Stvoriteľ, Spasiteľ ani Boh v tele; robia z neho len ďalší mýtus.

Títo odpadlíci vytvorili rukopis Biblie, ktorý sa im viac páčil. Napadli božstvo Ježiša Krista a ďalšie biblické doktríny. Pripravili tak pôdu pre Bibliu New Age, ktorá mala dať vzniknúť jednému svetovému náboženstvu. Spojenie všetkých cirkví a náboženstiev prinesie "jedno svetové náboženstvo".

Teraz už chápete, aký zákerný a rafinovaný plán pripravil Satan. Dokonca sa odvážil zmeniť Božie slovo. Satan vypracoval ľstivý plán, aby zmiatol ľudí!

Spomeňte si, čo povedal Satan:

Vystúpim nad výšiny oblakov, budem ako Najvyšší. (Izaiáš 14,14)

D.

KJV a moderná Biblia: Zmeny, ktoré boli pridané alebo odobraté.

PREKLAD NIV:

Grécky text Westcotta a Horta pochádza z rukopisov Sinaiticus a Vaticanus. Raná cirkev zistila, že ide o rafinovaný útok na Božie slovo, pretože vynecháva a mení pravdu Biblie. Sinaiticus(Aleph) a Vaticanus(Codex-B) boli zavrhnuté ranou cirkvou a obdivované falošnými učiteľmi. Zdroj Biblie NIV je založený na poškodených verziách Westcotta a Horta, ktoré nájdete v poznámkach pod čiarou k NIV. Bez rozsiahleho výskumu nemáme možnosť zistiť, ako a kde tento grécky text Westcotta & Horta vznikol. Keď vidíme odkazy uvedené z Westcotta a Horta, zvyčajne im bez pochybností veríme, jednoducho preto, že sú vytlačené v Biblii.

Biblia NIV je obdivovaná, pretože ľudia veria, že je ľahšie zrozumiteľná, keďže stará angličtina bola zmenená na moderné slová. V skutočnosti má Biblia KJV najjednoduchší jazyk, ktorému rozumie každý vek. Slovník KJV je jednoduchší ako slovník NIV. Už len tým, že sa zmenili slová ako ty, tvoje, tvoje a tvoje, si ľudia myslia, že sa ľahšie číta. Ako viete, Božie slovo vysvetľuje iba Duch Svätý, ktorý je napísaný Bohom. Duch Boží je v KJV, ktorý nám pomáha pochopiť jeho porozumenie. V Bož omslove nie sú potrebné zmeny; pravé Slovo však potrebuje zmeniť naše myslenie.

Mnohé zbory teraz prijímajú verziu NIV namiesto KJV. Malé zmeny v priebehu času ovplyvňujú naše myslenie a stávajú sa nenápadným spôsobom vymývania mozgov. Zmeny, ktoré Biblia NIV urobila vo svojej verzii, nenápadne oslabujú evanjelium. Tieto zmeny sú väčšinou v rozpore s panstvom Pána Ježiša Krista. Keď sa to podarí, mnohým náboženstvám je ľahšie prijať Bibliu NIV, pretože potom podporuje ich doktríny. To sa následne stáva "medzináboženským", cieľom jedného svetového náboženstva, o ktorom sa hovorí v Zjavení.

KJV vychádza z byzantskej rodiny rukopisov, ktoré sa bežne nazývajú Textus Receptus. NKJV (New King James Version) je najhorší preklad. Od KJV sa líši 1200-krát. Nová verzia kráľa Jakuba rozhodne nie je rovnaká ako verzia kráľa Jakuba. MKJV tiež nie je KJV. Väčšina prekladov Biblie nie je inou verziou, ale prekrútenou verziou a odchyľuje sa od pravdy.

Nasledujúce verše nie sú v **NIV** a **iných moderných prekladoch**. Nasleduje zoznam "vynechaných" veršov v NIV.

Izaiáš 14:12

*KJV: Ako si spadol z neba, **Lucifer, syn rána**! Ako si sa zrútil na zem, ktorý si oslabil národy!*

*NIV Iz 14,12 Ako si spadol z neba, ty, **ranná hviezda**, syn úsvitu! Na zem si bol zvrhnutý, ty, ktorý si kedysi položil národy!*

(Biblia NIV vynechala slovoLucifer a nahradila hoslovom" syn rannej hviezdy". To vás zavádza, aby ste verili, že "JEŽIŠ", ktorý je "JITRNÁ HVIEZDA", spadol z neba.

Ja, Ježiš, som poslal svojho anjela, aby vám to dosvedčil v cirkvách. Ja som koreň a potomok Dávidov, a jasný a **ranná hviezda**. *(Zjavenie Jána 22, 16)*

(Ježiš je ranná hviezda)

Izaiáš 14,12 (NIV) je veľmi mätúci verš. Ľudia si myslia, že Ježiš spadol z neba a bol podťatý.

NIV stavia Lucifera (Satana) na úroveň Ježiša Krista, čo je rúhanie najvyššieho stupňa. To je dôvod, prečo niektorí ľudia neveria v Ježiša Krista, pretože ho považujú za rovného Satanovi.

Daniel 3:25

KJV: Dan.3:25 Odpovedal a povedal: Hľa, vidím štyroch mužov, ktorí sú voľní a kráčajú uprostred ohňa, a nič sa im nestalo, a podoba štvrtého je ako **Boží Syn.**

NIV: Dan. 3:25 Povedal: "Pozrite, vidím štyroch mužov, ktorí chodia v ohni, nespútaní a nezranení, a štvrtý vyzerá ako **syn bohov**.*"*

(Zmena Syna Božieho na **Syna bohov** vyhovie viere v polyteizmus, čo podporí aj iné náboženstvá.)

Matúš 5:22

KJV Mt 5,22 Ale ja vám hovorím, že každý, kto **sa hnevá na svojho brata bez príčiny**, *bude v nebezpečenstve súdu, a kto povie svojmu bratovi: Rača, bude v nebezpečenstve rady, ale kto povie: Ty blázon, bude v nebezpečenstve pekelného ohňa.*

NIV Mt 5,22 Ale ja vám hovorím, že každý, kto **sa hnevá** *na svojho brata, bude odsúdený. Opäť platí, že každý, kto povie svojmu bratovi: 'Raca,'* **zodpovedá sa pred Sanhedrínom**. *Ale každý, kto povie: "Ty blázon!", bude vystavený nebezpečenstvu pekelného ohňa.*

(KJV Biblia hovorí, že **sa hnevá bez príčiny** NIV hovorí, že sa len hnevá. Pravda slova je, že sa môžeme **hnevať**, ak je na to dôvod, ale nenecháme nad tým zapadnúť slnko).

Matúš 5:44

*Mt 5,44 Ale ja vám hovorím: Milujte svojich nepriateľov, **dobrorečte tým, čo vás preklínajú**, robte dobre tým, čo vás nenávidia, a modlite sa **za tých, čo vás potupujú** a prenasledujú;*

NIV Mt 5,44 Ale ja vám hovorím: Milujte svojich nepriateľov a modlite sa za tých, čo vás prenasledujú,

(Zvýraznené v KJV je z Biblie NIV odstránené)

Matúš 6:13

Mt 6,13 A neuveď nás do pokušenia, ale zbav nás od zlého: **Lebo tvoje je kráľovstvo, moc a sláva naveky. Amen.**

NIV Mt 6,13 A neuveď nás do pokušenia, ale zbav nás **zlá**

(**Zlo** nie je zlo. **Lebo tvoje je kráľovstvo, moc a sláva naveky. Amen**: odstránené z NIV)

Matúš 6:33

*Mt 6,33 Ale hľadajte najprv **Božie kráľovstvo** a jeho spravodlivosť, a to všetko vám bude pridané.*

*NIV Mt 6,33 Ale hľadajte najprv jeho kráľovstvo a **jeho** spravodlivosť, a to všetko vám bude dané.*

(**Božie kráľovstvo** je nahradené "jeho" kráľovstvom... NIV nahradil Boha za jeho. Kto je "jeho"?)

Matúš 8:29

*KJV Mt 8,29 A hľa, kričali a hovorili: Čo máme s tebou**, Ježišu**, Synu Boží, čo si sem prišiel, aby si nás mučil pred časom? (Konkrétne)*

*NIV Mt 8,29 "Čo od nás chceš**, Boží Syn**?" kričali. Prišli ste nás mučiť pred určeným časom?"*

(**Ježiš** je mimo Biblie NIV a ponechali si len Syna Božieho... Ježiš je Boží Syn. Syn Boží znamená Všemohúci Boh chodiaci v tele.)

Matúš 9:13b

*KJV Mt 9,13b Lebo som neprišiel volať spravodlivých, ale hriešnikov **k pokániu**.*

NIV Mt 9,13b Lebo som neprišiel volať spravodlivých, ale hriešnikov.

(**Pokánie** je mimo. Pokánie je prvý krok; odvraciate sa od hriechu a hriešneho spôsobu života tým, že si uvedomíte a priznáte, že ste sa mýlili.)

Matúš 9:18

*KJV: Mt 9:18 Kým im to hovoril, prišiel istý kniežа**, poklonil sa mu** a povedal: "Moja dcéra je už mŕtva, ale poď a polož na ňu ruku, a bude žiť.*

(Uctieval Ježiša)

*NIV Mt 9,18 Kým to hovoril, prišiel k **nemu** kniežа**, pokľakol pred ním** a povedal: "Práve mi zomrela dcéra. Ale poď a polož na ňu ruku, a bude žiť."*

(Uctievanie **sa mení na kľačanie**. Uctievanie robí z Ježiša Boha.)

Elizabeth Das

Matúš 13:51

> *KJV Mt 13:51 Ježiš im povedal: "Pochopili ste to všetko? Oni mu odpovedali: <u>Áno, Pane</u>.*

> *NIV Mt 13,51 "Pochopili ste toto všetko?" Ježiš sa spýtal.*

(JEŽIŠ JE PÁN. NIV vynechal **Yea Lord (Áno, Pán)**; vynechal Ježišovo panstvo)

Matúš 16:20

> *KJV Mt 16,20 Potom prikázal svojim učeníkom, aby nikomu nehovorili, že je <u>Ježiš</u> Kristus.*

(Meno "JEŽIŠ" je z viacerých veršov Biblie NIV odstránené.)

> *NIV Mt 16,20 Potom varoval svojich učeníkov, aby nikomu nehovorili, že on je Kristus.*

(Kto je "on"? Prečo nie Ježiš, Kristus? "Kristus" znamená Mesiáš, Spasiteľ tohto sveta: Ján 4,42).

Matúš 17:21

> *KJV: Mt 17,21: Ale tento druh nevychádza, iba ak modlitbou a pôstom.*

(Modlitba a pôst strhnú pevnú moc diabla. Pôst zabíja naše telo.)

NIV úplne odstránil Písmo. Je vymazané aj z Biblie svedkov Jehovových. Súčasný pôst je zmenený na Danielovu diétu. To je ďalšia lož. (Pôst je bez jedla a bez vody. Jedenie nie je pôst a pôst nie je jedenie ani pitie).

Niekoľko príkladov biblického pôstu v Biblii KJV

Ester 4:16 KJV:

*Choďte, zhromaždite všetkých Židov, ktorí sú v Šúšane, a **postite sa** pre mňa a **nejedzte ani nepite tri** dni, vo dne ani v noci: Aj ja a moje slúžky sa budeme **postiť** rovnako, a tak vojdem ku kráľovi, čo nie je podľa zákona, a ak zahyniem, zahyniem*

*Jonáš 3,5.7 KJV Ninivský ľud uveril Bohu, **vyhlásil pôst** a obliekol sa do vrecoviny, od najväčšieho z nich až po najmenšieho. A dal to vyhlásiť a zverejniť po Ninive nariadením kráľa a jeho šľachticov: „Nech **neochutná nič** ani človek, ani zviera, ani stádo, ani dobytok, **nech sa nenapájajú ani nepijú vodu**:*

Matúš 18:11

*Mt 18,11: **Lebo Syn človeka prišiel zachrániť, čo zahynulo**.*

(Tento verš je z NIV a mnohých ďalších verzií Biblie vymazaný. Ježiš nemá byť jediným Spasiteľom. Mason učí, že sa môžeme zachrániť sami a Ježiša nepotrebujete).

Matúš 19:9

*KJV: Mt 19,9: A ja vám hovorím, že každý, kto prepustí svoju ženu, ak to nie je pre smilstvo, a vezme si inú, cudzoloží, **a kto sa ožení s prepustenou, cudzoloží.***

NIV: Mt 19,9 Hovorím vám, že každý, kto sa rozvedie so svojou ženou, okrem manželskej nevery, a vezme si inú ženu, cudzoloží."

("kto si tak vezme prepustenú, dopúšťa sa cudzoložstva")

Matúš 19:16,17

> *KJV Mt 19,16 A hľa, prišiel jeden a povedal mu:* **Dobrý Učiteľ**, *čo dobré mám urobiť, aby som mal večný život?*
>
> *17 A on mu povedal: Prečo ma nazývaš dobrým? Nie je nikto dobrý okrem jedného, totiž Boha, ale ak chceš vojsť do života, zachovávaj prikázania.*

> *NIV Mt 19,16 K Ježišovi pristúpil človek a spýtal sa: "Učiteľ, čo dobré mám robiť, aby som dostal večný život?*
>
> *17 Prečo sa ma pýtaš na to, čo je dobré? Ježiš odpovedal. "Je len jeden, ktorý je dobrý. Ak chcete vojsť do života, zachovávajte prikázania.*

(Ježiš povedal: "Prečo ma nazývaš dobrým?" Iba Boh je dobrý, a ak je Ježiš dobrý, potom musí byť Boh. V NIV je dobrý Majster zmenený na "Učiteľ" a význam sa stráca. Aj niektoré náboženstvá podporujú vieru v samospasiteľnosť).

Matúš 20:16

> *Mt 20,16: Tak budú poslední prví a prví poslední,* **lebo mnohí sú povolaní, ale málo vyvolených**.

(Je dôležité, čo si vyberieme. Ak si nevyberiete správne, môžete sa stratiť)

NIV A RSV

> *NIV Mt 20,16: "Tak budú poslední prví a prví poslední."*

(nezáleží na výbere)

Matúš 20:20

*KJV Mt 20,20: Vtedy k nemu prišla matka Zebedeových detí so svojimi synmi, **klaňala sa mu** a chcela od neho istú vec.*

*NIV Mt 20,20: Vtedy prišla k Ježišovi matka Zebedejových synov so svojimi synmi, **pokľakla** a prosila ho o láskavosť.*

(Uctievanie alebo pokľaknutie...? Židia uctievajú len jedného Boha).

Matúš 20:22, 23

*Mt 20,22.23: Ježiš odpovedal: "Vy neviete, o čo prosíte. Či môžete piť z kalicha, z ktorého budem piť ja, a **krstiť sa krstom, ktorým sa ja krstím**? Oni mu povedali: "Čože? sme schopní.*

*A on im povedal: "Vy budete piť z môjho kalicha **a budete pokrstení krstom, ktorým som ja pokrstený**, ale sedieť po mojej pravici a po mojej ľavici nie je moja vec, ale bude to dané tým, ktorým to pripravil môj Otec.*

(Mohli by ste prežiť utrpenie, ktorým som prešiel ja?)

NIV Mt 20,22.23: "Neviete, čo žiadate," povedal im Ježiš. "Môžete piť kalich, ktorý budem piť ja?" "Môžeme," odpovedali. Ježiš im povedal: "Z môjho kalicha budete naozaj piť, ale sedieť po mojej pravici alebo ľavici, to vám nemôžem udeliť. Tieto miesta patria tým, pre ktorých ich pripravil môj Otec."

(Všetky zvýraznené a podčiarknuté frázy v KJV boli z NIV odstránené)

Matúš 21:44

*KJV Mt 21,44: A kto by padol na tento kameň, rozbije sa, ale na koho by padol, toho **rozdrví na prach**.*

*NIV Mt 21,44: Kto padne na tento kameň, **rozbije** sa, ale na koho padne, toho rozdrví."*

(Rozdrviť ho na prášok bolo odstránené)

Matúš 23:10

*KJV Mt 23,10: Ani sa nenazývajte **pánmi**, lebo jeden je váš **Pán, Kristus**.*

NIV Mt 23,10: Ani vy sa nemáte nazývať učiteľmi, lebo máte jedného učiteľa, Krista.

(Musíte znížiť Boha na úroveň mystikov, aby sa Ježiš stal ďalším mystikom. Pravdou je, že Kristus uspokojuje všetkých.)

Matúš 23:14

KJV: Mt 23,14: Beda vám, zákonníci a farizeji, pokrytci! Lebo vy požierate domy vdov a pre zámienku sa dlho modlíte, preto vás čaká väčšie zatratenie.

(NIV, New L T, English Standard Version New American Standard Bible a New world translations majú tento verš vypustený. Skontrolujte si to sami vo svojej Biblii.)

Matúš 24:36

KJV: O tom dni a hodine nevie nikto, ani anjeli v nebi, iba môj Otec.

*NIV: O tom dni a hodine nevie nikto, ani anjeli v nebi, **ani Syn,** ale iba Otec.*

("ani syn" je pridané v Biblii NIV. Ján 10: 30 **Ja a môj Otec sme jedno**. Ježiš teda pozná čas svojho príchodu. Z toho vyplýva, že Ježiš nie je v božstve. Ale v tých dňoch, po tom súžení, sa zatmie slnko a mesiac nevydá svoje svetlo, Mk 13, 24. Bude ťažké určiť čas).

Matúš 25:13

*KJV: Mt 25:13 Preto bdejte, lebo neviete dňa ani hodiny, kedy **<u>príde Syn človeka</u>**.*

NIV: Mt 25,13 "Preto bdejte, lebo nepoznáte deň ani hodinu."

(**"V ktorom prichádza Syn človeka."** Vynechávame, kto sa vráti? Aké hodinky?)

Matúš 25:31

*KJV: Mt 25,31 Keď príde Syn človeka vo svojej sláve a s ním všetci **<u>svätí anjeli</u>**, vtedy zasadne na trón svojej slávy*

*NIV: Keď príde Syn človeka vo svojej sláve a s ním všetci **<u>anjeli</u>**, zasadne na svoj trón v nebeskej sláve.*

(KJV hovorí o všetkých "svätých" anjeloch. NIV hovorí len "anjeli". To naznačuje, že s Ježišom prídu aj padlí alebo nesvätí anjeli. Je to tak? Koluje tu heréza, že nezáleží na tom, čo robíte dobre alebo zle, aj tak pôjdete do neba. Duchovia našich mŕtvych blízkych, ktorí nikdy neuverili v Ježiša, sa majú vrátiť, aby svojim blízkym povedali, že sú v nebi v poriadku a že nemusíte nič robiť, aby ste sa dostali do neba. Toto je diablovo učenie.)

Matúš 27:35

*KJV MT 27,35: A ukrižovali ho a rozdelili jeho rúcho a hodili los, **<u>aby sa splnilo, čo bolo povedané skrze proroka: Rozdelili moje rúcho medzi sebou a o moje rúcho hodili los.</u>***

NIV MT 27,35: Keď ho ukrižovali, rozdelili jeho šaty žrebovaním.

("aby sa naplnilo, čo bolo povedané skrze proroka, rozdelili medzi sebou moje šaty a o moje rúcho hodili žreb." Úplne prevzaté z Biblie NIV)

Marek 1,14

KJV MAREK 1,14: Keď Jána uväznili, prišiel Ježiš do Galiley a **_hlásal evanjelium o Božom kráľovstve._**

NIV MAREK 1,14: Keď Jána uväznili, Ježiš odišiel do Galiley **_a hlásal dobrú správu o Bohu._**

(Evanjelium o Božom kráľovstve je v NIV vynechané)

Marek 2,17

KJV Marek 2,17: Keď to Ježiš počul, povedal im: "Zdraví nepotrebujú lekára, ale chorí. Neprišiel som volať spravodlivých, ale hriešnikov **_k pokániu._**

NIV Marek 2,17: Keď to Ježiš počul, povedal im: "Nie zdraví potrebujú lekára, ale chorí. Neprišiel som zavolať spravodlivých, ale hriešnikov."

(Pokiaľ veríte, že je to v poriadku, môžete robiť čokoľvek a je to v poriadku. Miernou zmenou Písma hriech je vítaný.)

Marek 5,6

KJV Marek 5,6: A keď videl Ježiša zďaleka, rozbehol sa a **_poklonil sa mu,_**

(Uznáva, že Ježiš je Pán Boh.)

NIV Marek 5,6: Keď z diaľky uvidel Ježiša, rozbehol sa a **_padol pred ním na kolená._**

(Prejavuje mu úctu ako človeku, ale neuznáva ho ako Pána Boha.)

Marek 6,11

KJV: A ktokoľvek vás neprijme a nevypočuje, keď odtiaľ odídete, vytriasajte si prach spod nôh na svedectvo proti nim. **_Veru, hovorím vám, že v deň súdu bude pre Sodomu a Gomoru znesiteľnejšie ako pre toto mesto._**

NIV Marek 6,11 "A ak vás niekde neprijmú alebo vás nevypočujú, na odchode si striasajte prach z nôh na svedectvo proti nim."

(NIV odstránil" :Veru, hovorím vám: V deň súdu bude Sodome a Gomore ľahšie ako tomu mestu." Súd je odstránený, pretože vň neveria a nezáleží na tom, akú voľbu urobíte. Všetky nesprávne výroky a skutky budú napravené v očistci alebo reinkarnácii).

Marek 7,16

KJV Marek 7,16: Ak má niekto uši na počúvanie, nech počúva

(NIV, Biblia svedkov Jehovových a moderné preklady tento verš odstránili. WOW!)

Marek 9,24

KJV Marek 9,24: Otec dieťaťa hneď zvolal a so slzami povedal: **_Pane,_** *verím, pomôž mojej nevere.*

NIV Marek 9,24: Chlapcov otec hneď zvolal: "Verím, pomôž mi premôcť moju neveru!"

(Pán v NIV chýba. Pánstvo Ježiša Krista je vynechané)

Marek 9,29

*KJV Marek 9,29: A on im povedal: "Takýto druh nemôže vyjsť z ničoho, iba z modlitby a **pôstu**.*

NIV Marek 9: 29: On odpovedal: "Takýto druh môže vyjsť len modlitbou."

(**Pôst** je odstránený. Pôstom strhávame silné satanove chápadlá. Hľadanie Božej tváre prostredníctvom biblického pôstu a modlitby prináša zvláštne pomazanie a moc.)

Marek 9 :44

KJV Marek 9,44: Kde ich červ nezomiera a oheň nehasne.

(Písmo je vyňaté z NIV, moderného prekladu a Biblie svedkov Jehovových. Neveria v trest v pekle.)

Marek 9,46

KJV: Marek 9:46: Kde ich červ nezomiera a oheň nehasne.

(Písmo je odstránené z NIV, moderného prekladu a Biblie svedkov Jehovových. Opäť, oni neveria v súd.)

Marek 10,21

*KJV Marek 10,21: Keď ho Ježiš uvidel, zamiloval si ho a povedal mu: "Jedno ti chýba: choď, predaj všetko, čo máš, rozdaj chudobným a budeš mať poklad v nebi, a poď, vezmi **kríž** a nasleduj ma.*

(Kresťan musí niesť kríž. Vo vašom živote nastala zmena.)

NIV Marek 10,21: Ježiš sa na neho pozrel a zamiloval si ho. "Jedno ti chýba," povedal. "Choď, predaj všetko, čo máš, a rozdaj chudobným, a budeš mať poklad v nebi. Potom príď a nasleduj ma."

(NIV odstránil "vziať kríž" „nie je potrebné trpieť pre pravdu. Žite tak, ako chcete žiť. Kríž je veľmi dôležitý pre kresťanskú cestu.)

Marek 10 :24

*KJV Marek 10,24: Učeníci sa čudovali jeho slovám. Ale Ježiš im odpovedal: "Deti, ako ťažko sa vchádza do Božieho kráľovstva **tým, ktorí dúfajú v bohatstvo**!*

NIV Marek 10,24: Učeníci žasli nad jeho slovami. Ježiš však zopakoval" :Deti, aké ťažké je vojsť do Božieho kráľovstva!

("**ktorí dúfajú v bohatstvo**" je odstránené; v Biblii NIV tieto slová nie sú potrebné, pretože chcú almužnu. Aj to vyvoláva pocit, že je ťažké vstúpiť do Božieho kráľovstva a odrádza to).

Marek 11,10

*KJV Marek 11,10: Nech je požehnané kráľovstvo nášho otca Dávida, **ktoré prichádza v mene Pánovom**: Hosanna na výsostiach!*

*NIV Marek 11,10: "Požehnané je **prichádzajúce kráľovstvo** nášho otca Dávida!" "Hosanna na výsostiach!"*

(NIV" :ktorý prichádza v Pánovom mene" je odstránené)

Marek 11,26

KJV: Marek 11:26 Ale ak vy neodpustíte, ani váš Otec, ktorý je na nebesiach, vám neodpustí vaše previnenia.

(Tento text je úplne vyňatý z NIV, Biblie svedkov Jehovových (tzv. Nový svetový preklad) a mnohých ďalších moderných prekladov. Odpustenie je veľmi dôležité, ak chcete, aby vám bolo odpustené.)

Marek 13 :14

*KJV Marek 13,14: Keď uvidíte ohavnosť spustošenia**, o ktorej hovoril prorok Daniel, že** stojí tam, kde nemá, (kto číta, nech rozumie), nech utečú na vrchy tí, čo sú v Judsku:*

NIV Marek 13,14: "Keď uvidíte 'ohavnosť, ktorá spôsobuje spustošenie' stáť tam, kde nepatrí - nech čitateľ rozumie -, nech tí, čo sú v Judsku, utečú na hory.

(Informácie o knihe Daniel sú odstránené z NIV. Čas konca študujeme v knihe Daniel a v Zjavení Jána. BLAHOSLAVENÍ SÚ TÍ, KTORÍ ČÍTAJÚ SLOVÁ TEJTO KNIHY. Blahoslavený, kto číta, a tí, čo počúvajú slová tohto **proroctva** a zachovávajú, čo je v ňom napísané, lebo čas sa blíži. (Zjavenie Jána 1,3) Tým, že sa odstránilo meno Daniel, zostáva zmätok)

Marek 15,28

KJV: A naplnilo sa Písmo, ktoré hovorí, že bol pripočítaný k zločincom.

(odstránené z NIV, Biblie svedkov Jehovových a moderných prekladov)

Lukáš 2:14

*KJV: Lukáš 2:14 Sláva na výsostiach Bohu a na zemi pokoj, **dobrá vôľa k ľuďom.***

NIV Lukáš 2,14: Sláva Bohu na výsostiach a na zemi pokoj ľuďom, na ktorých spočíva jeho milosť."

(Jemná zmena. namiesto "dobrá vôľa k ľuďom" ;Biblia NIV hovorí o pokoji len pre niektorých ľudí, ktorých si Boh obľúbil. To je tiež proti Božiemu princípu.)

Lukáš 2:33

*KJV Lukáš 2:33: **Jozef** a jeho matka*

NIV Lukáš 2,33: Otec a matka dieťaťa.

(**Jozef** je odstránený)

Lukáš 4:4

*KJV Lukáš 4,4 Ježiš mu odpovedal: "Je napísané, že človek nebude žiť len z chleba, **ale z každého Božieho slova**.*

NIV Lukáš 4:4 Ježiš odpovedal" :Je napísané: Človek nebude žiť len z chleba.

Satanov útok je na **BOŽIE SLOVO** V 1. Mojžišovej 3: Satan zaútočil na BOŽIE SLOVO. Má rafinovaný útok "**Ale každým Božím slovom**" je odstránené z NIV

NIV a moderné preklady Biblie pre foramtor sa nestará o Božie slovo. Menia znenie tak, aby vyhovovalo ich doktríne, na základe ich zaujatosti, čo si myslia, že by sa tam malo písať. Božie slovo je živé a prináša človeku presvedčenie. Keď vás Boh usvedčí z hriechu, prináša to pokánie. Ak bolo Božie slovo pozmenené, nemôže priniesť skutočné usvedčenie, preto sa nebude hľadať pokánie. Tým NIV naznačuje, že všetky náboženstvá sú v poriadku, čo, ako vieme, nie je pravda.

Lukáš 4:8

*KJV Lukáš 4,8 Ježiš mu odpovedal: "**Choď za mnou, satan**, lebo je napísané: Pánovi, svojmu Bohu, sa budeš klaňať a len jemu budeš slúžiť.*

(Ježiš pokarhal satana. Ty a ja môžeme pokarhať satana v Ježišovom mene.)

NIV Lukáš 4:8 Ježiš odpovedal" :Je napísané: Je napísané: "Klaňajte sa Pánovi, svojmu Bohu, a slúžte len jemu.

("**Odíď za mnou, satan**" je prevzaté z NIV.)

Lukáš 4:18

*KJV Lukáš 4,18: Duch Pánov je nado mnou, lebo ma pomazal, aby som hlásal evanjelium chudobným; poslal ma **uzdravovať skrúšených srdcom**, hlásať zajatým oslobodenie a slepým navrátenie zraku, oslobodiť zbitých,*

NIV Lukáš 4,18 "Duch Pánov je na mne, lebo ma pomazal, aby som hlásal dobrú zvesť chudobným. Poslal ma ohlasovať väzňom slobodu a slepým navrátenie zraku, utláčaných oslobodiť."

("**uzdravovať ľudí so zlomeným srdcom**" je z NIV odstránené: Ľudia, ktorí používajú túto poškodenú verziu, sú vo všeobecnosti úzkostliví, emocionálne nestabilní a depresívni. Zmenou Božieho slova sa mu odoberá moc. Pravda vás urobí slobodnými, preto ju z modernej Biblie odstránili).

Lukáš 4:41

*KJV Lukáš 4,41: Z mnohých vyšli aj démoni a kričali: **Ty si Kristus, Boží Syn**. A on im dohovárajúc nedovolil, aby hovorili, lebo vedeli, že on je Kristus.*

(Vyznávajú ľudia" :Ty si Kristus, Boží Syn?" Nie, ak to nezjaví jeho Duch.)

> *NIV Lukáš 4,41: A z mnohých ľudí vychádzali démoni a kričali: "**Ty si Boží Syn**!" On ich však napomenul a nedovolil im hovoriť, lebo vedeli, že on je Kristus.*

(Tým, že démon odstránil " slovo**Kristus**", nevyznával Krista ako Božieho Syna. Satan nechce, aby ľudia prijali Ježiša ako Jehovu Spasiteľa, a preto s hlbším úmyslom mení Božie slovo. Démon vedel, že Ježiš je Boh v tele.)

Lukáš 8:48

> *KJV Lukáš 8,48: A on jej povedal: "Dcéra, **poteš** sa, tvoja viera ťa uzdravila, choď v pokoji.*

> *NIV Lukáš 8,48: Vtedy jej povedal: "Dcéra, tvoja viera ťa uzdravila. Choď v pokoji."*

("Buďte dobrej útechy" je v NIV vynechané. Takže útecha je preč, nemôžete sa utešiť čítaním Biblie NIV)

Lukáš 9:55

> *KJV Lukáš 9,55: On sa však obrátil, pokarhal ich a povedal: "**Vy neviete, akého ste ducha**.*

> *NIV Lukáš 9,55: Ježiš sa obrátil a pokarhal ich.*

(NIV odstránil tieto slová: "**Neviete, akého ste ducha**.")

Lukáš 9:56

KJV: Lukáš 9:56: Lebo **Syn človeka neprišiel zničiť** ľudský **život, ale zachrániť ho**. A išli do inej dediny.

NIV Lukáš 9:56 a odišli do inej dediny.

(NIV ZRUŠENÉ: **Syn človeka neprišiel zničiť ľudský život, ale zachrániť ho**. Dôvod, prečo má Ježiš prísť, je odstránením tejto časti Písma zničený.)

Lukáš 11,2-4

KJV Lukáš 11,2-4: A on im povedal: **Keď sa modlíte, hovorte: Otče náš, ktorý si na nebesiach**, posväť sa tvoje meno. Príď kráľovstvo tvoje. **Buď vôľa tvoja ako v nebi, tak aj na zemi**. Chlieb náš každodenný daj nám deň čo deň. A odpusť nám naše hriechy, lebo aj my odpúšťame každému, kto je nám zaviazaný. A neuveď nás do pokušenia**, ale zbav nás zlého**.

NIV Lukáš 11,2-4: Povedal im: "Keď sa modlíte, hovorte: "Otče, posväť sa tvoje meno, príď tvoje kráľovstvo. Chlieb náš každodenný daj nám každý deň. Odpusť nám naše hriechy, lebo aj my odpúšťame každému, kto sa prehreší proti nám. A neuveď nás do pokušenia."

(NIV nie je špecifický.Všetko zvýraznené z KJV je v NIV a iných moderných verziách Biblie vynechané)

Lukáš 17:36

KJV Lukáš 17,36 Dvaja muži budú na poli; jeden bude vzatý a druhý ponechaný.

(NIV, moderná verzia a Biblia svedkov Jehovových odstránila celý text)

Lukáš 23:17

Lukáš 23,17: (lebo z nevyhnutnosti im musel na hostinu jedného vypustiť.)

(NIV, Biblia svedkov Jehovových a mnohé moderné verzie Biblie tento text úplne odstránili.)

Lukáš 23:38

*KJV Lukáš 23,38: A nad ním bol napísaný nápis **gréckymi, latinskými a hebrejskými písmenami**: Toto je židovský kráľ.*

NIV Lukáš 23,38: Nad ním bol nápis: TOTO JE ŽIDOVSKÝ KRÁĽ.

(NIV a iné moderné preklady odstránili: "Odstraňuje dôkaz o jazykoch, ktorými sa v tom čase hovorilo.)

Lukáš 23:42

*KJV Lukáš 23,42: Ježišovi povedal: "**Pane,** spomeň si na mňa, keď prídeš do svojho kráľovstva.*

(Zlodej si uvedomil, že Ježiš je Pán)

NIV Lukáš 23,42: Vtedy povedal: "Ježišu, spomeň si na mňa, keď prídeš do svojho kráľovstva."

(Nechce uznať Ježišovo panstvo)

Lukáš 24:42

*KJV Lukáš 24,42: A dali mu kúsok pečenej ryby a **medového plástia**.*

NIV Lukáš 24,42: Dali mu kúsok pečenej ryby.

Elizabeth Das

(Moderné Biblie poskytujú polovicu informácií. V NIV a iných verziách Biblie chýba "medová plásť")

Ján 5:3

KJV Ján 5,3: *V nich ležalo veľké množstvo bezmocného ľudu, slepých, zastalých, vyschnutých, ktorí **čakali na pohnutie vody.***

NIV Ján 5,3: *Tu ležalo množstvo postihnutých ľudí - slepí, chromí, ochrnutí.*

(Odstránili informáciu, že sa na tom mieste stal zázrak" „čakajúc na pohyb vody".)

Ján 5:4

KJV: Ján 5:4: *Každý, kto po rozčerení vody vstúpil dovnútra, bol uzdravený z akejkoľvek choroby, ktorú mal.*

(NIV a moderné preklady spolu s Bibliou svedkov Jehovových tento text úplne odstránili.)

Ján 6:47

KJV: Ján 6:47: *Veru, veru, hovorím vám: Kto **verí vo mňa,** má večný život.*

NIV: Jána 6,47: *Ameň vám hovorím pravdu, že kto verí, má večný život.*

(**Verí mi** bolo zmenené na **Verí**. Verí v koho? Slovo Believeth má na konci "eth", čo znamená, že slovo je nepretržité. Každé slovo, ktoré má na konci "eth", znamená, že je nepretržité, nie len jednorazové.)

Ján 8:9a

*KJV Ján 8,9a: Tí, čo to počuli, **usvedčení vlastným svedomím**, odišli.*

NIV Ján 8,9a: tí, ktorí to počuli, začali odchádzať

(NIV odstránil "**usvedčené vlastným svedomím** ,"pretože neveria, že majú svedomie.)

Ján 9:4a

*KJV Ján 9,4a: **Ja** musím konať skutky toho, ktorý ma poslal.*

*NIV Ján 9,4a: **My** musíme konať dielo toho, ktorý ma poslal.*

(Ježiš povedal "**JA**" NIV a niekoľko ďalších verzií, zmenil "**JA**" na "**MY**")

Ján 10:30

*KJV: Ján 10:30: Ja a **môj** Otec sme jedno.*

NIV: Ján 10,30: Ja a Otec sme jedno."

(Ja a môj otec sme **jeden,** nie dvaja. "Môj otec" robí z Ježiša Božieho Syna. To znamená Boh v tele. NIV odstránil "môj" a zmenil celý význam Písma).

Ján 16:16

*KJV: Ján 16:16: Ešte chvíľu, a neuvidíte ma, a ešte chvíľu, a uvidíte ma, **lebo idem k Otcovi**.*

NIV: Ján 16,16: "O malú chvíľu ma už neuvidíte a potom o malú chvíľu ma uvidíte."

Elizabeth Das

(NIV odstránené "lebo ja idem k Otcovi. Mnohé náboženstvá veria, že Ježiš odišiel do Himalájí alebo na iné miesto a nezomrel.)

Skutky 2:30

KJV: Skutky 2:30: Preto bol prorokom a vedel, že mu Boh prisahal, že z plodu jeho bedier podľa tela **vzbudí Krista, aby zasadol na jeho trón.**

NIV: Skutky 2:30: Ale on bol prorok a vedel, že Boh mu prisahal, že na jeho trón posadí jedného z jeho potomkov.

(**NIV odstránil** "**vzkriesi Krista, aby zasadol na jeho trón**", proroctvo o Ježišovom príchode v tele je vymazané.)

Skutky 3:11

KJV: Keď **sa uzdravený chromý** *držal Petra a Jána, všetok ľud sa k nim zbehol do predsiene, ktorá sa volá* Šalamúnova, *a veľmi sa čudoval.*

NIV: Všetci ľudia sa divili a pribehli k nim na miesto, ktoré sa volalo Šalamúnova *kolonáda.*

("**chromý človek, ktorý bol uzdravený**" je kľúčová časť tohto verša, NIV to vynechal)

Skutky 4:24

KJV: Skutky apoštolov 4:24: Keď to počuli, jednomyseľne pozdvihli svoj hlas k Bohu a povedali: "Pane, **ty si Boh,** *ktorý si stvoril nebo, zem, more a všetko, čo je v nich:*

NIV: Skutky 4:24: Keď to počuli, spoločne sa modlili k Bohu. "Pane," hovorili, "ty si stvoril nebo, zem a more a všetko, čo je v nich.

(NIV a moderné preklady odstránili "ty si Boh". Nevyznáva jediného pravého Boha, ktorý urobil zázrak.)

Skutky 8:37

> KJV: Skutky 8:37: Filip povedal: "Ak veríš celým svojím srdcom, môžeš. A on odpovedal: Verím, že Ježiš Kristus je Boží Syn.

(NIV a moderné verzie Biblie tento text úplne vypustili)

Slovo "Učiteľ" z KJV bolo v moderných verziách Biblie odstránené a zmenené na "učiteľ", čím sa Ježiš zaradil do rovnakej triedy ako všetci ostatní učitelia rôznych náboženstiev. Dôvodom tejto zmeny je najmä ekumenické hnutie, ktoré tvrdí, že Ježiša nemôžete postaviť ako jedinú cestu k spaseniu, pretože tým znižujete všetky ostatné viery, ktoré neveria, že Ježiš je náš jediný a pravý Spasiteľ. Takými sú napríklad hinduisti a väčšina ostatných východných náboženstiev.

Skutky 9:5

> Skutky apoštolov 9,5: A on povedal: Kto si, Pane? A Pán povedal: Ja som Ježiš, ktorého ty prenasleduješ; **ťažko ti je kopať proti bodákom**.

> NIV: Skutky 9:5: Kto si ty, Pane?" Saul sa spýtal. "Ja som Ježiš, ktorého ty prenasleduješ," odpovedal.

(NIV a moderné preklady odstránili "**je ti ťažko kopať proti bodákom**". To znamená, že odstránením celého tohto textu Písma nezvíťazia.)

Skutky 15:34

> KJV: Skutky 15:34: Napriek tomu sa Silasovi zapáčilo zostať tam.

> (Biblia NIV a iné moderné preklady Biblie tento text vypustili.)

Skutky 18:7

> Skutky apoštolov 18,7: A odtiaľ odišiel a vošiel do domu istého [človeka] menom Justus, ktorý uctieval Boha a **ktorého dom bol pevne spojený so synagógou**.

> NIV: Skutky 18:7: Pavol opustil synagógu a odišiel do susedného domu Tícia Justa, ctiteľa Boha.

("**ktorého dom sa pevne spojil so synagógou**" je odstránené) **Sk 23,9b**

> KJV...**Nebojujme proti Bohu**

(NIV, moderná Biblia a Biblia svedkov Jehovových odstránili "**Nebojujme proti Bohu**" Dôvod je zrejmý, existujú ľudia, ktorí sa odvážia bojovať proti Bohu.)

Skutky 24:7

> KJV: Skutky 24:7: Prišiel však na nás veliteľ Lysias a s veľkým násilím nám ho vytrhol z rúk,

(NIV a moderné verzie Biblie tento verš úplne odstránili.)

Skutky 28:29

KJV: Keď to povedal, Židia odišli a začali sa medzi sebou dohadovať.

(NIV a iné verzie Biblie tento text úplne vypustili. Vidíte, že tam bol konflikt. Úvaha sa týkala toho, kto bol Ježiš? Takže je potrebné odstrániť tento verš.)

Rimanom 1:16

KJV: Je to Božia moc na spásu pre každého, kto verí: najprv pre Žida, ale aj pre Gréka.

NIV: Rímskym1:16: Nestydím sa za evanjelium, lebo je Božou mocou na spásu každého, kto verí: najprv pre Žida, potom pre pohana.

(NIV odstránil evanjelium "Kristus" a ponechal len "evanjelium". Väčšina útokov sa týka Ježiša ako Krista. Evanjelium je smrť, pochovanie a vzkriesenie Ježiša Krista. Toto písmo nie je potrebné.)

Rimanom 8,1

KJV: Rimanom 8:1: Preto už niet odsúdenia pre tých, ktorí sú v Kristovi Ježišovi, **ktorí nechodia podľa tela, ale podľa Ducha.**

NIV: Rimanom 8:1: Preto už niet odsúdenia pre tých, ktorí sú v Kristovi Ježišovi

("**ktorí nechodia podľa tela, ale podľa Ducha**" je z NIV odstránené, takže môžete žiť tak, ako chcete.)

Rimanom 11:6

KJV: Ak je to z milosti, potom už nie je zo skutkov, inak už milosť nie je milosťou. **Ale ak je to zo skutkov, potom to už nie je milosť, inak skutok už nie je skutkom.**

NIV: Ak je to z milosti, potom to už nie je zo skutkov; ak by to tak bolo, milosť by už nebola milosťou.

("Ale ak je to zo skutkov, potom to už nie je milosť; inak už skutok nie je skutkom." Časť textu je z NIV a iných verzií odstránená.)

Rimanom 13:9b

KJV: *Rímskym 13:9b*: **Nebudeš vydávať falošné svedectvo**

(NIV odstránil tieto slová z Písma. Biblia hovorí: "Nepridávajte, neodoberajte".)

Rimanom 16:24

KJV: *Milosť nášho Pána Ježiša Krista nech je s vami všetkými. Amen.*

NIV: *(NIV a iné moderné Biblie tento verš úplne odstránili.)*

1 Korinťanom 6:20

KJV: *1Korinťanom 6,20: Veď ste boli kúpení za drahú cenu, preto oslavujte Boha na svojom tele **i na svojom duchu, ktorý je Boží**.*

NIV: *1Korinťanom 6:20: Boli ste vykúpení za drahú cenu. Preto ctite Boha svojimi telami.*

(Moderná Biblia a NIV odstránili "a vo vašom duchu, ktorý je Boží." Naše telo a duch patria Pánovi.)

1 Korinťanom 7:5

KJV: *1 Korinťanom 7:5: Nepodvádzajte sa navzájom, iba ak so súhlasom na určitý čas, aby ste sa mohli venovať **pôstu a modlitbe**, a znova sa stretávajte, aby vás satan nepokúšal pre vašu nesvornosť.*

NIV: *1 Korinťanom 7:5: Neodopierajte si navzájom, iba po vzájomnej dohode a na určitý čas, aby ste sa mohli venovať **modlitbe**. Potom sa opäť stretnite, aby vás satan nepokúšal pre nedostatok sebakontroly.*

(NIV a moderné verzie Biblie vypustili "slovo pôst", pretože slúži na búranie satanových pevností. Pôst tiež zabíja telo.)

2 Korintským 6:5

*2 Korinťanom 6,5: V ranách, vo väzení, v nepokojoch, v prácach, v bdení, v **pôstoch**;*

*NIV:2 Korinťanom 6,5: v bití, väzení a výtržnostiach, v ťažkej práci, bezsenných nociach a **hlade**;*

(**Pôst nie je hlad, ale** zmena Slova pravdy. Diabol nechce, aby ste mali bližší, silnejší a hlbší vzťah s Bohom. Spomeňte si, že kráľovná Ester a Židia sa postili a Boh vrátil satanov plán späť nepriateľovi).

2 Korinťanom 11:27

*KJV: 2Korinťanom 11,27: V únavách a bolestiach, v častých bdeniach, v hlade a smäde, **v častých pôstoch**, v chlade a nahote.*

NIV:2Korinťanom 11,27: Pracoval som a namáhal som sa a často som bol bez spánku; poznal som hlad a smäd a často som bol bez jedla; bol som studený a nahý.

(Opäť platí, že pôst je mimo NIV a moderných verzií Biblie.)

Efezanom 3:9

*Efezanom 3,9: a aby všetci videli, aká je účasť na tajomstve, ktoré bolo od počiatku sveta skryté v Bohu, ktorý všetko stvoril **skrze Ježiša Krista**:*

NIV Efezanom 3,9:a aby všetkým objasnil správu tohto tajomstva, ktoré bolo od vekov skryté v Bohu, ktorý všetko stvoril.

(NIV a iné verzie Biblie odstránili "**všetko skrze Ježiša Krista**". Ježiš je Boh a je Stvoriteľom všetkého)

Efezanom 3:14

*KJV: Preto sa skláňam na kolenách pred Otcom **nášho Pána Ježiša Krista**,*

NIV:Efezanom 3,14: Preto kľačím pred Otcom,

("**nášho Pána Ježiša Krista**" je z NIV a iných verzií odstránené. Toto je dôkaz, že Ježiš je Boží Syn. "Boží Syn" je mocný Boh v tele, ktorý prišiel vyliať krv za vás a za mňa. Pamätajte, že satan verí, že je len jeden Boh, a trasie sa. Jakub 2,19)

Efezanom 5:30

*Efezanom 5:30:Lebo sme údmi jeho tela, z jeho tela a **z jeho kostí**.*

NIV:Efezanom 5:30:lebo sme údmi jeho tela.

("**Z mäsa a kostí**." Časť textu je z NIV a mnohých ďalších verzií Biblie odstránená.)

Kolosanom 1:14

*Kolosanom 1:14: V ňom máme vykúpenie **skrze jeho krv**, odpustenie hriechov:*

NIV:Kolosanom 1,14: v ktorom máme vykúpenie, odpustenie hriechov.

("**skrze jeho krv**", Ježiš sa nazýva Baránok Boží, ktorý prišiel, aby sňal hriechy tohto sveta. Vykúpenie je **možné len** prostredníctvom krvi. Bez vyliatia krvi niet odpustenia hriechov Žid 9,22. Preto krstíme v Ježišovom mene, aby sme jeho krvou pokryli svoje hriechy).

1 Timoteovi 3:16b

1 Timoteovi 3,16b: **Boh sa** *zjavil v tele*

NIV:1 Timoteovi 3,16b: Zjavil sa v tele.

(Neobjavujeme sa všetci v nejakom tele? NIV a väčšina moderných verzií hovorí, že "on" sa objavil v tele. No aj ja sa zjavujem v tele. "On" kto? Vo vyššie uvedenom verši opäť menia formuláciu, aby amplifikovali "On" je iný boh. Ale v KJV jasne vidíme" :A bez sporu veľké je tajomstvo zbožnosti: "**Boh** sa zjavil v tele." Boh je len jeden. Preto Ježiš povedal, že ak ste videli mňa, videli ste Otca. Otec je duch, ducha nemôžete vidieť. Ale ducha oblečeného do tela ste mohli vidieť).

Skutky 20:28b hovoria: aby pásol **Božiu cirkev***, ktorú si získal* **vlastnou krvou***.*

Boh je duch, a aby mohol prelievať krv, potrebuje telo z mäsa a kostí. **Jeden Boh,** ktorý si obliekol telo.

Jednoduchý príklad: Ľad, voda a para, to isté, ale s iným prejavom.

1 Ján 5, 7: "Lebo traja sú, ktorí svedčia v nebi: Otec, Slovo a Duch Svätý, a títo **traja sú jedno***."*

Boh, Ježiš (Slovo, ktoré sa stalo telom) a Duch Svätý sú jedno, nie traja. (1 Jn 5,7 je úplne odstránený z NIV a iných súčasných prekladov.)

2 Timoteovi 3:16

KJV: 2 Timoteovi 3,16: **Celé** *Písmo je dané z Božieho vnuknutia a je užitočné na učenie, na karhanie, na nápravu, na výchovu k spravodlivosti:*

ASV: 2 Timoteovi 3,16: **Každé** *písmo inšpirované Bohom je užitočné aj na vyučovanie.*

(Tu sa rozhodne, ktorý z nich je a ktorý nie je. Kacírstvo bude potrestané smrťou.)

1 Tesaloničanom 1:1

*KJV: Pavlovi, Silvánovi a Timotejovi, cirkvi Tesaloničanov, ktorá je v Bohu Otcovi a v Pánovi Ježišovi Kristovi: Milosť vám a pokoj **od Boha, nášho Otca, a od Pána Ježiša Krista**.*

NIV:1 Tesaloničanom 1,1: Pavol, Sílas a Timotej, Tesalonickej cirkvi v Bohu Otcovi a Pánovi Ježišovi Kristovi: Milosť vám a pokoj.

("od Boha, nášho Otca, a Pána Ježiša Krista" je z moderných prekladov a NIV odstránené.)

Židom 7:21

*KJV: **(Lebo tí kňazi boli ustanovení bez prísahy,** ale tento s prísahou od toho, ktorý mu povedal: "Pán prisahal a nebude ľutovať': Ty si kňaz naveky **podľa poriadku Melchisedechovho**:)*

*NIV: Židom 7,21: ale stal sa kňazom **s prísahou**, keď mu Boh povedal: "Pán prisahal a nerozmyslí si to: ' Si kňazom naveky."*

(NIV odstránil "Lebo títo kňazi boli ustanovení bez prísahy" a "podľa poriadku Melchisedechovho".)

Jakub 5:16

*KJV: Jakub 5:16: Vyznávajte si navzájom svoje **chyby** a modlite sa jeden za druhého, aby ste boli uzdravení. Účinná vrúcna modlitba spravodlivého človeka prináša veľa úžitku.*

*NIV: Jakub 5,16: Preto si navzájom vyznávajte svoje **hriechy** a modlite sa jeden za druhého, aby ste boli uzdravení. Modlitba spravodlivého človeka je mocná a účinná.*

(**Chyby vs. hriechy**: Hriechy sa vyznávajú Bohu, pretože len on môže odpustiť. Zmena slova "chyby na hriechy" pomáha podporiť katolícky pohľad na vyznávanie "hriechov" kňazovi).

1 Petra 1:22

> KJV: 1 Petra 1:22: Keď ste očistili svoje duše v poslušnosti pravde **_skrze Ducha k_** _nezištnej láske k bratom, dbajte na to, aby ste sa milovali navzájom **čistým srdcom**:_

> NIV: 1 Petra 1,22: Teraz, keď ste sa očistili poslušnosťou pravde, aby ste mali úprimnú lásku k bratom, milujte sa navzájom z celého srdca.

("**skrze Ducha k**" a "**čistého srdca horlivo**" je odstránené z NIV a iných moderných verzií).

1 Petra 4:14

> KJV: 1 Petra 4,14: Ak vás budú potupovať pre Kristovo meno, ste šťastní, lebo na vás spočíva duch slávy a Boží duch. **_Z ich strany sa o ňom hovorí zle, ale z vašej strany je oslavovaný._**

> NIV: 1 Petra 4,14: Ak vás urážajú pre Kristovo meno, ste blahoslavení, lebo na vás spočíva duch slávy a Boha.

("**z ich strany sa o ňom hovorí zle, ale z vašej strany je oslavovaný**" je odstránené z NIV a iných moderných verzií).

1 Ján 4:3a

> KJV: 1 Ján 4,3a: A každý duch, ktorý nevyznáva, že Ježiš **Kristus prišiel v tele**, nie je z Boha.

> NIV: 1 Ján 4,3a: Ale každý duch, ktorý neuznáva Ježiša, nie je od Boha.

("**Kristus prišiel v tele**" Odstránením týchto slov NIV a iné verzie dokazujú, že sú antikristovské.)

1 Ján 5:7-8

KJV: *Jána 5:7:* **Lebo traja sú, ktorí svedčia v nebi: Otec, Slovo a Duch Svätý, a títo traja sú jedno.**

(Odstránené z NIV)

KJV: *Jána 5:8: A sú traja, ktorí svedčia na zemi: Duch, voda a krv, a títo traja sa zhodujú v jednom.*

NIV: *Jána 5,7.8:* **Lebo traja svedčia**: *8 Duch, voda a krv, a tí traja sú v zhode*

(Toto je jeden z NAJVÄČŠÍCH veršov svedčiacich o Božstve. Jeden Boh, nie traja bohovia. **Trojica** nie je biblická. Slovo **Trojica** sa v Biblii nenachádza. Preto ho NIV, moderné verzie Biblie a svedkovia Jehovovi z tohto verša vynechali. Neveria v božstvo a neveria, že v Ježišovi prebýva celá plnosť božstva telesne. V Biblii nie je žiaden koreň alebo dôkaz pre prijatie **Trojice**. Prečo ju NIV vynecháva...? O rukopisných dôkazoch, ktoré podporujú zaradenie tohto verša do Biblie, boli napísané celé knihy. Veríte v božstvo? Ak áno, potom by vás toto odstránenie malo uraziť. Ježiš nikdy neučil o Trojici a nikdy ju nespomínal. Satan rozdelil jedného Boha, aby mohol rozdeľovať ľudí a vládnuť).

1 Ján 5:13

KJV:*1Ján 5,13: Toto som napísal vám, ktorí veríte v meno Božieho Syna, aby ste vedeli, že máte večný život, a **aby ste verili v meno Božieho Syna.***

NIV:*1Ján 5,13: Toto píšem vám, ktorí veríte v meno Božieho Syna, aby ste vedeli, že máte večný život.*

Urobil som to "Jeho cesta"

("**a aby ste verili v meno Božieho Syna**". Je odstránené z NIV a iných moderných prekladov)

Zjavenie 1:8

> KJV: Zjavenie 1:8: Ja som Alfa a Omega, **začiatok a koniec**, hovorí Pán, ktorý je, ktorý bol a ktorý príde, Všemohúci.

> NIV: Zjavenie 1:8: "Ja som Alfa a Omega," hovorí Pán Boh, "ktorý je, ktorý bol a ktorý má prísť, Všemohúci."

(NIV odstránil **začiatok a koniec**)

Zjavenie 1:11

> KJV: Zjavenie Jána 1:11: **povedal: "Ja som Alfa a Omega, prvý a posledný."** A to, čo vidíš, napíš do knihy a pošli siedmim cirkvám, ktoré sú v Ázii, do Efezu, Smyrny a do Pergamu, Tyatire, Sardám, Filadelfii a Laodicei

> NIV: Zjavenie Jána 1:11: ktorý hovorí: "Napíš na zvitok, čo vidíš, a pošli to siedmim cirkvám: Efezu, Smyrne, Pergamu, Tyatire, Sardám, Filadelfii a Laodicei."

(Alfa a Omega, začiatok a koniec, prvý a posledný; tieto tituly sú dané Bohu Jehovovi v Starom zákone a v Zjavení sú dané aj Ježišovi. NIV a iné moderné verzie to však zo Zjavenia odstránili, aby dokázali, že Ježiš nie je Boh Jehova).

Zjavenie 5:14

> KJV: Zjavenie 5:14: A **štyri zvieratá** povedali: Amen. A **dvadsaťštyri** starších padlo a klaňalo sa tomu, **ktorý žije na veky vekov**.

> NIV: Zjavenie 5:14: Štyri živé bytosti povedali: "Amen." A starší padli a klaňali sa.

(NIV a iné verzie poskytujú len polovicu informácií. "**Štyri zvieratá**" sa zmenilo na štyri stvorenia, "**dvadsaťštyri**"" „ktorý žije na veky vekov" je odstránené.)

Zjavenie 20:9b

*KJV: Zjavenie 20:9b: Oheň zostúpil **od Boha** z neba.*

NIV: Zjavenie 20:9b: Oheň zostúpil z neba

(NIV a iné verzie vypustili " slovo**od Boha"**.)

Zjavenie 21:24a

*KJV: Zjavenie 21:24a: A **spasené** národy budú chodiť v jeho svetle.*

NIV: Zjavenie 21:24a: Národy budú chodiť v jeho svetle.

("**z tých, ktorí sú spasení**" je z NIV a moderných verzií Biblie odstránené. Do neba nepôjde každý, ale len tí, ktorí sú spasení.)

2 Samuelova 21:19

*KJV: 2 Samuelova 21:19: V Gobe sa opäť strhla bitka s Filištíncov, kde Betlehemčan Elchanan, syn Jaareoregima, zabil **brata Goliáša**, ktorého kopija bola ako tkáčsky trám.*

*NIV:2 Samuelova 21,19: V ďalšej bitke s Filištíncami pri Gobe **zabil** Betlehemčan Elchanan, syn Jaare-Oregimov, **Goliáša**, ktorý mal oštep s násadou ako tkáčsky prút.*

(Tu bol zabitý Goliášov brat, nie Goliáš. "Dávid zabil Goliáša." NIV túto informáciu skresľuje.)

Ozeáš 11,12

*KJV: Efraim ma obkľučuje lžou a dom Izraela klamstvom, **ale Júda ešte vládne s Bohom a je verný svätým.***

*NIV: Ozeáš 11,12: Efraim ma obklopil lžou, dom Izraela klamstvom. A Júda **sa vzbúril proti** Bohu, aj **proti** vernému Svätému.*

(NIV prekrúca význam tohto slova.) Slovo "Jehova" sa v Biblii KJV spomína štyrikrát. NIV ich všetky odstránil. Pri jemných ZMENÁCH, ktoré sa v Biblii NIV urobili, sa Satanovo poslanie stáva jasným. Z uvedených veršov Písma môžete vidieť, že ide o útok na Ježiša. Tituly Boh, Mesiáš, Boží Syn a Stvoriteľ robia z Ježiša Boha. Odstránením týchto titulov dochádza k zmätku, ktorý spôsobuje, že strácate záujem a nedôverujete Božiemu slovu. (I Korinťanom 14,33) Veď Boh nie je pôvodcom zmätku, ale pokoja.

Biblia svedkov Jehovových (Preklad nového sveta) má tie isté výpustky ako NIV. Jediný rozdiel medzi škrtmi v NIV a v Preklade nového sveta je ten, že Biblia svedkov Jehovových neobsahuje žiadne poznámky pod čiarou! Tieto metódy vás znecitlivujú voči jemným zmenám, ktoré sa postupne a neustále robia v Bož omslove.

Dnešná zaneprázdnená a lenivá generácia ovplyvnila mnohých vyznávačov kresťanstva, ktorí prijali spôsoby lenivého ducha. Je ťažké venovať čas štúdiu a uistiť sa, že informácie, ktoré nám boli poskytnuté, sú pravdivé. Stali sme sa príliš zaneprázdnení každodenným životom, ktorý je plný nepodstatných udalostí a vecí. Naše priority toho, čo je skutočne dôležité pre večný život, sa rozriedili a pomýlili. Väčšinu informácií, ktoré nám dávajú, prijímame bez pochybností; či už ide o informácie vládne, lekárske, vedecké, o obsah našich potravín a zoznam by mohol pokračovať.

Mnohé z našich moderných verzií Biblie napísali ľudia, ktorí vám hovoria svoj výklad a svoje učenie namiesto toho, čo rukopisy skutočne hovoria. Napríklad "rodová inklúzia" sa v pôvodných rukopisoch nenachádzala. Je to moderná feministická koncepcia, ktorá sa zrodila z REBELLIONU. Odporúčam vám, aby ste si zaobstarali Bibliu vo verzii kráľa Jakuba. Ak čítate modernú Bibliu, venujte čas porovnávaniu textov Písma; túžte sa správne rozhodnúť. Za svoje rozhodnutia budeme niesť zodpovednosť. Rozdiel ísť do neba alebo do pekla je dostatočným dôvodom na to, aby ste sa uistili, že si vyberáte Jeho slovo! Nezabudnite, že v Novej medzinárodnej verzii sa vypúšťajú mnohé slová, ako napr: Božstvo, obnovenie, odpustenie, nemenný, Jehova, Kalvária, zľutovnica, Duch Svätý, Tešiteľ, Mesiáš, oživený, všemohúci, neomylný a tak ďalej. Väčšina moderných Biblií je v súlade s NIV; spolu s Bibliou nového svetového prekladu (Biblia svedkov Jehovových).

Toto je dielo Antikrista....(Nasledujúce verše sú prevzaté z KJV)

*Deti, je posledný čas, a ako ste počuli, že príde **antikrist**, aj teraz je mnoho **antikristov**, a preto vieme, že je posledný čas. (1 Ján 2,18)*

*Kto je lhár, ak nie ten, kto popiera, že Ježiš je Kristus? **Antikrist** je ten, kto popiera Otca i Syna. (1 Ján 2,22)*

*A každý duch, ktorý nevyznáva, že Ježiš Kristus prišiel v tele, nie je z Boha, a to je ten duch **antikrista**, o ktorom ste počuli, že má prísť, a už teraz je na svete. (1 Ján 4,3)*

*Veď na svet vošlo mnoho bludárov, ktorí nevyznávajú, že Ježiš Kristus prišiel v tele. To je zvodca a **antikrist**. (2 Ján 1,7)*

To nám pripomína "podobenstvo o semene" ,ktoré je "Božie slovo" v Biblii

Iné podobenstvo im predložil a povedal: "Nebeské kráľovstvo sa podobá človeku, ktorý zasial dobré semeno na svoje pole: Ale kým ľudia spali, prišiel jeho nepriateľ, zasial medzi pšenicu kúkoľ a odišiel. Ale keď vzišlo steblo a prinieslo úrodu, vtedy sa ukázal aj

kúkoľ. Prišli teda sluhovia hospodára a povedali mu: "Pane, či si nezasial dobré semeno na svoje pole?" Odkiaľ teda má slzy? Odpovedal im: Urobil to nepriateľ. Sluhovia mu povedali: Chceš, aby sme ich išli pozbierať? Ale on povedal: Nie, aby ste, kým budete zbierať kúkoľ, nevykorenili s ním aj pšenicu. Nechajte oboje rásť spolu až do žatvy a v čase žatvy poviem žencí: Najprv pozbierajte kúkoľ a zviažte ho do snopov, aby ste ho spálili, ale pšenicu zhromaždite do mojej stodoly. Amen!
(Matúš 13,24-30)

AMEN!